KB235195

응용인문학과 콘텐츠

응용인문학과 콘텐츠

인쇄 2012년 5월 25일 | 발행 2012년 6월 5일

지은이 · 황경선 김헌선 조은하 박상우 유현주
         김공숙 박상언 조은주 이주영
펴낸이 · 한봉숙
펴낸곳 · 푸른사상사
주간 · 맹문재 | 편집 · 지순이 | 마케팅 · 박강태

등록   제2-2876호
주소   서울시 중구 초동 42번지 아시아미디어타워 502호
대표전화   02) 2268-8706(7) | 팩시밀리   02) 2268-8708
이메일   prun21c@yahoo.co.kr / prun21c@hanmail.net
홈페이지   www.prun21c.com

ⓒ 황경선 김헌선 조은하 박상우 유현주
   김공숙 박상언 조은주 이주영, 2012

ISBN 978-89-5640-923-8 93300
 값 22,000원

☞ 저자와의 합의에 의해 인지는 생략합니다.
   e-CIP 홈페이지(http://www.nl.go.kr/cip.php)에서 이용하실 수 있습니다.
   (CIP제어번호 : CIP2012002473)

응용인문학과 콘텐츠

황경선 김헌선 조은하 박상우 유현주
김공숙 박상언 조은주 이주영

푸른사상
PRUNSASANG

1944년 호르크하이머(Max Horkheimer)와 아도르노(Theodor W. Adorno)가 『계몽의 변증법』에서 최초로 문화산업(Culture Industry)이란 술어를 사용한 이래로 문화산업은 이미 굴뚝 없는 공장으로서 세계 각국의 경제성장에서 차지하는 비중은 갈수록 높아지고 있다. 오늘날 선진국이라고 하면 어느 나라든 예외 없이 문화산업의 발전에 범국가적 역량을 집중하고 있다. 세계적인 경영학자인 피터 드러커(Peter Ferdinand Drucker)는 "21세기는 문화산업에서 각국의 성패가 결정되며 최후의 승부처가 바로 문화산업이 될 것"이라고 설파한 바 있다.

문화산업에 대한 각국의 이해가 다르고 그에 따라 그 범위와 분류의 방법 역시 나라마다 상당한 차이가 나는 것이 사실이다. 예를 들면 영국에서는 문화산업을 창의산업(Creative Industry)으로 부름과 동시에 개인의 창의와 기능 그리고 재능에서 기원하여 지적재산권의 창조를 통하여 부를 창출하고 취업의 기회를 증가시키는 활동으로 정의하고 있다. 그러나 미국에서는 오락산업(Amusement Industry)이나 지적재산권산업(Intellectual Property Industry)으로, 중국에서는 문화창의산업(文化創意産業)으로 부르고 있다.

이처럼 문화산업에 대한 개념이 나라마다 다르게 정의되는 것은 각국의 문화적 전통이 다르고 산업의 분류체계가 다른데서 기인한 것이다. 그러나 문화산업이 문화상품(cultural goods)과 문화서비스(cultural service)을 생산하거나 재생산하며 또 그것을 보존하고 분배하는 일련의 활동으로 보는 것이나, 이러한 문화산업의 여러 영역 중에서 가장 중요한 부분을 차지하고 있는 것이 '문화콘텐츠산업'이라고 생각하는 것은 모든 나라가 공통적으로 가지고 있는 인식이라고 할 수 있다.

문화콘텐츠에 대한 개념이 아직 분명하게 정의되어 있지 않은 실정이긴 하지만, "문화의 원형 또는 문화적 요소를 발굴하고 그 속에 담긴 의미와 가치를 찾아내어 매체에 결합하는 문화의 창조과정이자, 다학문의 통합성과 다양한 문화가치의 창출, 그리고 시공을 초월한 활용성을 특징으로 한다."(심승구, 「한국 술문화의 원형과 콘텐츠화」, 인문콘텐츠학회 학술 심포지엄 발표자료집, 2005. 최연구, 『문화콘텐츠란 무엇인가?』, 2008에서 재인용)는 것이 대체로 동의할 수 있는 문화콘텐츠의 정의라고 생각한다.

문화콘텐츠의 개발은 한 국가의 문화경쟁력을 육성하는 출발점이다. 문화경쟁력이 국가와 기업의 핵심 역량이 되는 시대이고, 한 국가의 문화경쟁력은 바로 문화산업의 국제 경쟁력이자 그 국가의 종합적인 국력의 구현이며 또한 미래의 경제이다. 문화콘텐츠에 대한 확고한 인식을 가져야 할 필요가 여기에 있다.

오늘날 세계는 전쟁이라고 불러도 좋을 만큼 극심한 문화경쟁의 소용돌이에 빠져 있다. 더욱 중요한 사실은 국가나 민족이 문화경쟁에서 패배하면 문화주권을 상실하게 되고 그것은 바로 그 국가와 민족 자체의 멸절로 이어진다는 사실이다. 몽골인들은 인류 역사상 가장 강대한 제국을 건설하였지만 문화경쟁에서 피지배민족에게 패배하였기 때문에 결국은 미미한 국가로 전락하고 말았다.

이 책에 수록된 9편의 논문은 문화예술콘텐츠 학회의 학회지 창간호 『콘텐츠 문화』에 실린 글들을 다시 수록한 것이다. 인문학과 예술에 내재한 문화적 원형과 가치를 발굴하고, 그것을 시대의 요구와 수요에 맞도록 새롭게 변용하고 창조하는 작업을 통해서 문화콘텐츠학의 학문적 특성을 정립하고, 문화콘텐츠산업 나아가 문화산업의 이론적 토대를 제시하고자 하는 것이 문화예술콘텐츠학회의 설립 목적임과 아울러 이 책을 편집하여 세상에 내놓는 이유이다.

저자들은 현재 우리나라 대학에서 주로 응용인문학에 관심을 두고 연구를 진행해 오신 분들이거나 문화콘텐츠산업의 현장에서 다년간 활동했던 분들이다. 저자들의 고견이 우리나라 문화콘텐츠산업의 새로운 지평을 여는데 큰 보탬이 되리라 확신한다. 지면으로나마 그간의 노고에 대해 심심한 위로와 함께 거듭 감사의 말씀을 올린다.

어려운 여건임에도 불구하고 본서의 출간을 흔쾌히 허락해주신 푸른사상의 한봉숙 사장님과 편집을 맡아 애써주신 편집부 관계자 여러분께도 감사의 뜻을 전한다.

문화예술콘텐츠학회 회장
고려대학교 인문대학 중국학부 교수 선정규
2012년 5월

제2부 문화콘텐츠의 현장

내포문화 발전 기본전략 박상언 • 237

문화콘텐츠의 가치와 나가야 할 길 조은주 • 263

세계국립극장페스티벌 운영 활성화 방안 연구 이주영 • 297

제1부

문화콘텐츠의 내면

K-Culture의 글로벌화 전략을 위한 제언

영화와 애니메이션의 기획 개발, 제작을 중심으로

황 경 선

(주)애니마하우스 대표

K-Culture의 글로벌화 전략을 위한 제언

영화와 애니메이션의 기획 개발, 제작을 중심으로

황 경 선

• 국문초록

거센 한류 열풍의 뒤에는 1990년대부터 활성화된 정부의 지원과 각 분야별 전문가들의 노력이 숨겨져 있다. 한류는 단순히 문화교류를 넘어 국가 이미지와 한국산 상품의 브랜드 이미지까지도 업그레이드시키면서 삶에 침투해 들어간다. 또한 문화산업은 영화, 방송, 음악, 출판 등 다양한 분야들이 서로 합종연횡하면서 각 분야가 서로 연관관계를 맺으며 시너지 효과를 창출한다. 이것이 문화산업이 가지는 힘이다. 정부는 1990년대 후반부터 문화산업의 중요성을 깨닫고 이를 개발하여 대표적 수출상품으로 만들려는 노력을 지속해 왔다. 그 노력들이 '한류'라는 결과물로 나타나고 있는 것이다. 그러나, 언론에서 보는 한류 열풍에 비해 실적은 아직 미미한 편이다. 게임산업을 제외하면 전체 문화산업의 국내 매출대비 수출은 5%선에 머물고 있다. 특히 문화산업의 기대부문인 영화나 애니메이션은 전체 문화산업 내의 비중과 수출비중이 저조하다. 이에 영화와 애니메이션의 글로벌화를 위해 기획 개발, 제작에서 필요한 고려사항들은 무엇인지 현장에서의 경험을 바탕으로 몇 가지 제안을 하는 것이다. 우선 기획에서 가장 중요한 스토리텔링의 경우, 애니메이션이나 영화는 기존의 원작(소설, 만화 등 출판물)과 캐릭터의 의존도가 높다. 즉, 애니메이션이나 영화는 high risk, high return 산업군이기 때문에 기존에 확립된 브랜드의 성공에 편승하여 더욱 큰 성공을 기대하는 것이다. 이는 컴퓨터그래픽 기술의 발달로 인한 표현의 발달과 창의력의 확대뿐 아니라 영화나 애니메이션 등 문화산업에도 브랜드의 영향력이 크게 작용한다는 것을 의미한다. 그 이전에도 영화의 속편들이 만들어졌으나, 〈해리포터〉, 〈매트릭스〉, 〈반지의 제왕〉 등 기획단계에서부터 이미 3부작 이상의 연속성을 갖는 작품들이 출현한 것은 지난 10여 년에 나타난 트렌드이며, 이미 프랜차이즈 타이틀이라는 것이 영화, 애니메이션 산업의 중요 요소로 자리 잡았다. 프랜차이즈 타이틀은 영화의 드라마적 완성도보다는 볼거리와 캐릭터 구축에 더욱 중심을 두게 만드는데, 컴퓨터 그래픽의 발달은 이를 강화하면서 또한 영화와 애니메이션의 경계를 모호하게 만든다. 한국 영화나 애니메이션이 글로벌 시장에서 경쟁하기 위해서는 명확한 타겟, 캐릭터와 비주얼적 차별성을 드러내는 기획을 통해 국제적 제작, 배급 네트워크를 구축하는 것이 필요하다. 현재, 한국 영화시장 규모나, 제작 표현기술은 세계적 수준이라고 이야기할 수 있다. 또한 많은 크리에이터들과 아티스트들이 전 세계적으로 활동하고 있다. 이들을 끌어모으고 세계시장을 공략할 수 있는 프로젝트를 기획하여 제작 배급하는 것은 자본만으로도, 기술만으로도, 인력만으로도 가능한 것이 아니다. 이를 하나로 아우르는 전문성을 가진 프로듀서와 모든 역량들이 한데 뭉쳐야 하는 것이다. 대형 프로젝트뿐 아니라 소규모 프로젝트에서부터 이러한 협업이 가능할 수 있도록 산업계와 학계에 더욱 실용적이고 생산적인 미래지향적인 협력체계가 구축되기를 기대한다.

1. 들어가는 말

한류 열풍이 거세다. 지난 1996년부터 중국에서 한국 드라마가 방영되기 시작하고 그 뒤를 이어 한국 가요가 인기를 끌기 시작하면서 2000년 한 중국 언론이 '한류'라는 표현을 사용하기 시작하였고, 이는 한국의 대중문화를 지칭하는 용어가 되었다. 2002년 일본 NHK에서 방영된 한국 드라마 〈겨울연가〉는 한류가 일본을 관통하면서 문화산업의 수출을 확대시키는 결과를 낳았다. 〈겨울연가〉 이후로 수많은 한국 드라마와 영화들이 일본에서 방영 또는 상영되면서 한국의 배우들이 문화의 아이콘으로 자리잡고 산업적으로 확장되었다. 그러나 2005년을 정점으로 영화와 드라마의 일본 수출이 둔화되면서 한류가 사라지는 것이 아닌가 하는 우려의 시선도 있었으나 2009년부터 중국과 동남아시아를 중심으로 한국 가요가 인기를 끌기 시작하고 K-Pop이라 명명되면서 이제 '한류'는 '한류 열풍'이라고 불리면서 아시아뿐 아니라 유럽, 남미 등까지 확장되고 있다. 드라마 〈대장금〉은 한국적인 것은 세계적인 것이 될 수 없는 편견을 깨고 중국을 시작으로 동남아시아를 거쳐 중동까지 인기드라마로 자리잡았다. 이를 바탕으로 최근에는 한국이 아니라 중국 및 일본으로 그 시장을 넓혀 활동 무대를 넓히는 아티스트들이 늘어나고 있는 추세이다. 이병헌의 경우, 일본에서의 인기를 바탕으로 할리우드까지 진출했으며, 비의 경우도 중국 등 아시아의 인기를 기반으로 할리우드 영화에 주연으로 출연하기도 하였다. 이는 몇몇 아티스트와 기획사의 성공이라기보다는 K-Culture가 전반적으로 확장되고 있다는 것을 의미한다.

그러나 이런 한류 열풍의 뒤에는 혐한류, 반한류의 움직임도 보이고 있는데, 이는 이제 한류가 대중적 관심을 끌고 있다는 증거이기도 하다. 이러한 혐한류, 반한류는 한류에 대한 무조건적 거부도 있지만, 글로벌문화에 대한 인식부족 및 국수주의적 태도 등 우리 자신이 문제를 야기한 경우도 많다. 대표적인 것이 최근 블랙 페이스 사건[1]이다. 예전에는 방송이나 사적으로 '우리끼리'라는 것이 통했지만, 이제는 일거수일투족이 SNS를 통해 전 세계로 퍼져 나간다. 유용한 홍보수단이 역으로 잘못된 것까지 알리는 매개가 되는 것이다. 이럴수록 이문화(異文化) 간의 소통과 이에 대한 인식이 필요해지게 되는 것이다.

또한 '한류 열풍'은 단순히 문화콘텐츠산업의 수출 확장뿐 아니라 한국 관련 제품의 선호도로 이어지면서 한국 음식, 한국 문화에 대한 관심을 창출하게 되었다. 삼성전자, 현대자동차, 포스코 및 조선산업 등이 세계 수준으로 경쟁을 이어가고 한국의 경제 총 규모가 세계 10위권 내임을 감안할 때 한국 문화는 이런 경제적 성장에 못 미치게 미약했던 것이 사실이나, 이제 그 물꼬를 텄다고 볼 수 있다. 문화콘텐츠산업은 그 산업 자체의 수익이 커지는 것도 중요한 목표이지만, 문화

---

1 대중문화 가십을 다루는 영어 온라인 커뮤니티 'Oh No They Didn't(ONTD)'에 2012년 2월 29일 올라온 「K-Pop or KKK-Pop?」 글로 인해 불거진 논란. 소녀시대, 빅뱅 등 K-Pop 가수들이 〈강심장〉, 〈청춘불패〉 등 국내 TV 예능 프로그램에서 흑인의 성대모사를 하거나 흑인 분장을 한 모습 등의 동영상과 사진을 올리며 이들이 흑인을 희화화하는 마케팅 전략을 사용한다고 비난한 글에 대해 달린 댓글 2,000여 개는 "흑인에 대한 인종차별적인 고정관념을 그대로 드러내는 것이 놀랍고 역겹다"라는 반응이 대다수를 차지했으며, 이 글이 트위터 등 소셜네트워크서비스(SNS)에서도 급속히 확산되어 논란이 되자 국내 언론에서 다루며 노출된 사건이다. 국내에서 제작되는 콘텐츠가 전 세계에서 소비되고 있지만 제작진이나 연기자들이 인종차별 같은 문제에 둔감한 결과 벌어진 사건이다.

적 확산을 통한 한국의 이미지 형성과 타 산업의 확장에 기여한다는 것을 기억해야 하는 이유가 여기에 있다.

이러한 '한류 열풍'에는 국가의 문화콘텐츠산업에 대한 적극적인 지원과 수출을 염두에 둔 철저한 기획을 배경으로 하고 있다. 정부는 문화콘텐츠사업의 중요성을 인식하고 2001년 한국문화콘텐츠진흥원을 설립한 이래 2009년 한국방송영상진흥원, 한국게임산업진흥원과 합병하여 한국콘텐츠진흥원으로 확대 개편하면서 콘텐츠 제작 경쟁력 제고, 차세대 콘텐츠 활성화, 글로벌 진출, 산업기반 강화를 주요 사업목표로 활동하고 있다.[2] 한국콘텐츠진흥원은 콘텐츠산업을 출판, 만화, 음악, 게임, 영화, 애니메이션, 방송, 광고, 캐릭터, 지식정보, 공연 등으로 분류하여 통계 및 전망을 내놓고 있다.

2011년 보고서에 의하면, 한국의 콘텐츠산업 매출 및 수출 규모는 표3)와 같다.

콘텐츠산업 매출 및 수출 규모					
연도	2010		2011		2011년 산업별 수출 비중
분류	국내 매출	수출	국내 매출	수출	
단위	(십억 원)	(백만 달러)	(십억 원)	(백만 달러)	
출판	21,240	357	21,270	313	7.5%
만화	740	8	750	15	0.4%
음악	2,950	83	3,780	177	4.3%
게임	7,430	1,606	9,110	2,211	53.2%
영화	3,430	13	3,540	22	0.5%
애니메이션	510	96	570	135	3.2%

---

2 한국 콘텐츠 진흥원(www.kocca.kr).
3 대한민국 콘텐츠산업 2010년~2011년, 한국콘텐츠진흥원.

방송	11,170	228	13,970	251	6.0%
광고	10,320	75	11,700	89	2.1%
캐릭터	5,880	276	7,050	374	9.0%
지식정보	6,200	363	8,020	419	10.1%
공연기타 콘텐츠솔루션	2,250	120	2,850	153	3.7%
총계	72,120	3,225	82,610	4,159	100%

국내 매출과 수출을 살펴볼 때, 한류 열풍이라는 말이 무색하게도 문화콘텐츠의 기반이라고 할 수 있는 출판, 만화, 영화의 수출 비중이 현저하게 낮으며, 한국 문화콘텐츠산업의 수출 50% 이상이 게임에 의존하고 있음을 알 수 있다. 최근 한류 열풍을 이끄는 주역으로 떠오르는 K-Pop 음악의 경우도, 전체 문화콘텐츠 수출에서 차지하는 비중은 4.3%이며, 음악산업의 국내 매출 대비 수출 비중도 약 6%에 지나지 않는다. 이는 한국 문화콘텐츠의 해외시장 공략이 이제 시작단계이며 전략적으로 매우 중요한 시점이라는 것을 알려준다.

본 제언에서는 영화와 극장용 애니메이션을 중심으로 기획과 제작에서 글로벌 시장으로 나아가기 위해 필요한 전문성과 전제조건들이 무엇인가에 대해 현황을 중심으로 풀어보려고 한다.

2. 기획 개발

문화콘텐츠는 세 가지 분야-기획 개발, 제작, 유통-에서의 전문성을 필요로 한다. 기획 개발은 말 그대로 콘텐츠의 기획과 개발이다.

기획 개발이란 어떤 단계를 말하는가? 간단하게 말하면, 크리에이터 또는 관계자의 간단한 아이디어가 전략과 만나 필요한 기본 결과물, 즉 영화에서는 시나리오, 애니메이션에서는 시나리오와 컨셉 디자인

(때로는 티저 동영상까지)이 완결되는 단계이다. 이 단계에서 염두에 두어야 하는 전제는 다음과 같다.

2.1. 어떤 이야기(스토리텔링)를 할 것인가?

이야기에는 캐릭터, 시공간적 배경 및 스토리의 전개가 포함된다. 먼저 이야기를 실화를 바탕으로 할 것인지, 아니면 원작을 가지고 할 것인지 결정한다. 소설, 만화, 애니메이션, 게임, 캐릭터, 설화 또는 구전동화, 아니면 이미 만들어진 영화나 동영상 등 기존에 존재하는 모든 소스를 의미한다. 실화나 원작을 바탕으로 하는 것이 아니라면 창작시나리오로 작업을 하게 된다. 할리우드의 경우, 1995년 이후, CG가 보편화되면서 제작비의 상승과 함께 표현이 자유로워지자, 만화, 동화, 소설 등 원작을 바탕으로 한 프랜차이즈(franchise) 영화[4]들이 블록버스터 시장을 차지하고 있다. 예술성이 돋보이는 독립영화의 경우 실화를 바탕으로 하거나 창작물들이 주류를 이루게 된다.

할리우드의 흥행 베스트 10을 보면, 2010년의 경우 〈Inception(인셉션)〉, 〈Despicable me(슈퍼 배드)〉를 제외한 8편이 속편[5] 또는 소설 또는 동화 원작[6], 만화 캐릭터 원작[7]이다. 2011년은 흥행 Top 10은 〈스머프〉를 제외한 9편이 속편[8]이며, 〈스머프〉는 전 세계적인 인지도를 가

---

4 작품 한 편이 아니라 연속제작을 통해 게임, 출판, 캐릭터 라이센싱, 머천다이징 등 다양한 플랫폼으로 확장되는 '브랜드'화된 기획제작물을 지칭하는 것으로 해리포터 시리즈, 슈렉 시리즈, 스타워즈 시리즈 등이 이에 해당한다.
5 〈토이 스토리 3〉, 〈해리포터와 죽음의 성물 1〉, 〈슈렉 포에버〉, 〈트와일라잇〉, 〈아이언맨 2〉.
6 〈앨리스 인 원더랜드〉, 〈해리포터〉, 〈트와일라잇〉, 〈Tangled(라푼젤)〉, 〈드래곤 길들이기〉.
7 〈아이언맨〉.
8 〈해리포터와 죽음의 성물 2〉, 〈트랜스포머 3〉, 〈캐리비안의 해적 4〉, 〈트와일라잇 브레이킹 던 1〉, 〈미션 임파서블 4〉, 〈쿵푸 팬더 2〉, 〈패스트 앤 퓨리어스 5〉, 〈행오버 2〉, 〈카 2〉.

진 캐릭터의 극장용 영화이다.

2010년

Rank	Title (click to view)	Studio*	Worldwide	Domestic / %	Overseas / %
1	Toy story 3	BV	$ 1,063.2	$ 415.0 39.0%	$ 648.2 61.0%
2	Alice in Wonderland (2010)	BV	$ 1,024.3	$ 334.2 32.6%	$ 690.1 67.4%
3	Harry Potter and the Deathly Hallows Part 1	WB	$ 956.4	$ 296.0 30.9%	$ 660.4 69.1%
4	Inception	WB	$ 825.5	$ 292.6 35.4%	$ 533.0 64.6%
5	Shrek Forever After	P/DW	$ 752.6	$ 238.7 31.7%	$ 513.9 68.3%
6	The Twilight Saga: Eclipse	Sum.	$ 698.5	$ 300.5 43.0%	$ 398.0 57.0%
7	Iron Man 2	Par.	$ 623.9	$ 312.47 50.1%	$ 311.5 49.9%
8	Tangled	BV	$ 590.7	$ 200.8 34.0%	$ 389.9 66.0%
9	Despicable Me	Uni.	$ 543.1	$ 251.5 46.3%	$ 291.6 53.7%
10	How to Train Your Dragon	P/DW	$ 494.9	$ 217.6 44.0%	$ 277.3 56.0%

2011년

Rank	Title (click to view)	Studio*	Worldwide	Domestic / %	Overseas / %
1	Harry Potter and the Deathly Hallows Part 2	WB	$ 1,328.1	$ 381.0 28.7%	$ 947.1 71.3%
2	Transformers: Dark of the Moon	P/DW	$ 1,123.7	$ 352.4 31.4%	$ 771.4 68.6%
3	Pirates of the Caribbean: On Stranger Tides	BV	$ 1,043.9	$ 241.1 23.1%	$ 802.8 76.9%
4	The Twilight Saga: Breaking Dawn Part 1	Sum.	$ 705.1	$ 281.3 39.9%	$ 423.8 60.1%
5	Mission: Impossible − Ghost Protocol	Par.	$ 691.8	$ 209.1 30.2%	$ 482.7 69.8%
6	Kung Fu Panda 2	SP/DW	$ 665.7	$ 165.2 24.8%	$ 500.4 75.2%
7	Fast Five	Uni	$ 626.1	$ 209.8 33.5%	$ 416.3 66.5%
8	The Hangover Part Ⅱ	WB	$ 581.5	$ 254.5 43.8%	$ 327.0 56.2%
9	The Smurfs	Sony	$ 563.7	$ 142.6 25.3%	$ 421.1 74.7%
10	Cars 2	BV	$ 559.9	$ 191.5 34.2%	$ 368.4 65.8%

2010~2011년 할리우드 영화 흥행 자료9)

---

9 www.boxofficemojo.com, boxoffice yearly international.

  이처럼, 블록버스터 영화들이 원작을 기반으로 하거나 속편을 제작
하는 이유는 흥행의 성공확률을 높이기 위해서이다. 예전에는 속편이
전편의 인기에 편승하는 경우가 많았으나, 〈매트릭스〉, 〈반지의 제왕〉
이후 동시에 2~3편을 기획하는 것이 보편화되어 있고, 원작을 고를 때
에도 단편이 아닌 계속 가능한 타이틀을 우선적으로 고르게 된다. 영
화사상 시리즈로 가장 유명한 것은 007 제임스본드 시리즈[10]이다. 그
러나 1995년 이후 기획에서부터 시리즈화를 염두에 둔 영화들이 늘어나
기 시작했고, 〈해리포터〉, 〈미션 임파서블〉, 〈본 아이덴티티〉, 〈캐리비
안의 해적〉, 〈패스트 앤 퓨리어스〉, 〈배트맨〉, 〈스파이더맨〉, 〈X-
men〉, 〈트와일라잇〉, 〈트랜스포머〉 등 다양한 성공 시리즈들이 있다.
이들은 완벽한 볼거리를 제공하며 전 세계의 영화팬들을 극장 스크린
으로 불러 모으면서 TV시리즈와 차별화를 꾀하고 있다. 이는 영화가
대규모 예산을 가장 효과적으로 사용하면서 관객을 극장으로 유도해
내기 위한 방안이다.

---

10 007 제임스본드 시리즈는 1963년(1963년 5월 8일 미국 개봉, 영국은 1962년 10월 6
   일) 〈닥터 노〉를 시작으로 2008년 〈퀀텀솔라스(Quantum of Solace)〉에 이르기까지 50
   년간 23편이 제작되었다.

2010년 한국 영화 흥행 순위						
순위	영화명	개봉일	배급사	스크린 전국(개)	관객수 전국(명)	매출액 (천원)
1	아저씨	2010-08-04	CJ	478	6,182,772	47,119,192
2	의형제	2010-02-04	쇼박스	572	3,419,450	40,160,269
3	전우치	2009-12-23	CJ	736	3,356,897	25,450,363
4	이끼	2010-07-04	CJ	736	3,353,897	25,450,346
5	포화속으로	2010-06-16	롯데	736	3,331,816	23,837,369
6	하모니	2010-01-28	CJ	405	3,019,702	21,646,974
7	방자전	2010-06-02	CJ	512	2,986,807	22,494,814
8	부당거래	2010-10-28	CJ	500	2,722,403	20,992,131
9	시라노 연애 조작단	2010-09-16	롯데	402	2,688,346	19,854,452
10	하녀	2010-05-13	사이더스FNH	577	2,267,807	17,038,882

2011년 한국 영화 흥행 순위						
순위	영화명	개봉일	배급사	스크린 전국(개)	관객수 전국(명)	매출액 (천원)
1	최종병기 활	2011-08-10	롯데	615	7,470,633	55,827,861
2	써니	2011-05-04	CJ	472	7,362,657	54,035,565
3	완득이	2011-10-20	CJ	500	5,309,928	38,526,161
4	조선명탐정: 각시투구꽃 의 비밀	2011-01-27	쇼박스	611	4,786,259	35,841,769
5	도가니	2011-09-22	CJ	644	4,662,822	35,566,854
6	퀵	2011-07-20	CJ	512	3,125,069	22,960,890
7	고지전	2011-07-20	쇼박스	585	2,945,137	21,968,557
8	오싹한 연애	2011-12-01	CJ	469	2,777,998	20,289,813
9	위험한 상견례	2011-03-31	롯데	524	2,595,625	19,174,920
10	의뢰인	2011-09-29	쇼박스	522	2,393,086	17,797,042

2010~2011년 한국 영화 흥행 순위[11)]

한국 영화의 경우, 할리우드와는 조금 다르지만, 원작이나 실화를 바탕으로 한 영화의 흥행이 늘어나고 있다. 특히 한국 영화는 실화 → 소설 → 영화의 과정[12]을 거치거나, 웹툰의 영화화[13] 등 할리우드 블록버스터와는 차별화된 기획을 보이고 있다. 또한 캐릭터를 활용한 스핀오프 개념의 영화[14]가 제작된 것도 고무적인 현상이다. 2011년 흥행에 성공한 〈완득이〉는 실존인물의 이야기가 소설화된 후 영화로 제작된 사례이다. 캐릭터를 부각시키면서도 짜임새 있는 드라마가 영화의 강점이었으나, 캐릭터를 부각시킨 영화이기 때문에 '완득이'라는 캐릭터가 보편적 공감대를 일으키는 캐릭터로 구축되어 또 다른 에피소드로 확장되는 속편이 기획될지에 관해 관심을 가지게 된다. 한국 영화가 사건 중심, 아이템 중심에서 캐릭터 중심으로 옮겨가는 사례가 되기를 기대해 보는 것이다. 한국의 경우, 아직까지는 속편 제작이 활성화되지는 않았으나[15] 성공한 영화들이 뮤지컬로 확장[16]되거나, TV드라마로 기획[17]되는 확장 사례들은 발 빠르게 나타나고 있는 것이 또 하나의 특징이라고 하겠다.

극장용 애니메이션은 1995년 〈토이스토리〉가 등장하기 전까지 디즈

---

11 한국영화진흥위원회 영화산업 통계자료.

12 〈완득이〉, 〈도가니〉.

13 강풀 작가의 〈이끼〉, 〈통증〉, 〈그대를 사랑합니다〉, 〈순정만화〉, 〈바보〉, 〈아파트〉, 〈타이밍〉 외에도 고영훈 작가의 〈장마〉, 트레이스 홍 작가의 〈고양이 장례식〉 등이 영화화 예정.

14 〈방자전〉은 「춘향전」의 캐릭터를 스핀오프시키면서 원작과는 다른 설정에서 출발하였다.

15 〈투캅스〉, 〈공공의 적〉 등 속편 및 시리즈가 있으나 활성화되지 않고 있다.

16 〈싱글즈〉, 〈미녀는 괴로워〉 등.

17 〈7급 공무원〉.

니가 애니메이션의 대명사였다. 〈미키마우스〉, 〈백설공주〉, 〈신데렐라〉
로 대표되던 디즈니는 1990년대 〈인어공주〉, 〈미녀와 야수〉, 〈헤라클
레스〉 등 동화와 신화적 캐릭터 등 세계적으로 알려진 이야기를 극장
용 애니메이션으로 제작하여 전 세계에 배급을 성공시킨 유일한 기업
이었다. 그러나 1995년 픽사가 제작한 〈토이스토리〉 이후, 애니메이션
은 디즈니를 벗어나 드림웍스, 소니, 폭스, 워너 등 극장용 애니메이션
에 성공을 거둔 경험이 없는 메이저 배급사들까지 제작과 배급에 참여
하여 성공을 거두고 있다. 애니메이션은 디즈니가 강조했던 스토리가
가장 중요한 요소이다. 가족용 애니메이션은 온 가족이 즐길 수 있는
권선징악적 요소와 코믹하고 유쾌하며 모두가 잘 아는 이야기를 기반
으로 새로운 기술이 접목되어야하는 장르로 인식되어 왔고 스토리는
어린이를 대상으로 전개되었다. 그러나 〈토이스토리〉 이후 애니메이
션은 기존의 관습적인 스토리텔링에서 벗어나 10대와 어른들도 공감
할 수 있는 다양한 소재들이 접목되었다. 중국이 배경인 〈쿵푸 팬더〉,
스페인의 감성이 가미된 〈장화 신은 고양이〉, 남미를 배경으로 한 〈리
오〉, 서부시대를 배경으로 한 〈랭고〉, 극지방을 배경으로 한 〈해피 피
트〉 등 장소와 감성, 시간대를 넘나들 뿐 아니라, 주인공인 쿵푸 팬더,
스머프, 카, 장화 신은 고양이, 리오, 랭고 등의 주인공은 아름답고 선
하다는 선입견에서 벗어나 고독하고, 약간은 삐딱하며, 사회적으로 잘
적응하지 못하는 다양성을 보여준다. 이런 점들 때문에 애니메이션은
아이들을 위한 것이라는 선입견을 탈피해 온 가족이 함께 즐길 수 있
는 장르로 확대되어 시장에서 성공을 거두고 있다. 오히려 영화는 원
작을 기반으로 한 것이 많으나 2011년의 애니메이션은 다양한 캐릭터
를 활용한 창작스토리가 더 많은 활약을 하고 있다.

Rank	Title	Studio*	Worldwide	Domestic/%	Overseas/%
6	Kung Fu Panda2	P/DW	$665.7	$165.2 24.8%	$500.4 75.2%
9	The Smurfs	Sony	$563.7	$142.6 25.3%	$421.1 74.7%
10	Cars2	BV	$559.9	$191.5 34.2%	$368.4 65.8%
11	Puss in Boots	P/DW	$539.8	$149.3 27.7%	$390.5 72.3%
13	Rio	Fox	$484.6	$143.6 29.6%	$341.0 70.4%
16	The Adventures of Tintin	Par.	$374.0	$77.6 20.7%	$296.4 79.3%
19	Alvin and the Chipmunks: Chipwrecked	Fox	$336.8	$132.0 39.2%	$204.8 60.8%
23	Rango	Par.	$245.4	$123.5 50.3%	$121.9 49.7%
34	Gnomeo and Juliet	BV	$194.0	$100.0 51.5%	$94.0 48.5%
36	Hop	Uni.	$184.0	$108.1 58.8%	$75.9 41.2%
43	The Lion King (in 3D)	BV	$168.5	$94.2 55.9%	$74.3 44.1%
49	Happy Feet Two	WB	$150.4	$64.0 42.6%	$86.4 57.4%
54	Arthur Christmas	Sony	$147.4	$46.5 31.5%	$101.0 68.5%

2011년 CG애니메이션 흥행 성적[18]

한국 영화와 할리우드 영화, 그리고 할리우드의 애니메이션을 놓고 비교해 볼 때, 가장 큰 차이점으로 확인할 수 있는 것은 미국은 전 세계 영화시장의 50%를 차지하는 만큼, 해외를 공략하기 위해 캐릭터를 확고하게 구축하여 스토리를 확장하기 때문에 1편이 성공하면 속편을 지속적으로 만들면서 브랜드를 구축한다는 것이다. 이것이 프랜차이즈의 기본으로 할리우드 영화와 애니메이션의 공통된 요소이다. 이 브랜드는 사건보다는 캐릭터를 중심으로 구축된다. 사건은 대부분 단순한 권선징악적 사건들로 일정한 형식의 전개과정을 거친다. 할리우드에서 시나리오 쓰는 법에 관해서는 공통적으로 3장 구조라는 형식을

---

18 www.boxofficemojo.com, animation-CG

강조하고 그것을 어떻게 지키고 변용하는가를 중요하게 생각한다.[19] 물론 독립영화들까지 이런 규칙을 지키는 것은 아니지만, 산업의 범주 안에 들어오려는 영화의 시나리오[20]라면 이 '법칙 아닌 법칙'을 따라야 하는 것이다. 사건은 정해진 과정을 따라 전개된다. 이때 시나리오는 어떤 캐릭터에 어떻게 공감하도록 쓰여지는가가 중요한 소통 포인트가 된다. 그러나 한국의 경우, 단독 캐릭터의 구축보다는 사건을 중심으로 한 다양한 캐릭터들이 포진한 스토리의 완성도를 추구한다. 사건 중심의 드라마로 그 틀 안에서 미세하게 움직이기 때문에 관객과의 소통을 위해 한국적 배경이나 정서를 중요시하고 이것을 벗어나는 순간 넓은 공감대를 형성하기 쉽지 않고 그 사건의 확장성이 크지 않다는 것이 역으로 해외시장을 공략하는 데 어려움을 주는 요소로 작용할 수 있다.

서론에 언급된 한국 콘텐츠산업의 규모와 수출에서 보면 영화산업은 2011년 국내 매출 3조 5400억 원에 수출은 2200만 달러에 불과하여 국내 매출 대비 수출 비중이 0.7%에 그치고 있다. 이는 한국의 영화산업이 철저하게 국내시장에서의 흥행만을 목표로 제작된다는 것을 의미하기도 한다. 한국에서의 영화기획은 이런 면에서 한계를 가지고 있나. '한국적인 것은 해외에서 흥행하지 않는다'와 '한국에서 흥행하는 것이 해외에서도 흥행한다' 중 어떤 기준을 따라야 할까? 한국에서 흥행이 되지 않는다는 것은 한국에서 제작투자를 받기 어렵다는 것을 의미한다. 그렇다면 한국적인 것이 한국에서 흥행하는가? 2011년 최고의

---

19 사이드필드 지음, 유지나 옮김, 『시나리오란 무엇인가』, 민음사, 1992.
20 미국 내에서 투자 또는 사전에 배급협상을 하기 위한 시나리오.

흥행을 기록한 〈최종병기 활〉은 기획단계에서 많은 투자배급사들의 외면을 받았다. 역사활극, 그것도 익숙하지 않은 '활'이라는 소재를 가진 시나리오를 보면서 투자자들은 관연 이것이 흥행할 수 있을까 의구심을 가졌던 것이다. 개봉을 앞두고 시사 전까지만 해도 같은 시기에 개봉했던 〈7광구〉, 〈퀵〉에 비해 언론의 주목을 받지도 못했다. 그러나 개봉 후 결과는 그동안 전문가들의 예측이 무색하게 입소문을 통해 흥행기록을 써내려 갔다. 이런 사례를 찾아내는 것은 어렵지 않다. 2011년에 개봉된 영화 중에 〈도가니〉, 〈써니〉 등도 기획제작단계에서 주목받지 못했던 작품들이다. 그러나 한국에서 흥행했다고 하더라도 그 흥행 영화들의 해외 수출 성적은 참담하다. 결국 영화들이 해외시장에 판매되지 못하면서 투자단계에서는 국내 흥행이 가장 중요한 요소가 되고 영화를 기획하는 프로듀서는 국내시장만을 염두에 두고 영화를 기획하게 되어 보편적 가치보다는 우리 내부에서 공감대를 불러일으키고 소통할 수 있는 '우리끼리'의 소재를 찾게 되는 것이다. 해외 시장으로의 진출은 관심 밖 사항이 되는 악순환이 계속될 것이다. 이제 '우리끼리'의 소재가 어떻게 해외시장을 공략할 것인가에 대한 한 단계 더 나아간 고민이 필요한 시점이다.

2.2. 타겟이 누구인가?

위의 고민은 타겟이 누구인가와 밀접한 연관관계를 가진다. 기획단계에서 타겟은 두 가지 의미를 가진다. 1) 타겟 관객층이 누구인가? 2) 타겟 국가가 어디인가?

시나리오를 읽으면서 명쾌하지 않을 때 흔히 나오는 질문이 타겟이 누구냐는 질문이다. 이는 읽는 사람이 명쾌하게 이 시나리오에 숨겨진 기획의도를 알지 못하겠다는 것으로 풀이된다. 예를 들어, 애니메이션인데 과도하게 폭력적이라면, 읽는 사람의 머리에서 인지 부조화가 일어난다. 애니메이션은 가족용이라는 선입견이 있다. 그런데 애니메이션 시나리오가 폭력적이고 잔인하다면 가족용으로 어울리지 않는다. 그런데 시나리오가 너무 훌륭하다면? 잔인하고 폭력적이지만, 매력 있고 흡입력이 있으며 아주 잘 짜여진 스토리와 완성도 높은 시나리오라면 어떻게 되는 것일까? 이럴 때 두 가지 선택이 주어질 수 있다. 첫 번째, 애니메이션이 아닌 실사영화로 만들어보는 것은 어떨까라는 기획의 전환이 필요할 수도 있다. 아니면 애니메이션으로서의 타겟층이 불분명하지만, 시도해보고 싶다면 제작비를 최소화시키는 방안을 고려할 수 있다. 1990년대 초반까지만 해도 주요 극장 관객층은 20대 초중반의 싱글 여성이었다. 그들이 가장 영화를 자주 보고 입소문을 내는 관객층이었다. 그러나 멀티플렉스가 늘어나고 관객 수가 늘어나면서 관객층도 다양해졌다. 가족용 영화가 늘어났고, 40대 이상의 베이비부머세대를 겨냥한 영화들도 제작된다. 남자들이 주관객층인 영화도 있고 10대 여학생을 대상으로 한 영화도 있다. 여전히 주관객층은 20대이지만, 이제는 다른 타겟 분류를 할 수 있게 된 것이다. 기획단계에서 타겟에 대해 고민해야 하는 이유가 바로 이것이다. 이는 브랜드 마케팅의 경우처럼 구체적일수록 도움이 된다. 연애하는 커플인지, 40대 이후의 중장년층 남성인지, 아니면 10대 여학생들인지 구체적으로 누구를 염두에 두는지 말할 수 있어야 한다. 이때 마케팅에서 사용하는 브랜드 프로필을 적용시켜보는 것도 좋은 방법이다. 타겟 관객층이 누구냐에 따라 적정 매출규모를 예상할 수 있고 이에 따라 역으로 제작비의 적정규모를 예상할 수 있다.

또 다른 타겟은 바로 투자와 관련된 지역적 타겟이다. 아직까지 한국 투자배급사들은 한국이 주요시장이다. 해외에 직배를 하거나 해외 세일즈의 경험이 다른 지역의 투자배급사보다 부족하다고 볼 수 있다. 그러다보니 해외배급이나 세일즈를 통한 영화매출을 기대하기보다는 100% 한국에서 투자비를 회수하는 것을 1차 목표로 한다. 또 다른 투자자그룹인 영화펀드는 대부분의 수익 회수를 투자배급사에 의존하기 때문에 결론적으로는 한국 투자배급사의 역량에 따라 프로젝트의 투자가 결정되는 것이다. 특히, 대형 투자배급사의 경우, 수익성이 없다고 판단되면 좋은 시나리오라도 투자가 일어나지 않는다. 또한 좋은 시나리오라도 제작비 규모가 크면 투자가 일어나지 않는다. 특히 애니메이션이나 CG를 많이 사용하는 영화들이 제작비 규모가 큰데 이를 한국 투자배급사가 단독적으로 투자결정을 하는 것은 모험에 가깝다. 이때 고려되는 것이 해외공동제작이다. 해외공동제작은 대부분 재정적 이유 때문에 고려된다. 특히 애니메이션의 경우 국내 흥행이 드물기 때문에 50억 원 규모의 제작비도 국내에서 100% 투자유치하는 것이 쉽지 않기 때문에 일찍부터 해외공동제작을 시도해왔다. 일본, 프랑스, 중국, 미국 등 공동제작을 시도했으나 성공적인 공동제작 작품은 아직 나오지 않았다고 보아도 무방하다.

해외공동제작을 하는 경우, 앞서 언급한 '우리끼리' 소재와 스토리는 한계가 있다. 대부분의 공동제작은 양쪽 지역에서 흥행할 수 있다는 것을 전제로 하기 때문에 한국 시장만을 타겟으로 하는 작품에 비해 기획단계에서 해야 할 일들이 늘어나게 된다. 우선 공동제작 대상국과의 원활한 커뮤니케이션이 필요하다. 즉, 기획안 또는 시나리오를 누군가가 주도적으로 진행하고 다른 한쪽의 동의를 받아내야 하는 과정이 들어간다. 그때 양국의 정서나 법률적 제약, 특히 중국의 경우 심

의 등의 문제를 같이 해결해나가야 하기 때문에 상대국의 정서를 이해
해야 한다.

이 경우 지역적 특수성보다는 어느 곳에서나 받아들여질 수 있는 보
편성에 더 의존하게 되며, 보편성에 의존한다는 것은 모두가 공감할
수 있는 스토리와 캐릭터의 관습이 더 중요하게 고려된다는 것이다.
아무리 좋은 스토리의 에피소드라도 한 나라에서는 받아들여지지 않
는다면, 기획단계에서 그런 요소들이 배제되어야 한다. 예를 들어 손
오공의 경우 저팔계 캐릭터는 돼지고기를 터부시하는 중동에서는 적
극적으로 활용될 수 없는 한계가 있다. 서론에서 언급한 코미디에서
흑인분장을 하고 흉내내며 웃고 즐기는 것은 흑인 비하 또는 인종차별
등의 문제를 야기시킬 수 있는 것이다. 이런 과정을 통해 국제적으로
터부시 되는 표현들이 무엇인지, 우리가 무엇을 조심해야 하는지를 배
워나가는 것이다.

2.3. 제작, 투자 및 배급전략은 무엇인가?

기획단계에서 고려해야 할 또 하나의 중요 요소는 제작, 투자 및 배
급전략이다. 시나리오 작가나 감독은 이런 고민을 할 필요가 없을지
모르나 프로듀서의 경우, 이것이 어쩌면 가장 중요한 요소이며 이 고
려에 따라 시나리오 개발방향이 달라질 수도 있다.

프로듀서는 투자배급의 상황과 이미 개발되고 있는 다른 프로젝트
들을 눈여겨보아야 한다. 개발하는 아이디어가 기존의 성공작들과 어
떤 차별점이 있는지, 아니면 완전히 독창적인 작품인지, 이것이 성공
할 수 있다는 것을 어떻게 스스로 확신하고 타인들을 확신시킬 것이지
이 아이디어가 제대로 살아나려면 시나리오는 어떻게 완성되어야 하

는지를 예측해야 한다. 즉, 아이디어를 보고 결과물을 그려낼 줄 알아야 한다는 것이다. 그리고 그러한 결과물이 도출되기 위해서 필요한 내부적·외부적 요소들이 무엇인가 파악해야 한다. 이때 필요한 내부적 요소들은 제작을 위해 필요한 인력과 기술 등의 제작전략, 그리고 외부적 요소는 알맞은 투자배급 전략이다. 이 전략은 앞의 타겟에서 이미 언급한 한국이 타겟인가? 해외공동제작이 타겟인가? 아니면 100% 해외자본으로 제작할 것인가? 등에 따라 다양한 선택이 존재할 수도 있고, 한국만을 타겟으로 한다고 결정짓고 출발할 수도 있다. 다만, 프로젝트가 진행되면서 상황이 달라지기도 하고 더욱 발전적인 방향으로 나갈 수도 있기 때문에 처음의 조사와 기본 전략이 없다면 혼란을 초래할 수도 있다.

프로젝트 기획은 씨앗을 뿌려 싹을 내는 과정에 비유할 수 있다.

어떤 씨앗을 뿌릴 것인가가 초기에 고민해야 하는 내용이라면, 기획개발과정을 거쳐 그 씨앗이 제대로 싹을 틔우도록 가꾸어야 한다. 사전조사를 통해 초기에 안을 정리할 수도 있고, 비밀리에 기획을 발전시킬 수도 있다. 이 기획 개발단계에서 크리에이터의 아이디어와 프로듀서의 전략이 결합된 최종본, 즉 시나리오와 컨셉 디자인이 완결되고, 필요한 투자가 완결되어 본 제작으로 진행하게 된다면, 프로젝트는 이제 궤도에 오른 것이다.

3. 제작단계

현재 영화와 애니메이션 제작은 기술과 예술, 또는 기술과 인문학의 결합이라고 할 수 있다. 영화나 애니메이션은 '스토리'라는 인문학적 요소와 '볼거리'라는 기술적 요소의 완벽한 결합을 요구한다.

3.1. 비주얼 기술

특히 제작비의 상당 부분은 시각적 요구를 충족시키기 위한 기술적 사용을 위해 지불된다.

특수효과라고 불리던 기술은 이제 컴퓨터 그래픽의 발달로 더이상 특수효과가 아닌 필수적, 일반적 영화의 시각적 기술 요소로 자리잡았다. 1977년 〈스타워즈〉, 1988년 〈누가 로져 래빗을 모함했나〉, 2001년 〈반지의 제왕〉, 2007년 〈베오울프〉, 2009년의 〈아바타〉, 2011년 〈틴틴의 모험〉 등 영화는 새로운 기술을 적용한 비주얼의 완성도를 놀랍게 발전시켜왔다. 〈스타워즈〉는 특수효과를 통해 우주시대를 구현해냈다. 이때 루카스 필름과 ILM(Industrial Light & Magic)이라는 할리우드 최고의 컴퓨터 그래픽 특수효과팀이 탄생했다. 1988년 〈누가 로져 래빗을 모함했나〉에서는 실사와 만화 캐릭터의 정교한 결합이 시도되었다. 2001년 〈반지의 제왕〉을 통해 뉴질랜드에 웨타디지털, 웨타워크숍이라는 특수효과 컴퓨터 그래픽 전문회사가 만들어졌다. 2007년에는 디지털 배우의 출현이라는, 전체를 컴퓨터 그래픽으로 구현해낸 〈베오울프〉가 제작되었다. 이는 2011년 〈틴틴의 모험〉으로 이어진다. 1977년 〈스타워즈〉 이후 컴퓨터 그래픽은 영화기술을 이끌어 오면서 감독의 창의력을 실제로 구현해내는 중요한 요소가 되었다. 이제는 컴퓨터 그래픽을 통해 가상의 세계만 만들어내는 것이 아니라 기존이 세계를 재창조해낸다. 컴퓨터 그래픽의 발달은 만화 캐릭터로만 존재하던 마블과 DC코믹스의 영웅들을 스크린에서 만날 수 있게 해주었다. 컴퓨터 그래픽의 발달은 실사영화와 애니메이션의 구분을 모호하게 만들어주었다. 〈스파이더맨〉, 〈배트맨〉, 〈트랜스포머〉 등은 애니메이션 캐릭터와 실제 배우와의 구분을 불가능하게 만들고 실제 배우가 맡은 역할에서도 어떠한 액션과 동작도 가능하게 만들어 불가능은 없는 영웅을 현실화시켜주면서 애니메이션에서나 볼 수 있었던 상황들이 구현된다.

한국도 이제 영화에서 CG는 없어서는 안 되는 필수 요소로 자리잡았지만, 그 제작비의 한계 때문에 적극적으로 활용하지는 못하고 있다. 봉준호 감독의 〈괴물〉(2006)에서 컴퓨터 그래픽 괴물 캐릭터가 등장했고 심형래 감독의 〈디워〉(2007)는 한국 영화로서는 드물게 컴퓨터 그래픽을 적극 활용한 작품으로 기억된다. 2011년 〈7광구〉는 야심차게 극장용 3D입체영화를 표방했으나 완성도에 관한 논란을 야기시켰다. 한국의 컴퓨터 그래픽은 컴퓨터 그래픽을 적극 활용한다는 개념보다는 드라마를 유연하게 만드는 지원의 개념이 더욱 강하다고 볼 수 있다.

컴퓨터 그래픽 기술의 발달은 다양한 시각적 볼거리를 제공할 뿐 아니라 디지털 시대에 여러 플랫폼에 대응하는 기본이기도 하다. 간단한 웹 애니메이션부터 온라인 게임, 전시영상, 극장용 4K 입체 아이맥스 3D에 이르기까지 CG의 활용도는 이제 일상이 되었다.

영화와 애니메이션을 중심으로 프로젝트 기반의 기술개발과 창의적 표현이 더욱 요구되는 시기이다.

3.2. 사운드 기술

영화와 애니메이션의 또 하나의 중요 기술요소는 사운드로 청각적 음향요소이다. 여기에는 영화에 내재되는 사운드와 이를 극장에서 구현해내는 기술이 포함된다.

영화는 동시녹음 기술이 사용되면서 특수음향 등 사운드 관련 기술 개발의 여지가 많이 있음에도 불구하고, 전반적으로 비주얼에 비해 사운드에 대한 예산이 낮고 기술개발이 활발하지 않다. 사운드 기술은 단순히 영화뿐 아니라 공연을 위한 무대나 극장과 밀접한 관련이 있으므로 이를 전반적으로 그리고 분야별로 특수하게 다루는 전문기관과 교육, 사운드 표현에 대한 다양한 실험으로 영화와 애니메이션 그리고 공연들과 결합하여 성과를 내는 시도들이 필요하다. 이렇게 이루어지는 실험들이 실제 영화와 애니메이션에 활용되어 새로운 기술로 자리 잡기를 기대해 본다.

4. 끝맺는 말

필자는 현재 프랑스 작가 베르나르 베르베르의 원작소설 『개미』를 디지털 영화로 제작 기획 중이다. 2005년 처음 베르베르가 한국 감독과 이 영화를 만들고 싶다고 제안한 이래 수많은 시나리오 작업과 디자인 작업을 거쳐 2012년 본격적인 제작에 착수할 수 있게 되었다. 〈개미〉를 진행하면서 시나리오 과정에서부터 수많은 시행착오를 겪었다. 초반에 작가와 합의한 내용은 가급적이면 실사 개미와 가깝게 비주얼 작업을 하자는 것이었다. 소설 원작은 인간과 개미의 소통과정에 대한 묘사, 개미 세계에서 숨겨진 어떤 정체를 찾는 미스테리, 그리고 인간 세계의 가족 간의 불화와 부적응 등 다양한 요소들이 결합되어 있었다. 그것을 120분 안에 담기에는 깊이를 다룰 수가 없어서 결국 원작소설에 있는 이야기 한 가지를 메인으로 잡았다. 56호라는 암캐미가 자신이 왕국을 건설하는 이야기로 큰 틀을 잡은 것이다.

이 영화는 100% 디지털 입체영화로 기획되었으며, 해외투자가 없으면 국내에서 투자받기 어려운 상황이었다. 한글로 시나리오를 개발하고 영어로 번역한 후 영어 시나리오 작가가 다시 작업하고 이를 한글로 번역한 후 다시 한국어 작가와 감독이 수정하는 작업을 수차례 거친 후 최종 시나리오가 영어로 먼저 완성되었다.

디지털 영화에서 시나리오의 완성은 영화의 시작이다. 디자인 작업을 거쳐 표현의 극대화와 효과를 위한 기술개발 문제가 대두되었다. 개미의 시각으로 보는 세계는 어떻게 표현되어야 하는가? 그 대기의 느낌, 물방울을 들고 다니는 개미의 다른 중력 세계, 우리에게 작은 솔방울이 그들에게는 거대한 바위처럼 느껴지는 것은 아닐까. 사실처럼, 그러면서 극적으로 보이게 하기 위한 작업들이 계속되고 있다.

그 사이 프랑스와 공동제작, 미국과의 투자배급 등 본 제작 이전 단계에서 하루하루가 급박하게 돌아가고 있다. 이제 본 제작을 준비하는 과정에서 한 편의 디지털 영화를 만들기 위한 전체 제작 파이프라인을 찾는 것이 가장 큰 숙제로 대두되고 있다. 그동안 하이 퀄리티(high quality)의 극장용 CG애니메이션이 제작되지 않아 전체 파이프라인이 완벽하게 준비된 스튜디오를 찾기가 어려운 것이다.

1995년 이후 미국에서 개봉된 CG애니메이션은 총 88편에 이른다. 이는 연 평균 4.8편이 개봉한 것이나 2011년의 경우, 흥행 100위 안에 13편이 포함되어 있고 이 중 3편은 2012년까지 연장상영 중이다. 즉, 과거에는 1년에 2~4편 정도가 상영되던 극장용 애니메이션이 현재는 한 해 10편 이상이 제작되는 것이다. 그러나 이런 제작들이 특정 스튜디오에 의해 과점되고 있는 현상도 동시에 나타나고 있다.

한국의 K-Culture가 세계의 주목을 받으면서 여러 분야가 동시에 약진하고 있다. 영화와 애니메이션 분야도 개개인의 크리에이터들이 미국과 호주, 일본 등의 애니메이션 회사나 스튜디오에서 역량을 발휘하고 있다. 이제 이런 역량들이 모여 완성도 높은 작품들로 세계시장에 진출할 때가 무르익었다. 산업계와 학계가 좀 더 실용적이고 생산적인 협력체계를 구축하여 작품으로 승부를 걸 수 있는 모험이 시작되기를 기대한다.

* 참고문헌은 각주로 대신함.

* 핵심어 : K-Culture, 애니메이션, 영화, 디지털 기술, 글로벌, 전략, 제작, 개발, 스토리텔링

• Abstract

Consideration for Global expansion of K-Culture
— Focusing on film and animation project development

Hwang, Kay

'Hallyu' has risen based on the governmental support and the trial and errors of professionals in all different creative and cultural contents industries. Hallyu is not only a cultural phenomena but also a lifestyle penetrating into the individual life with enhancing the brand image of Korea and Korean products. Also, creative and cultural contents industries draws the synergy effects through one source multi platform concept. This is the power of Culture. Korean government recognized importance of the culture and cultural industry to support its development to make it as one of the main exporting products from Korea. Since then, Hallyu has grown to be popular not only Japan or China, but also all other Asian countries, Europe and even in South America. However, the actual figure is not big enough as it is the beginning stage as an economic resources. Excluding games, other cultural contents industries has less than 5% of export, compared to domestic revenues. Especially, film and animation export is very limited both in domestic and international revenues. In this writing, I'd like to point out what is necessary to develop the global strategy in producing film and animation projects. When it comes to the storytelling, most of top boxoffice titles came from the books, comics or well known fairy tales. Animation or CG based blockbuster movies are regarded as high risk, high return projects which needs the proven successful origins to invest high production cost. This proven successful origin can be either story or character, but has to be the brand which we call 'franchise' . Since the success of *Matrix, The Lord of the Rings and Harry Potter series*, acquiring the successful intellectual properties, needless to say become the most important job for the producers. Technical development of computer graphics leads to focus on the visuals to express all the creative ideas on the screen, obscuring the boundaries between movie and animation. Franchise titles usually induce the audiences through the brand, character and visual attraction. Korean movie and animation projects targeting the international market need to have clear target group, authentic characters and outstanding visuals, to establish international co-production and distribution networks. The Korean production quality is quite high that many creators and visual artists are very qualitative and active in different areas all over the world. It is time to establish the strategy and develope how to combine the creativity, technology and all the expertise together for upgraded and enhanced project targeting international market. University and industry should have close network for more practical and proactive cooperation.

• Key words: K-Culture, Animation, Movie, digital technology, global, strategy, production, development, storytelling

불교설화의 口傳과 文傳의 틈새, 그리고 불교적 이치와 의미

『三國遺事』卷第五「感通 第七篇」「憬興遇聖」條를 예증삼아

김 헌 선

경기대학교 교수

불교설화의 口傳과 文傳의 틈새,
그리고 불교적 이치와 의미

『三國遺事』卷第五「感通 第七篇」「憬興遇聖」條를 예증삼아

김 헌 선

• 국문초록

　이 논문은 불교설화의 핵심적 조목 가운데 하나인「憬興遇聖」조목을 대상으로 전승의 실상과 의의를 다룬 것이다. 이 조목에 대한 해석은 각각 있었지만 보살신앙의 설화로 여러 층위가 있는 점을 착안하고 분석한 것은 이 논문에서 처음 시도한다.

　특히 관음보살과 문수보살이 함께 등장하여 일정한 의미를 구성하도록 갖춘 점이 이 글에서 돋보인다. 안의 시름과 사회적 기능에 대한 의문을 제기하면서 안의 병과 밖의 병을 다루는 점에 반드시 필요했던 것이 바로 보살이다. 보살을 만나서 크게 깨우치고는 사회적 의미를 확장하는 것이 이 조목의 의미라고 할 수가 있다.

　이 논문에서 시야를 확대하여 전승 자체를 문제삼아 구비전승과 문헌전승을 함께 비교하고 고찰하면서 동일한 보살설화가 각각 전승되는 상호관계를 통해서 이야기의 역사와 전승의 관점을 드러내고자 하

였다. 각각의 전승은 말로, 글로 전승되면서 다양한 의미를 구성하며 각각의 맥락에 일정한 전승에 기여했음이 드러난다. 과거의 전통이 전승을 통해서 구현되는 양상을 보여주면서 설화의 전통이 불교의 이치를 구현하는 데 깊이 작용하였음을 살필 수 있는 조목이다.

1. 자료와 방법

이 글은 불교설화 전체를 대상으로 하지 않는다. 불교설화 가운데 보살이 등장하는 설화를 중심으로 다루기로 한다. 그러므로 불교설화는 특정 인물과 관련된 보살설화를 의미하며, 보살설화는 보살이 특정한 인물을 돕거나 깨우침에 이르도록 하는 설화를 지칭하는 것만으로 한정하고자 한다. 불교설화 가운데 보살이 중요한 이유는 장차 밝혀지겠지만, 대승불교의 권역으로 한국 불교가 토착화하는 데 보살설화가 결정적인 구실을 했음을 증명할 수 있기 때문이다. 보살설화는 특정 불교 교단에 의해서 만들어져서 널리 유포되었을 것 같지만, 실상을 보면 교단과 관련이 없이 이루어지는 한국 설화의 독자적 창조물임을 쉽사리 인지할 수 있다. 설화를 전하는 일반인들이 대상의 특징을 요약하여 보살설화로 명명했을 개연성이 매우 높다. 경전에 없는 보살설화가 많은 것은 이 때문이다.

보살은 하나가 아니라 여럿이고, 불교설화의 실상을 보게 되면 제법 다양한 보살이 이야기의 주인공과 관계를 맺는 것이 사실이다. 보살이 주인공인 설화는 거의 없으며, 다양한 보살이 나타나서 특정 주인공의 사정을 해결해주면서 원조자 노릇을 하기도 하고, 깊은 깨우침에 이르도록 돕기도 한다. 그러한 보살설화의 양상을 가장 풍부하게 드러내는 설화집은 『三國遺事』이고, 이 저작의 여러 국면에서 보살설화를 만나게 된다. 이 보살설화는 매우 다양한 보살이 등장하지만, 온갖 보살이 일거에 모두 등장하는 것은 아니다. 가령 관음보살·문수보살·정취보살·지장보살·미륵보살 또는 자씨보살·대세지보살 등의 다양한 보살이 있으나 이야기인 설화에 모두 등장하지 않으며, 특정한 보살이 다양하게 등장하는 것이 본질이라고 할 수 있다. 가령 보살의 만신전 기록이라고 평가되는 『삼국유사』의 특정 대목에서 보살이 일정한 구실을 하는 이야기의 대조적 인물과 보살이 등장하지만 지장보살·미륵보살 또는 자씨보살·대세지보살 등은 이야기의 대상 인물로 전혀 등장하지 않는다.

보살(bodhisattva, 菩薩)은 대승불교의 핵심 사상이 낳은 창조적 결과이자 불교 교리의 근간을 이룬다. 보살은 "上求菩提 下化衆生"의 서원을 세운 대승불교의 핵심적 존재 가운데 하나이다. 위로는 진리를 구하고 아래로는 중생을 교화하는 존재가 보살이다. 소승불교에서는 보살이나 부처의 존재를 인정하지 않으며, 보살은 특히 부정되는 존재이다. 석가모니도 깨달은 자로 인정될 따름이고, 다시 온다든지 하는 여러 보살의 관념이 소승불교에서는 존재하지 않는다. 따라서 보살신앙은 우리 불교의 특징을 드러내는 것이고, 그러한 각도에서 명백하게 대승불교적 성격을 지니고 있다. 소승불교에서 강력하게 비난하는 보살은 힌두교의 신격이 둔갑하여 수용된 변질이라고 생각하는 것과 달리 대승불교에서는 보살신앙이 교리적 가능성과 함께 대승적 불교신앙의 근간이 되는 점을 인정하고 있다.

『삼국유사』의 편목마다 보살이 곧잘 등장하고 신앙의 대상으로 섬겨지는 사연이 널리 편만해 있다. 그뿐만 아니라, 보살이 직접 사람으로 나타나서 우리의 교만과 아집을 깨우치게 하고는 사라진다. 이 보살을 만나는 방식이 중요한 쟁점이고 연구의 주된 경향성을 형성하여 왔다.

보살을 만나는 방식이 특별하고 중요한 쟁점이기는 하지만 이에 대해 폭넓게 연구의 시각과 자료를 확대하고 심화할 필요를 느낀다. 그렇게 하는 데 『삼국유사』는 적절한 본보기 노릇을 하며, 연구의 시각을 점검받을 수 있는 강력한 예증 가운데 하나로 된다.

이 글에서는 보살이 나타나는 이야기 가운데 관음보살과 문수보살의 이야기에 주목하고자 한다. 교리적으로 서로 다른 설정의 보살인데도 불구하고 기본적으로 보살이 중간자적 존재로 모자라는 스님이나 중생을 도와서 깨달음을 얻게 하는 데 동질적인 기능을 수행하고 있다. 보살이 출현하여 사문과 중생을 도운 이야기는 이미 한 차례 검토된 바 있다.[1] 그 가운데서도 필자는 관음보살의 출현에 대한 제반 양상을 검토한 바 있는데, 여성으로 출현하는 관음보살의 시대적 가치와 보편성을 주목하는 것에 그치지 않고, 한 걸음 더 나아가 불교설화의 구전적 장치로 등장하는 방식을 다른 보살의 이야기와 견줄 필요가 있어서 이 글을 쓰게 되었다. 관음보살과 문수보살이 등장하면서 중생을 교화하는 이야기가 『삼국유사』에 두루 나타나므로 이에 대하여 비교하기로 한다.

『삼국유사』에 등장하는 보살의 출현 양상은 일정한 형태를 가지고 있다. 이 패턴을 이해하기 위해서 일련의 양상을 정리하면 다음과 같다.

1. 한 조목에 한 인물에게 한 보살만 나타나기 :「敏藏寺」 등
2. 한 조목에 한 인물에게 여러 보살이 나타나기 :「憬興遇聖」
3. 한 조목에 두 인물에게 한 보살이 나타나기 :「南白月二聖努肹夫得怛怛朴朴」

---

1 김헌선, 「불교 관음설화의 여성성과 중세적 성격 연구-『삼국유사』 소재 자료를 중심으로」, 『구비문학과 여성』, 박이정, 2000.

4. 한 조목에서 여러 인물에게 여러 보살 나타나기 : 「洛山二大聖觀音正
趣調信」
5. 여러 조목에서 여러 인물에게 한 보살이 나타나기 : 「廣德嚴莊」 등

이 유형화가 결과적으로 보살과 중생의 만남을 전제로 한 대승불교의 특징적 구현임에 우리는 일단의 의의를 부여할 수 있다. 그러한 과정 속에서 관음보살의 나타나기 방식이 다각도로 그리고 다양하게 구현되는 것임을 우리는 알 수가 있겠다. 그러한 과정 속에서 보살이 인물과 만나는 기본적 양상을 정리하지 않을 수 없을 것이다.

1과 5는 서로 상통한다. 특정 대목만 보면 하나로 고정되어 있지만 다른 대목을 보면 이러한 과정이 모두 확대되어 나타난다. 2가 어떤 의미에서 가장 중요하다. 경흥성사에게 관음보살과 문수보살이 모두 나타났기 때문이다. 그러나 모습을 각기 달랐으며, 비구니와 삼태기를 메고 있는 거사이다.

3은 도반의 관계인 노힐부득과 달달박박에게 나타나서 새로운 깨달음을 주는 존재로 되어 있다. 한 보살이 두 번 출현하는 것으로 되어 있으므로 이 두 인물과의 연계가 결과적으로 매우 중요한 의미를 가질 수 있을 것으로 본다. 노힐부득과 달달박박은 도반이므로 서로의 경계심도 늦추고 용맹정진이 값진 가치를 가지려면 서로 도와야 한다는 점을 강조하고 있다.

4는 가장 복잡한 구도를 가지고 있는 것인데, 이들을 통해서 각성의 단계와 신앙심의 다양성을 구현하면서 보일 수 있는 모든 모습을 단계적으로 보여주고자 한 것은 아닌지 매우 주목되는 면모를 보여주고 있다. 깨달음에서 이루는 합일이 매우 중요하고 결국 신행하고 실천하는 것이 가장 강력한 것임을 거듭 일깨우는 작품이라고 하겠다. 보살은

관음보살과 정취보살로 한정되어 있으나, 의상, 원효, 범일, 조신 등을 두루 아우르고 있는 점도 이 편목의 중요한 국면을 구현하고 있는 것이다.

『삼국유사』에서 보살이 출현하는 갖가지 양상을 정리해서 일관되게 보여주는 작업이 필요하다. 우리의 근본적인 도달점이 관음보살에 초점을 둔 것은 아니지만, 여러 보살이 만나는 양상 가운데 가장 중요한 위치를 점유하고 있는 것이 바로 관음보살이다. 관음보살의 다양한 출현양상을 보여주는 것은 분명한 이유가 있을 것이고, 타당한 가치를 지니고 있다고 하겠다. 주된 보살은 관음보살, 문수보살, 정취보살 등이 있으며, 이외에 몇 가지가 있지만 단연 돌올한 위치를 점하고 있는 보살이 관음보살이다.

관음보살은 변화무쌍한 존재이다. 변화하는 소의경전은 여럿이지만 대표적으로 두 가지 경전이 이러한 면모를 보여준다. 그 가운데 『妙法蓮華經』 觀世音菩薩普門品 第二十五 가운데 하나를 보면 그의 면모를 알 수가 있으며, 어떻게 응신하는지 알 수가 있다.[2] 경전에서 말하고

있는 대목이 복합적으로 작용하는 것을 볼 수가 있으며, 관세음보살의 면모가 대승불교의 강력한 변화상을 반영하고 있음을 알 수가 있다. 이에 견주어서 다른 보살의 경전 근거는 빈약한 형편이다. 그러나 모든 경전에 이야기에 전하는 것과 같은 자료는 점점되지 않으며, 경전에 없는 이야기가 허다하다. 이것이 불교설화, 그 가운데서도 관음보살설화의 진면목이다.

이 글에서 모든 보살의 유형과 양태를 한꺼번에 모두 다룰 수 없다. 그 가운데 구전과 문전의 전승 양상을 충실하게 보여주는 사례로 일단 「감통」편의 한 조목을 다루기로 한다. 「憬興遇聖」이 그것이다. 이 조목은 탈춤의 기원을 논하는 대목으로 널리 인용되고 논의되었지만 실제로 이를 본격적으로 논한 글들은 없다. 관음보살이 비구니로 나타나고, 문수보살이 비구로 나타나서 경흥을 일깨우는 점이 있는데 이 점을 중심으로 여기에 도사리고 있는 궁극적 설화적 의미, 불교적 이치 등을 다루면서 재해석하고자 한다.

이 글은 「憬興遇聖」의 미시적인 읽기를 시도하면서 이 조목의 정밀한 주석과 함께 원전 검토에 충실하고자 한다. 그렇게 함으로써 주석이나 주석학적 방법이 본문 이해에 어떻게 기여할 수 있는지 기초적

那羅摩[目*侯]羅伽人非人等身得度者 卽皆現之而爲說法 應以執金剛身得度者 卽現執金剛身而爲說法 無盡意 是觀世音菩薩 成就如是功德 以種種形遊諸國土度脫衆生 是故汝等 應當一心供養觀世音菩薩 是觀世音菩薩摩訶薩 於怖畏急難之中能施無畏 是故此娑婆世界 皆號之爲施無畏者 無盡意菩薩白佛言 世尊 我今當供養觀世音菩薩 卽解頸衆寶珠瓔珞 價直百千兩金 而以與之 作是言 仁者 受此法施珍寶瓔珞 時觀世音菩薩不肯受之 無盡意復白觀世音菩薩言 仁者 愍我等故受此瓔珞"에서 관세음보살의 응신상 근거를 볼 수가 있다. 그러나 경전의 근거가 모든 관음보살의 면모를 다 가릴 수 있는 것은 아니다. 관음보살의 응신상에 대한 근거가 있을 따름이고 관음보살의 설화는 민족마다 불교를 수용하는 쪽에서 모두 개별화한 창조적 산물이다. 따라서 경전의 근거를 따지는 것은 무의미한 일일 수도 있다.

검토를 하고자 한다. 본문에 대한 번다한 주석이 필요한 것은 아니지만 일연의 글쓰기가 이를 요구하기 때문에 이 점을 중심으로 일연의 글쓰기 행간을 읽으면서 하나의 텍스트가 조립되면서 주석에서 자유롭지 못한 형편을 말하고 어휘에서 문맥까지 깊은 반향이 있음을 증명하고자 한다. 주석학을 통해서 본문 구성의 텍스춰가 텍스트에 깊은 영향을 끼치지만 전혀 관계없는 주석으로 가면서 생기는 행간의 파탄과 이야기의 역리의 뜻을 가지고 있는 점을 증명하고자 한다.

다음으로 「憬興遇聖」의 조목이 지니는 텍스트의 의미를 구조적으로 분석하고자 한다. 관음보살을 만나고, 문수보살을 만나서 이룬 경흥의 깨달음에 초점을 두고 이를 철저하게 구조적으로 분석하고 따지면서 이 만남의 양상이 어떠한 의미가 있는지 검토하고자 한다. 관음보살과 문수보살은 삼국유사 책의 근본적 면모를 과시하는 것이고, 상투적으로 반복되는 주제인데도 불구하고 경흥이라고 하는 단일한 인물에게 어떠한 의미를 부여할 수가 있는지 살펴보고자 한다. 구조적 분석과 분절을 통해서 이 조목의 의미를 반추할 수 있을 것이다.

「憬興遇聖」의 보살 등장 방식을 확대해서 다른 조목에서 어떻게 구현되었으며, 구조적 반복성이 기실 구전과 문전의 양태를 자극적으로 구현하고 있는 형태임을 이로써 알 수 있는 컨텍스트에 대한 분석을 시도하고자 한다. 전면적인 자료로 확대하지 않으면서 그 가운데서도 관음보살과 문수보살에 대한 자료로 국한시켜서 이 자료에 대한 궁극적 검토가 가능하도록 검토하고자 한다. 구전과 문전의 양상이 이 과정에서 집중적으로 조명될 것이다. 구전과 문전의 양태에 생긴 문제점을 환기하고자 하는 것이 이 분석에서 초점을 이룰 것으로 기대된다.

「憬興遇聖」의 설화적 의미와 불교적 의미를 집중적으로 검토하는 것이 최종적 목표 가운데 하나이다. 설화에서 말하고자 하는 것과 불교적인 의미를 구현하는 것이 서로 어긋나는 것인가 아니면 일정하게 계합하는 본질적인 일치점이 있는가 하는 문제에 대한 집중적인 분석이 이루어질 것이다. 종국적으로 대승불교에서 표방하는 이치의 구현 방식이 경흥의 자료와 일연의 생각 속에 서로 공유되고 차별화되는 양상을 점검할 수 있을 것으로 판단된다.

「憬興遇聖」 조목을 이해하는 데 있어서 진정한 길이 있는가? 아마도 이 질문은 『삼국유사』 편목 전체에도 모두 해당하는 말일 성싶다. 도대체 이 조목을 이해하는 길이 무엇인지 쉽사리 결판날 것은 아니다. 질문을 다르게 바꿀 필요는 있다. 「憬興遇聖」 조목을 어떻게 읽으면 잘 이해할 수 있는가?

> 1) 본문의 주석에 충실을 기하는 것이 원칙이다.
> 2) 본문의 행간과 의미의 행간 파악이 필요하다.
> 3) 본문의 구조 분석과 다른 본문을 견주어야 한다.
> 4) 본문에 얽매이지 말고 다면적 사고로 통찰을 겸해야 한다.

이 방법은 「憬興遇聖」에 두루 해당할지 의문이 있다. 그러나 현재의 이해 수준에서 파지되는 네 단계 정도는 유용한 방법이다. 1)은 당연한 말 같지만 과연 그런지 의문이 있다. 일연의 한문 서술이 문장력을 요구하는 것은 아니다. 일연의 한문은 비약이 심하고 문장력이 있는 것으로 깔끔한 뜻을 가진 것은 아니다. 이러쿵저러쿵 바뀔 수 있는 문장이 많다. 경전의 문장, 구전되는 말의 번역, 우리의 한문 등이 다수 존재하고 있어서 문장력으로 해결할 것은 아니다. 깔끔한 번역이 이 조목 이해의 온전한 접근 방식일 수 있는지 회의적이다.

2)와 같은 것은 상당한 도움이 된다. 원문에 주석이 많은 것은 일연이 이런 저런 대목을 모두 보아서 해결된 것일 가능성이 있다. 한문에

대한 많은 검색 엔진이 있어서 이를 자구로 알아서 해결할 수 있으므로 해박한 한문 원전 탐독이 이 시대에 과연 의의가 있는가도 의문이다. 더구나 한문의 원전이 「憬興遇聖」 조목과 적합하게 사용되는 것인지도 의문이 있다. 실제로 원전과 거리가 멀어진 기록도 있으므로 전고의 활용에서도 유용한 것이 못된다. 모르는 것보다 나은 것이지만 결과적으로 이러한 이해가 궁극적인 방법이라고 말할 수 없다. 이 공부 방법에서 식견이 막히면 결과적으로 외통수에 걸려서 한계가 자초된다.

3)은 공부를 달리하는 방법일 수 있다. 한문과 원전의 소종래에 얽매이지 말고, 읽어서 요체를 바로 알고 요점이 무엇인지 명확하게 규정하고 분석하고 해석하는 것이 바람직한 방법일 수 있다. 현시대는 이러한 공부 방법을 진정한 것으로 여기지 않는다. 그러나 대립적 원리를 발견하고 이를 해석하는 것은 공부의 핵심적 방법이고, 학문의 진정한 길이라고 여긴다. 그러한 점에서 학문의 구조·이론·세계관 등을 쟁점으로 여기고 이것을 지향하는 것은 핵심적인 방법일 수 있다. 한문을 몰라도 이야기로 간주하고 이를 분석하게 되면 본질에 이를 수 있으며, 이 방법이 중세시대의 일자무식꾼에게도 통하던 방법이다. 이 방법을 통해서 공부를 하는 것은 어떻게 이어갈 수 있는가 고민이 낳다.

4)는 엉뚱한 생각으로부터 시작한다. 문제의 위와 아래 또는 안팎을 뒤바꿔서 새로운 방식으로 바라보는 사고방식이 필요하다. 이러한 사고방식을 다면적 사고(lateral thinking)라고 부른다.3) 마르셀 푸르스트는

---

3 Edward de Bono, *New Think; the Use of Lateral Thinking in the Generation of New Ideas*, Basic Books, 1968 ; Lateral Thinking: Creativity Step by Step(Perennial Library), Harper Colophon, 1973.

"진정한 발견의 항해는 새 땅이 아니라 새 관점을 찾는 일이다."라고
하였다. 이것이 바로 새로움을 찾는 다면적 사고의 출발점이라고 할
수가 있다.

「憬興遇聖」 조목에 대한 진정한 발견은 바로 관점을 새롭게 하면서
발상의 전환을 가지는 것이다. 이 발상의 전환은 대담하고 비약을 수
반하는 것이어야 하는데, 그러한 것을 논문 형식에서는 좀체로 허락하
지 않는다. 그래서 학문의 자유와 창조는 점점 제한적이 되고 제약을
수반하고 있다. 그런 점에서 이 조목에 대한 해석은 결과적으로 헛된
것일 수 있지만 해볼 수 있는 생각의 패턴을 바꾸어보자고 하는 조심
스러운 제안을 담고 있는 것이기도 하다.

2. 「憬興遇聖」의 주석, 본문 이해에의 기여

주석이 자료 이해에 능사는 아니다. 주석은 정밀할수록 전체의 문맥
과 의미를 상실하고 산만한 지식의 열거에 치우칠 우려가 있다. 그러
므로 주석은 지양해야 할 일이지만 『삼국유사』에 대한 주석은 이미 상
당 부분 진척되었다. 그러나 주석하는 관점이나 해석의 각도에서 주석

---

1) 현재 사고 패턴-현상을 유지하고자 하는 판박이 패턴을 깰 수 있도록 고안된, 사
고의 생성적 도구(Idea generating tools that are designed to break current thinking patterns-
routine patterns, the status quo)
2) 어디에서도 찾을 수 없는 새로운 사고를 검색하는 확장하도록 고안된 집중적 도구
(Focus tools that are designed to broaden where to search for new ideas)
3) 새로운 사고에서 받은 더 많은 가치 창출을 생성하기 위해 고안된 수확 도구
(Harvest tools that are designed to ensure more value is received from idea generating output)
4) 현실적인 제약, 자원, 그리고 지원을 고려하도록 고안된 처치 도구(Treatment tools
that are designed to consider real-world constraints, resources, and support)

은 거듭 달라질 수 있음을 우리는 일본 학계와 한국 학계의『삼국유사』 주석을 통해서 절감하게 된다. 일본 학계는 정밀함을 자랑한다.[4] 한국 학계는 해석의 관점을 중시하며, 누가 주석하는가에 따라서 해석의 방향이 달라질 수 있음을 다각도로 보여주게 된다.[5] 그렇다면 어떻게 주석하는 것이 이상적인가? 바람직한 방향은 주석의 도달점이 무엇인지 항상 생각해야 한다는 점이다. 본문 이해의 기여를 위해서 주석을 상세하게 갖추고 해석하는 것이 이상적이리라 믿는다.

神文王代, 大德憬興, 姓水氏, 熊川州人也. 年十八出家, 遊刃三藏,[6]

---

4 三品彰英遺撰,『三國遺事考證』上, 塙書房, 1975.
　三品彰英遺撰,『三國遺事考證』中, 塙書房, 1975.
　村上四男撰,『三國遺事考證』下之一, 塙書房, 1994.
　村上四男撰,『三國遺事考證』下之二, 塙書房, 1995.
　村上四男撰,『三國遺事考證』下之三, 塙書房, 1995.
　삼국유사연구회를 창설하고 지속적인 작업을 한 결과 주목할 만한 주석서를 냈다. 창설의 주역은 사라졌지만 무라카미 요시오가 지속적인 작업을 해서 완간한 주석서이다. 번역과 주석을 하면서 찾을 수 있는 문헌을 모두 찾았다고 해도 과언이 아닌 저작이다. 단편적인 작업에 그치지 않고 여럿이 함께 연구회를 결성하면서 작업한 본보기이다.

5 姜仁求 · 金杜珍 · 金相鉉 · 張忠植 · 黃浿江,『譯註三國遺事』Ⅰ · Ⅱ · Ⅲ · Ⅳ · Ⅴ, 이회, 1994. 이 저자은 역주 4권괴 연구논문의 색인 한 권으로 된 저작이다. 각자의 전공이 다르고 관점이 제각각이어서 주석의 다양성을 보이는 저작이지만 한 조목마다 일관성을 가지고 접근한 것은 아니다. 여러 문헌을 참고해서 원문의 상이점을 제시한 것은 설득력이 있지만, 관점이 달라지게 되면 전혀 해석이 달라지는 주석이 있어서 문제점이다. 일본의 연구서를 참조하였으나, 문제점이 일관되게 구현된 주석인지 의문스러운 면모가 있다.

6 遊刃三藏 : 유인과 삼장을 나누어서 해명해야 한다고 일본인 학자들이 주석했다. 遊刃은『莊子』內篇에 있는 養生主條에서 나오는 것으로 가령 '良庖歲更刀, 割也., 族庖月更刀, 折也. 今臣之刀十九年矣, 所解數千牛矣, 而刀刃若新發於硎. 彼節者有閒,而刀刃者無厚, 以無厚入有閒, 恢恢乎其於遊刃 必有餘地矣. 是以十九年而刀刃若新發於硎. 雖然, 每至於族, 吾見其難爲, 怵然爲戒, 視爲止, 行爲遲. 動刀甚微, 謋然已解, 如士委

望重一時.7) 開耀元年, 文武王將昇遐, 顧命於神文曰: "憬興法師, 可爲
國師,8) 不忘朕命." 神文卽位, 曲(册)爲國老, 住三郞寺.

忽寢疾彌月, 有一尼來謁候之, 以華嚴經中, 善友原病9)之說, 爲言曰:
"今師之疾, 憂勞所致, 喜笑可治." 乃作十一樣面貌, 各作俳諧之舞, 巉巖
戍削,10) 變態不可勝言, 皆可脫頤, 師之病不覺洒然, 尼遂出門, 乃入南
巷寺[寺在三郞寺南.]而隱, 所將杖子, 在幀畫十一面圓通像前.

一日將入王宮, 從者先備於東門之外, 鞍騎甚都, 靴笠斯陳, 行路爲之辟
易. 一居士[一云沙門.]形儀疎率, 手杖背筐, 來憩于下馬臺上, 視筐中乾魚
也, 從者呵之曰: "爾着緇, 奚負觸物耶?" 僧曰: "與其挾生肉於兩股間,11)

地. 提刀而立, 爲之四顧, 爲之躊躇滿志, 善刀而藏之.(솜씨 좋은 백정은 일 년에 한 번
칼을 바꾸는데 살코기를 베기 때문이고, 보통의 백정은 한 달에 한 번씩 칼을 바꾸는
데 뼈를 치기 때문이다. 지금 내가 쓰고 있는 칼은 19년이 되었고, 그동안 잡은 소가
수천 마리인데도 불구하고 칼날은 마치 숫돌에서 막 새로 갈아낸 듯하다. 뼈 마디에
는 틈이 있고 칼날에는 두께가 없다. 두께가 없는 것을 가지고 틈이 있는 사이로 들어
가기 때문에 넓고 넓어서 칼날을 놀리는 데 반드시 남는 공간이 있게 마련이다. 이 때
문에 19년이 되었는데도 칼날이 마치 숫돌에서 막 갈아낸 듯하다. 비록 그러하지만
매양 뼈와 근육이 엉켜 모여 있는 곳에서 이를 때마다, 나는 그것을 처리하기 어려움
을 알고, 두려워하면서 경계하여, 시선을 한 곳에 집중하고, 손놀림을 더디게 한다.
칼을 매우 미세하게 움직여서, 스르륵 하고 고기가 이미 뼈에서 해체되어 마치 흙이
땅에 떨어져 있는 듯하면, 칼을 붙잡고 우두커니 서서 사방을 돌아보며 머뭇거리다가
제정신으로 돌아오면 칼을 닦아서 간직한다.)'에서 기원했다는 말이 있다. 이것은 백
정이 칼끝을 놀려서 사용하는 내력을 말하는 것으로 두껍지 않은 칼로 고기와 뼈를
자르니 남음이 없이 넉넉하게 사용했다는 말이다. 三藏은 불교에서 말하는 불교 성전
의 전체를 말하는 것으로 經·律·論을 세 개의 광주리에 보관하는 것으로부터 비롯
된 것이다.

7 望重一時 : 物望이 일시에 높아졌다. 望은 物望이나 名望의 뜻.

8 國師 : 여기에서는 國師로 삼으라 하고 뒤에는 國老로 봉했다고 한다. 둘에 대한 함수
관계가 다각도로 여러 논의에서 제기된다. 동이논쟁이다.

9 善友原病 : 『華嚴經』의 어느 대목인지 불확실하다.

10 巉巖戍削 : 뾰족하기도 하고 깎은 듯하기도 한 모습을 말한다.

11 挾生肉於兩股間 : 龍樹菩薩造, 『大智度論』卷四 또는 『智度初品中菩薩釋論』第八(卷

背眞(負)三市之枯魚,12) 有何所嫌?" 言訖起去, 興方出門,

聞其言, 使人追之, 至南山文殊寺之門外, 抛筐而隱, 杖在文殊像前,

第四)에 있는 本生譚인 「尸毘王과 鴿鷹」에서 유래한 것이다. "譬如尸毘王以身施鴿 釋迦牟尼佛本身作王 名尸毘. 是王得歸命救護陀羅尼 大精進 有慈悲心 視一切衆生如 母愛子. 時世無佛 釋提桓因命盡欲墮. 自念言 何處有佛一切智人 處處問難 不能斷疑 知盡非佛 卽還天上 愁憂而坐. 巧變化師毘首羯磨天問曰 天主何以愁憂 答曰 我求一切 智人不可得 以是故愁憂. 毘首羯磨言 有大菩薩 布施 持戒 禪定 智慧具足. 不久當作佛 帝釋以偈答曰 菩薩發大心 魚子菴樹華三事因時多 成果時甚少 毘首羯磨答曰 是優尸 那種尸毘王 持戒 精進 大慈 大悲 禪定 智慧 不久作佛. 釋提桓因語毘首羯磨 當往試之 知有菩薩相不 汝作鷹 我作鷹 汝便佯怖入王腋下 我當逐汝. 毘首羯磨言 此大菩薩 云 何以此事惱 釋提桓因說偈言 我亦非惡心 如眞金應試 以此試菩薩 知其心定不. 說此偈 竟 毘首羯磨卽自變身作一赤眼赤足鴿 釋提桓因自變身作一鷹 急飛逐鴿 鴿直來入王 掖底 舉身戰怖 動眼促聲. 是時衆多人 相與而語曰 是王大慈仁 一切宜保信 如是鴿小 鳥 歸之如入舍 菩薩相如是 作佛必不久. 是時鷹在近樹上 語尸毘王 還與我鴿 此我所 受 王時語鷹'我前受此 非是汝受 我初發意時受此 一切衆生皆欲度之 鷹言 王欲度一切 衆生 我非一切耶 何以獨不見愍而奪我今日食 王答言 汝須何食 我作誓願 其有衆生來 歸我者 必救護之 汝須何食 亦當相給 鷹言 我須新殺熱肉 王念言'如此難得 自非殺生 無由得也 我當云何殺一與一 思惟心定 卽自說偈 是我此身肉 恒屬老病死 不久當臭爛 彼須我當與 如是思惟已 呼人持刀 自割股肉與鷹. 鷹語王言 王雖以熱肉與我 當用道理 令肉輕重得與鴿等 勿見欺也 王言 持稱來 以肉對鴿 鴿身轉重 王肉轉輕. 王令人割二 股 亦輕不足 次割兩[跳-兆·專] 兩臗 兩乳 項脊 舉身肉盡 鴿身猶重 王肉故輕. 是時 近臣 內戚安施帳幔 卻諸看人 王今如此 無可觀也 尸毘王言 勿遮諸人 聽令入看 而說 偈言 天人阿修羅 一切來觀我 大心無上志 求成佛道. 若有求佛道 當忍此大苦 不能堅固 心 則當息其意. 是時 菩薩以血塗手 稱欲上 定心以身盡以對鴿. 鷹言 大王 此事難辦 何用如此 以鴿還我 王言 鴿來歸我 終不與汝 我喪身無量 於物無益 今欲以身求易佛 道 以手攀稱 爾時 菩薩肉盡筋斷 不能自制 欲上而墮. 自責心言'汝當自堅 勿得迷悶 一 切衆生墮憂苦大海 汝一人立誓欲度一切 何以怠悶 此苦甚少 地獄苦多 以此相比 於十 六分猶不及一 我今有智慧 精進 持戒 禪定 猶患此苦 何況地獄中人無智慧者 是時菩薩 一心欲上 復更攀稱 語人 扶我 是時菩薩心定無悔. 諸天 龍王 阿修羅 鬼神 人民 皆大讚 言 爲一小鳥乃爾 是事希有 卽時大地爲六種振動 大海波揚 枯樹生華 天降香雨及散名 華 天女歌讚 必得成佛 是時念我四方神仙皆來讚言 是眞菩薩 必早成佛.'鷹語鴿言'終 試如此 不惜身命 是眞菩薩 卽說偈言 慈悲地中生 一切智樹牙 我曹當供養 不應施憂惱 毘首羯磨語釋提桓因言 天主 汝有神力 可令此王身得平復 釋提桓因言 不須我也 此王 自作誓願 大心歡喜 不惜身命感發一切 令求佛道 帝釋語人王言 汝割肉辛苦 心不惱沒

枯魚乃松皮也. 使來告, 興聞之嘆曰: "大聖來戒我騎畜爾." 終身不復騎.

　興之德馨遺味, 備載釋玄本所撰三郎寺碑. 嘗見普賢章經,[13] 彌勒菩薩言: "我當來世, 生閻浮提, 先度釋迦末法弟子, 唯除騎馬比丘, 不得見佛." 可不警哉!

　讚曰: 昔賢垂範意彌多, 胡乃兒孫莫切瑳. 背底枯魚猶可事, 那堪他日負龍華.

　한문의 글쓰기 가운데 주력하는 것 가운데 한 요소가 篇·章·句·字의 법칙을 지키는 것이다. 편법은 글 한 편의 전체적 통일성을 기하기 위해서, 장법은 하나의 단락에서 정합성을 지키기 위해서, 구법은

문화콘텍스의 내면

耶 王言 我心歡喜 不惱不沒 帝釋言 誰當信汝心不沒者 是時菩薩作實誓願 '我割肉血流 不瞋不惱 一心不悶以求佛道者 我身當卽平復如故 卽出語時 身復如本. 人天見之 皆大悲喜 歎未曾有 '此大菩薩必當作佛 我曹應當盡心供養. 願令早成佛道 當念我等 是時釋提桓因 毘首羯磨各還天上 如是等種種相 是檀波羅蜜滿. 問曰 尸羅波羅蜜云何滿 答曰 不惜身命 護持淨戒 如須陀須摩王 以劫磨沙波陀大王故 乃至捨命不犯禁戒."

이와 동일한 내용이 다른 경전에도 전한다. 본생담의 성격이 서로 일치하므로 이러한 전통이 반복되는 것으로 이해된다. 「尸毘王과 鳩鷹」의 본생담은 『六度集經』과 같은 데서 반복되어 나타나는 유명한 구절 가운데 하나이다. 그러나 이 전거가 이야기의 전통 속에서 사용되는 비유로는 과연 적절한 것인지 의문이 생긴다. 오히려 이러한 주석에 의해서 대상에 대한 온전한 인식을 드러내는데 한계가 있으며, 문제점이 있는 것으로 확인된다.

12 三市之枯魚 : 『莊子』雜篇 「外物」의 「枯魚之肆」에서 유래한 말이다. 莊周가 監河侯에게 곡식을 빌리러 가서 벌어진 일련의 삽화에서 유래한 것이다. '吾失我常與, 我无所處. 吾得斗升之水然活耳, 君乃言此, 曾不如早索我於 枯魚之肆'(나는 지금 내가 늘 함께 하는 물을 잃어버려 내가 거처할 곳이 없어져 버렸다. 지금 나는 한 말 한 되의 물만 있으면 충분히 살 수가 있을 따름이다. 그런데 지금 그대가 이처럼 말하니 차라리 일찌감치 나를 건어물 가게에 가서 찾는 것이 더 나을 것이라고 하였다.)라고 되었다. 三市의 枯魚는 大市·朝市·夕市의 枯魚를 말하는 것으로 시장을 뜻하는 저잣거리의 마른 물고기 정도로 해석해도 무방하다.

13 普賢章經 : 唐나라 澄觀이 撰述한 『華嚴經』의 普賢行願品疏 卷十을 말한다.

구절의 일관성을 꾀하기 위해서, 자법은 어휘의 다양성과 풍부함을 기하기 위해서 필요한 방법이다. 정명적 글쓰기에서 취택되는 이 방법은 다른 역사책보다『삼국사기』와 같은 책에서 기본적인 방법으로 채택되었다. 대상을 드러내기 위해서 간명하고 이치에 닿은 글쓰기에 이러한 방법이 원용되었다.

이 관점에서『삼국유사』는 이 원칙에 위배되는 요소가 상당하거니와 이 때문에 산만한 글쓰기로 판단될 가능성의 소인이 있다. 인용의 원천이 다양하고, 여러 면모를 고려한 때문에 이 글쓰기는 산만하고 지향점이 제각각이어서 작자의 일관성을 읽어내는 데 주력하기보다는 오히려 독자의 관점에서 여러 가지를 얻어가야 하는 면모가 발견된다. 더 극렬하게 말한다면, 글을 읽는 독자의 자각 여하에 따라서 글 이해의 진폭이 달라지도록 글을 썼다고 보는 편이 더욱 적절할 것으로 판단된다.

본문의 주석이 정확하다고 하는 것을 가정한다면, 이 주석을 통해서 통일된 글쓰기보다 여러 원천을 다각도로 변형하여 글에 응집하도록 함으로써 본문 이해에 많은 어려움을 제공하는 동시에 글을 이해하고 보는 정도의 차이와 질적 층위를 감안하도록 구성하고 있음이 드러난다. 따라서 이 조목은 원전의 주석을 무시한다면 간단한 내용의 이야기가 들어 있지만 이를 존중한다면 매우 심상치 않은 내용이 전개되는 점을 인정하지 않을 수 없다. 이 글의 구성 방식을 이해하고 그 글을 이해할 수 있는 방식으로 요인을 정리하면 다음과 같은 것일 수 있다.

　　가) 어구의 활용과 변형
　　나) 경전의 근거와 활용
　　다) 삽화의 원용과 복합

가) 어구의 활용과 변형이 드러나는 사례로 우리는 가령 주석에서 제시된 "遊刃三藏", "與其挾生肉於兩股間", "三市之枯魚" 등이 적절한 사례로 들 수 있다. 이 어구는 특정한 성향을 가진 경전으로부터 비롯되었다. 가령 『莊子』나 『六度集經』 또는 『大智度論』과 같은 책에서 비롯되었다. 여기에서 비롯된 어구가 본문에 적절하게 부응하는 것은 차치하더라도 이 경전의 근거가 있어서 활용되고 변형되는 점이 인정된다.

문면에 적실하게 부응하는 것도 있지만 문면의 의미와 별도로 다른 뜻을 가지면서 전혀 무관한 것도 있으므로 이들을 과연 전고의 활용이나 어구의 인용으로 볼 수 있는지 의문이 생길 수도 있다. 가령 위의 용례로 든 것이 각기 적실한 근거를 가졌으면서도 활용되는 차원에서 일관성을 가지고 운용되었는지는 의문이 있다.

가령 "遊刃三藏"은 적실하다고 하겠지만, 동시에 "三市之枯魚"는 적절하다고만 할 수 없으며, 이와 아울러서 "與其挾生肉於兩股間"은 원전과 거리가 멀어진 인용이라고 하지 않을 수 없다. 그러므로 글쓰기에 용인된 어구는 표면적인 것과 이면적인 것이 함께 작용하면서 다면성을 활용하게 하는 것임을 유의하지 않을 수 없다. 이러한 점에서 문면의 의미를 반추하고 환기하면서 이 인용한 어구에 대한 의문을 풀어가야 할 것으로 이해된다.

나)는 경전의 근거와 활용은 어구처럼 명시되지 않은 것이 아니라 일연이 명시적으로 밝힌 것으로 불교적 전거를 가지고 있는 것이라고 하지 않을 수 없다. 이 점에서 경전의 근거를 가지고 있는 것의 사례를 들어볼 수가 있다. "華嚴經中 善友原病之說"과 "嘗見普賢章經" 등이 이에 적절한 사례이다. 일연이 인용한 글이며, 이야기에 작용하고 있는 경전들이다. 경전의 근거를 가짐으로써 이는 이 조목에 철저하게 불교설화적 소인을 가지고 있는 것임을 증거하게 된다.

"華嚴經中 善友原病之說"는 경흥이 만난 관음보살의 전거이고, 이와 달리 "甞見普賢章經"은 문수보살의 이야기와 관련이 있지만 이미 텍스트의 밖으로 빠져나가서 이를 전하고 있는 "三郞寺碑"에 기재된 것이라고 하지 않을 수 없다. 경전의 근거를 중시하면서 이를 통해서 다각도의 논의를 하는 시각을 마련하고 있는 셈이다. 그러나 문면 이해에 도움이 될 뿐이지 이것이 진정한 것이라고 말하기는 어려운 설정이다.

다)는 다소 비약이 있는 말일지 모르지만 이는 본문의 주석을 벗어나는 것이지만, 본문의 요해에 의거해서 밝힐 수 있는 조목 이외의 삽화를 주목하면서 이를 이해하는 수단으로 삼아야 마땅하다. 그러한 대목으로 우리는 일단 문면의 통일성에 입각하여 『삼국유사』의 문면에서 반복되는 사항과 『삼국유사』를 떠난 대목으로 구성된 것에 입각해야 한다.

가령 관음보살과 문수보살이 거의 동일한 면모로 출현하는 것들을 논의해서 예증으로 운용하여야 할 것이다. 그러나 이는 뒤에 다시 다루어야 할 것이고, 주석의 어려운 점은 이러한 대목이 걸리기 때문이다. 이를 주석에 포함시켜서 논의해야 할 것인지 하는 심각한 논란이 생길 수 있다. 이와 달리 동일한 내용 전체가 『法華靈驗傳』에 제목을 달리한 채 전재되었으며 법화경을 경전적 근거로 하는 것을 통해서 인용되고 있다. 전반적 내용이 「顯比丘尼身」이라고 하는 제목으로 『法華靈驗傳』卷下에 기재되어 있다. 이 내용은 추측컨대 『海東高僧傳』, 『三國遺事』, 『法華靈驗傳』 등에 게재되었다고 오늘날에 전하고 있는 형태로 남은 것이라고 할 수 있다.

실제 문면을 보게 되면 본디의 『삼국유사』의 문면이 상당 부분 다른 점을 알 수가 있으며, 찬술자의 목적과 의도 아래 이 문면에 중대한 차별성을 형성하는 점을 볼 수가 있다. 그러한 이유 때문에 서로 달라진 문면의 이해를 위해서도 이에 대한 비교 분석은 불가피하다.

新羅憬興國師 住京師三郎寺 病久不瘳 有一尼請看 門人引視之 尼曰 師
雖悟大法 合四大爲身 豈能無病 病有四種 從四大生 一曰身病 風黃痰爲主
二曰心病 顚狂昏亂爲主 三曰客病 刀杖斫傷 動作過勞爲主 四曰俱有病 飢
渴寒暑苦樂憂曺爲主 其餘品類 展轉相因 一大不調 百病俱起 今師之病 非
藥石所療 若觀戲謔事則理矣 於是作卄一樣面而舞之 師視詭譎之態 頗歡悅
不知病之去也 尼出師使跡之 入南花寺佛殿而隱 其所持竹杖 在十一面觀音
像前 出『海東高僧傳』第五[14]

문면을 일일이 대조하지 않고도 우리는 이 문면을 통해서 『삼국유
사』와 『법화영험전』의 깊은 차이를 쉽사리 간취할 수 있다. 일단 관음
보살만을 다루었으며, 다루는 방식도 본문의 그것과 전혀 다른 점을
일단 수긍할 수가 있겠다. 불교적인 질병의 원인을 진단하고 동시에
불교에서 발생한 질병을 치유하는 방식까지 일관된 이치를 구성하고
있으므로 상당 부분 차별성이 있는 점을 말하지 않을 수 없다.

병의 원인을 불교의 이치를 들어서 해명하려고 하는 점도 온전한 것
인지 의문이 생긴다. 병에 네 가지가 있으며 사대로 해명하려고 하는
점이 이상하다. 게다가 사대로 해석된 질병이 다른 각도에서 해명되는
점도 이상하다고 할 수가 있다. 문면의 신앙적 이치와 신심을 강조하
면서 본래의 산뜻한 설화 내용이 격감된 면모를 가지고 있음이 확인된
다. 그러한 점에서 병의 원인이 매우 진단된 사실 자체도 납득하기 어

---

14 「顯比丘尼身」, 『法華靈驗傳』 卷下. 이 기록은 다각도의 여러 문헌에 등재되었다가 현
　재의 모습으로 전하고 있음이 확인된다. 『法華靈驗傳』의 기록은 본래 『海東高僧傳』
　에서 가지고 온 것이라고 되어 있다. 이 점에서 이 기록은 문헌전승의 대표적인 사례
　가운데 하나이다.

렵다. 불교의 깊은 교리를 끌어들여 이야기가 이상하게 변질되었음이 확인된다.

문면에서 십일면관음의 상을 해명하는 대목에서도 결정적인 차별성이 발생하게 되었다. 그것이 바로 '卅一樣面而舞之'라고 하였는데 실제로는 '十一面觀音像'이라고 하는 모습으로 되어 있는 점이 확인된다. 그러한 각도에서 문면의 의미를 매우 다르게 구현하고 있는 점이 확인된다. 약으로 치유되지 않고, 다른 것들로 치유되는 점이 해석의 핵심이다. 그것을 바라보는 문면 역시 전혀 다른 것으로 되어 있으며, '今師之病 非藥石所療 若觀戲謔事則理矣 於是作卅一樣面而舞之 師視詭譎之態 頗歡悅 不知病之去也'라고 해서 원래의 문면과 다른 점이 구현되었다.

병의 원인을 간단하게 처리하면서도 본질적인 언급을 한 『삼국유사』의 문면과 달리 『법화영험전』에서는 근본적인 면모를 강조하면서 함께 강조하고 있는 점도 매우 이례적인 면모라고 하지 않을 수 없다. 병의 근원이 안에서 발생하는 것과 달리 사대에서 생기며, 사대에서 생기는 질병의 근원을 자세하게 언급함으로써 색다른 구성을 하고 있는 점이 확인된다. 이 점에서 문면이 달라지고 주제가 달라지는 점을 분명하게 확인하게 된다.

본문의 이해를 위하여 예비적으로 논한 결과 우리는 적어도 이 조목을 통해서 수석이 능사는 아니지만 주석을 통해서 이 텍스트의 구성요소가 다양한 원천을 활용하면서 변형되어 있음을 확인할 수가 있다. 우리가 문헌적 기록에 대해서 이를 문헌전승으로 이해하지 않지만, 적어도 하나의 텍스트를 구성하는 데 있어서 다양한 원천이 활용되는 특징을 통해서 본다면, 문전의 전통 속에서 우러나는 것임을 반성하지 않을 수 없다.

이를 다른 각도에서 논한다면, 문헌전승 자체가 구비전승의 많은 대목을 요해하는 수단으로 될 수가 있다. 많은 대목을 강렬한 기억에 의존하면서도 이를 활용하면서 자신의 것으로 소화하는 총기가 있지만, 우리는 이 기록에 원용되고 있는 것들이 사실은 다양한 원천에 입각하고 있는 것을 인정하지 않을 수 없다. 주석을 통해서 문헌전승의 전통 속에서 우러난 행간만을 따졌다.

그러나 이면적으로 박람강기의 전통이 구비전승적 전통 속에서 우러나고 있음을 논하지 않을 수 없을 것이다. 이 점에서 이 문헌전승의 전통은 구비전승의 전통과 서로 분간되지 않은 채로 엇섞여 있는 것이다. 행간의 파탄과 문장의 역리에도 불구하고 구비전승에 의한 보완만이 이 문제를 해명할 수 있다고 판단된다.

『삼국유사』의 텍스트는 텍스춰만을 통해서 본다면 누구의 글쓰기인지 도대체 분간되지 않는다. 줄줄이 전재한 것 같아도 그렇지 않고 이 말인가 생각하면 저 말로서 다시 생기를 가지고 살아난다. 다양한 전통 속에서 다면적 글쓰기를 시도하고 있는 이 조목의 목소리가 통제되지 않은 것처럼 가장하였지만 상당한 전통 속에 우러난 문헌전승의 결과이고, 동시에 구비전승을 전제하지 않고서는 문면이 잘 요해되지 않은 면모가 있다.

일연의 글쓰기 방식은 자신만의 독자적 방식이 아니라 어찌 보면 철저하게 선의 전통에 입각하고 있으며, 격의불교적 전통에서 비롯된 것일 수 있다. 가령 조동선의 창시자인 양개가 선과 도를 함께 이해한 전통이나, 선불교가 성립되기 이전에 도가의 현의에 입각하여 불교의 용어를 드러내던 전통 속에 우러난 것일 수 있다.15) 일연의 글쓰기 전통에서 이러한 다면적인 인용의 빈발과 동시에 이러한 전통에 입각한 나

---

15 "雅乃與康法朗等 以經中事數擬配外書 爲生解之例 謂之格義", 「竺法雅傳」, 『高僧傳』 第四.

름의 중요한 글쓰기를 서툴게 드러내는 것 자체가 일종의 전략이다.

3. 「憬興遇聖」의 안거리와 밖거리 : 경흥이 만난 두 보살, 관음보살과 문수보살

경흥이 만난 두 보살의 이야기를 검토하는 데 있어서 산만한 주석으로 이해하여 채울 수 없음을 절감하게 되고 오히려 주석과 거리가 유관하면서도 이 이야기의 핵심을 짚어내는 일에 시각을 돌려 주목할 필요가 있다. 이야기라고 하는 틀 속에 무엇을 말하고자 하는 것인지 이를 파악하는 작업이 필요하다. 이 작업이 바로 이야기의 틀을 이해하는 것이다. 그렇게 하는 데 있어서 텍스트의 줄거리를 통해서 이야기의 구조를 파악하고 내용을 점검하는 대립적으로 인식하는 일이 시급하게 요구된다.

「憬興遇聖」의 서사적인 내용을 요약하기로 한다. 크게 두 가지가 핵심적으로 나뉘는데 이를 우리는 경흥과 보살의 만남으로 정의하고 분할할 필요가 있다. 문면에 충실한 요약은 텍스트의 무리한 해석을 제어할 수 있는 소중한 요건이 되므로 범박하게 이야기를 요약하지 말고 원문에 충실하면서도 이야기의 줄거리를 드러낼 수 있는 요약을 할 필요가 있다.

가) 경흥이 만난 관음보살

① 신문왕대의 보살 경흥은 성이 수씨이고, 웅천주 사람이니 나이 열여덟에 출가하여 삼장에 통달해서 신망이 아주 두터웠다.(神文王代, 大德憬興, 姓水氏, 熊川州人也. 年十八出家, **遊刃三藏, 望重一時.**)

② 문무왕이 세상을 뜨면서 경흥법사를 국사로 삼을 만하다고 해서 국사로 삼았다.(開耀元年, **文武王將昇遐, 顧命於神文曰: "憬興法師, 可爲國師, 不忘朕命."**)

③ 삼랑사에 머물다가 갑자기 병이 들어서 한 달을 앓았다.(忽寢疾彌月)

④ 이 때 한 여성이 찾아와서 문안을 하고(有一尼來謁候之)「화엄경」의 '善友原病之說' 구절을 들어서 법사의 질병이 근심에서 생긴 것이므로 웃으며 즐거워하면 나을 수 있다고 했다. (今師之疾, 憂勞所致, 喜笑可治)

⑤ 그러면서 열한 가지 탈을 만들어서 우스꽝스러운 춤을 추게 하니 높이 솟았다고 줄어들었다가 하는 형상이 변하는 모습을 이루 말할 수 없어서 우스워서 턱이 빠질 지경이었으며 마침내 국사의 병이 나았다. (乃作十一樣面貌, 各作俳諧之舞, 巉巖戌削, 變態不可勝言, 皆可脫頤, 師之病不覺洒然)

⑥ 여승이 문을 나가 남항사로 숨어들어가 살았는데 그가 짚었던 지팡이만 십일면원통상을 그린 그림 앞에 남아있었다.(乃入南巷寺[寺在三郞寺南.]而隱, 所將杖子, 在幀畫十一面圓通像前.)

나) 경흥이 만난 문수보살

⑦ 경흥이 궁궐로 들어가려고 하는데 준비하는 사람들이 안장과 말이 화려하고, (鞍騎甚都, 靴笠斯陳, 行路爲之辟易) 신과 갓도 매우 성대하였는데, 길을 가는 사람이 모두 두려워하며 물러났다.

⑧ 이 때에 행색이 초라하고 손에 지팡이를 짚고 등에 광주리를 진 사문이 있어 하마대에 쉬고 있는데 따르는 자들이(形儀疎率, 手杖背筐, 來憩于下馬臺上, 視筐中乾魚也) 삼태기 안을 보니 마른 물고기가 있어서 이를 나무랐다.

⑨ 그러자 거사는 다리에 산 고기를 끼고 있는 것에 비하면 말린 물고기를 지고 다니는 것이 혐의할 일이 아니라고 대답하면서 가버렸다.(與其挾生肉於兩股間, 背眞(負)三市之枯魚, 有何所嫌?" 言訖起去, 興方出門)

⑩ 경흥이 그 말을 듣고 사람을 시켜 따르게 하자, 남산 문수사에 이르러서 삼태기를 버리고 사라졌는데, 짚었던 지팡이는 문수보살상 앞에 세워져 있고, 말린 물고기는 소나무 껍질이었다.(聞其言, 使人追之, 至南山文殊寺之門外, 抛筐而隱, 杖在文殊像前, 枯魚乃松皮也.)

⑪ 그 사실을 들은 경흥이 말을 타는 것을 문수보살이 경계하는 것으로 알고 죽을 때까지 말을 타지 않았다.

다) 경흥의 행적 기록과 경전의 전거

⑫ 경흥의 아름다운 행적은 승려 현본이 지은 삼랑사비에 자세하게 실

려 전한다.

⑬ 불교 경전 「보현장경」에 전하는 내력을 들어서 말 탄 승려를 경계하다. (嘗見普賢章經, 彌勒菩薩言: "我當來世, 生閻浮提, 先度釋迦末法弟子, 唯除騎馬比丘, 不得見佛." 可不警哉)

라) 일연이 찬한다.

서사단락을 정리하자니 경흥국사가 두 보살인 관음보살과 문수보살을 만나서 시름을 치유하고 자신의 잘못을 깨달았다고 하는 것이 이 설화임을 직감할 수 있다. 특정 인물이 스스로 깨달음을 이루지 못하고 있던 차에, 신인이나 불보살, 또는 이인에 의해서 모자라는 생각을 깨우치는 과정이 보살설화의 핵심이라고 할 수 있으며 이 이야기는 그러한 전통에 충실하게 작동하고 있는 불교설화이다. 신불은 우리의 예상과 달리 필연적인 만남을 꾀하기 위해서 일상보다 높은 차원에 있지 않다. 신불의 존재는 일상이거나 일상보다 낮은 위치에 있으며, 예기치 못한 상황에 의해서 문제를 해결하는 실마리를 제공한다.

보살은 특정한 인물보다 낮은 곳에도 나타나고, 일상생활의 언저리에 머물면서 뛰어난 인물에게도 모자라는 인물에게도 나타날 가능성이 있으며, 동시에 그러한 가능성에 입각해서 새로운 깨달음을 얻어내는 깊은 작용을 하는 구실을 한다. 생각의 현명하고 모자라는 것뿐만 아니라, 지체의 고하를 막론하고, 언제나 나타나 분수에 넘치는 일을 하게 되면 꾸짖어 깨달음을 주고, 지혜가 모자라면 슬기를 보태서 높은 깨달음을 주는 것이 이 불보살설화의 요점이다.

한 보살을 두고 대립적인 성향을 가진 도반이 서로 다투는 이야기를 내용으로 하는 보살설화와 다르게 이 설화는 경흥이라는 신망이 두터운 국사를 대상으로 두 보살이 각기 나타나 다른 방향의 두 가지를 보여주고 있는 점이 이 설화의 요점이다.16) 관음보살은 나타나서 병든 경흥의 원인을 진단하고 이를 치유했고, 문수보살은 나타나서 지체에 넘치는 사치를 꾸짖었다. 병을 웃음으로 고쳐주고, 분수에 넘치는 일을 책망해서 이를 금하도록 하는 것은 이 보살설화의 차별적 면모이다.

관음보살과 문수보살은 각기 다르게 나타나서 제시한 해법도 달랐으므로 이 점이 긴요하고, 보살의 기본적 성향과 다르게 되어 있는 점이 확인된다. 그러한 점에서 보살의 나타난 내력과 과정이 각기 다르게 되어 있는 점이 매우 긴요한 면모라고 생각한다. 보살은 웃음으로 해결하기도 하고, 준엄하게 깨우치기도 한다. 이 점에 있어서 이 설화는 신성 체험과 경험이 다르다는 점이 소중하다. 이를 몇 가지 국면에서 정리해서 보여주기로 한다. 이 과정에서 긴요한 대립이 확인될 가능성이 있다.

菩薩	나타난 形象	出現 理由	解法	治癒 또는 自覺	菩薩暗示
觀音菩薩	一尼 來謁候之	忽寢疾彌月 今師之疾 憂勞所致 喜笑可治	乃作十一樣 面貌 各作俳諧之舞 巉巖成削 變態不可勝言 皆可脫頤	師之病不覺 洒然	所將杖子 在幀畫十一面 圓通像前
文殊菩薩	形儀疎率 手杖背筐	鞍騎甚都 靴笠斯陳 行路爲之辟易	與其挾生肉於兩股間 背眞(負)三市之枯魚 有何所嫌	大聖來戒我 騎畜爾	至南山文殊寺之門外 抛筐而隱 杖在文殊像前 枯魚乃松皮也

16 설화에 전승되는 다양한 면모가 여러 가지가 있으니 이것이 주목된다. 이러한 점이 좀 더 타당하게 규명되기 위해서 여러 가지 전승되는 자료의 질과 양을 깨달을 수 있도록 해야 한다. 『삼국유사』와 『한국구비문학대계』 설화의 자료를 중심으로 해서 이러한 자료를 전반적으로 정리하는 것이 요점이라고 하겠다. 『설화유형분류집』의 자료에서 이 설화를 모두 찾으니 대략 14편인데 이야기의 변질이 격심하고 불보살의 형상을 완전히 다르게 보여주는 자료도 많았다. 이에 대한 집중적인 연구가 필요한 것은 아닌지 모르겠다.

일단 보살이 출현하여 동일한 인물에게 간단하게 핵심적인 대화로 진행되는 것이 긴요하다. 설화에서 여러 가지 이야기의 국면이 다채롭게 전개되는 것은 아니다. 묘사도 없고, 설명만 간단한 대담으로 이루어져 있어서 일종의 극적 전환을 중심으로 하는 이야기가 주가 되는 것을 알 수가 있다. 이는 이야기이지만 이야기를 구성하는 방법이 재담에 가까운 설정임을 알 수가 있다. 극적 전개이므로 많은 이야기의 인물이 필요하지도 않다. 그러나 실제적인 구현 양상은 간단하면서도 누가 나타나는가에 방식의 차이가 현저하게 발견된다.

관음보살과 문수보살을 직접 만난 경흥이야기는 만남의 방식과 전개가 매우 긴요한 의의를 갖는다. 경흥과 관음의 이야기는 극적 대화에 해당한다. 실제로 원천과 도구가 비록 불교에서 유래하기는 했었다고 하나 원전에 없는 꾸며진 이야기로 십일 면의 관음이 각각에 있는 가면이 매우 긴요한 수단이 된다. 이것은 불교 계통의 가면극의 기원으로 매우 긴요하고, 여기에 곁들여져 춘 춤이 특히 중요하다. 춤사위는 굴곡이 있는 것으로 전후좌우가 서로 관련이 있는 것이라고 하겠다.

병의 원인 또한 더욱 소중하다. 무엇 때문에 병이 생겼는지가 궁금하다. 격에 어울리지 않는 자리에 있었던 때문인가 아니면 다른 원인이 있었는가? 경흥은 자신의 처지가 척박하게 되어 있었다. 주석에 의하면 본디 웅천주의 출신이므로 멸망한 백제의 후예이다. 백제의 유신이 과연 국로의 대접에 이를 수 있을 수 있겠는가? 그것은 핵심적인 사안이다. 목씨일 것으로 추정된다고도 하는데 그렇다고 하더라도 유민의 후예에서 높은 곳에 이를 수 있었던 것은 아니다.

안으로 생긴 병인데 이 병의 근원은 경흥이 "유인삼장"한 것이 원인이었을 것이지만, 깊은 깨달음에 이르지 못하고 관념적인 표현에 억눌

리고 깊은 고민을 하고 있었으므로 관념적 사유가 문제로 되어서 생각의 실마리가 풀리지 않고 격에 어울리지 않는 처지로 고통이 생긴 것이다. 시름이 안으로 발생한 것은 관념적 행위에서 벗어난 행동으로 치유하는 것이 이상적이다. 이 이상이 실현된 것은 바로 가면극이다. 가면극으로 웃음을 자아내게 하면서 상하의 격식을 벗어나서 안팎으로 웃음을 지어야만 이 고민이 해소될 수가 있다. 이 점에서 관음보살은 그러한 책무를 실현하는 존재이다.

관음보살이 비구니로 나타나서 '作十一樣面貌'를 해서, '各作俳諧之舞가 巉巖戌削하고 變態不可勝言'이라고 했는데, 이것이 좀 더 해석되어야 할 요점이다. 그러나 구체적으로 그것이 무엇이었는지 알 길이 없다. 가면과 춤이 관련이 있으며, 이것을 가지고 특정한 몸짓과 춤사위를 해서 결국 특정한 웃음을 자아냈다고 하는 것이 이 이야기의 본질이라고 생각한다. 탈춤의 기원이 된다면 간단한 재담과 춤사위, 가면이 관련이 있는 것으로 생각한다.

십일면관음의 이해가 긴요한 과제이다. 십일면관음과 같은 존재가 등장하는 것은 관음신앙이 확산되면서 가장 일찍 힌두교의 신과 접합하여 변화된 관음이며, 이러한 형상적 근거를 가지고 있는 소의경전은 바로 『十一面觀音神呪心經』이라고 하겠다. 이 경전에 의하면 관음보살의 기본 얼굴을 제외하고 머리 위에 붙인 11면이 있다. 「十一面觀音菩

薩(Ekadasamukha-bodhisattva)」은 얼굴이 열두 개라고 한다.

본디 얼굴은 흔히 眞實面이라고 하고, 11면은 方便面이라고 한다. 앞의 3면은 慈相, 왼편의 3면은 瞋相, 우편의 3면은 白牙上出相, 뒤의 1면은 暴大笑上, 정상의 1면은 佛果를 나타낸다. 10면은 보살이 수행하는 十地의 階位를 표현하는 方便이고, 맨 위의 불면은 불과를 말하는 것이다.[17]

경전에 근거한 사실이 해당 문면의 십일면관음보살의 가면과 과연 관련이 있을 것인가는 의문스러운 대목이다. 면모를 지었다고 하는 것은 가면의 양상이라고 할 수 있으며, 실제로 문면에서 말한 현상으로 본다면 불교 쪽에서 전승하였거나 민중들이 참여한 불교 계통의 연희에서 사용된 가면극의 양상으로 보는 편이 적절하리라고 판단된다. 가면의 양상이 우스꽝스럽고 지독한 웃음을 자아내게 되었기 때문에 이러한 재담이 가능하였을 것이며, 그러한 과정 속에서 웃음을 웃었을 개연성이 있다.

두 번째 사실은 더욱 극적인 행위의 연속으로 이루어져 있다. 문수보살이 나타나서 상하의 격식과 예의에 의거해서 국사의 지위를 누리면서 거드름을 피우는 인물들이 비판의 대상이 된다. 문수보살이 나타나서 경흥을 꾸짖고 지위를 얻어 행세하는 인물의 본질이 무엇인가 하는 점을 직접 현시하기 위해서 이러한 인물의 잘못을 일깨우는 구실을 하게 한다. 관음보살이 탈춤을 춘 것과 다르게 일종의 행위로 이루어진

---

17 「十一面神呪心經義疏」, 『大正新脩大正藏經』Vol. 39, No. 1802 십일 면의 관음보살의 면모에 대해서는 경전의 근거를 이루고 있지만 이야기의 중심에 이러한 대목이 있는 것은 아니다. "十一面者 前三面慈相見善衆生 而生慈心大慈與樂 左三面瞋面見惡衆生 而生悲心大悲救苦 右三面白牙上出面見淨業者 發希有讚勸進佛道 最後一面暴大笑面 見善惡雜穢衆生 而生怪唉改惡向道 頂上佛面或對習行大乘機者 而說諸法究竟佛道故 現佛面 各爾三方三面爲化三有故現三面若合本面應十二面 而十一面是方便面 本體常 面是眞實面 面離於身而智面主面表內懷以顯權實 故常面上現十一面 故曰十一面也"

퍼포먼스를 재담으로 색다르게 구현하는 것이 문수보살의 행위이다.

거지처럼 남루한 인물이 문수보살이라고 하는 놀라운 연행수법을 발휘한다. 일종의 재담으로 행위를 전개하는 것인데, 극적 전개가 흥미롭다. 마른 물고기와 산 고기가 요점적으로 비교되고 전개되는데, 이 대결을 통해서 문수보살이 신이한 행적을 보이는 것이 사실이면서도 이를 통해서 오히려 깨달음에 이르게 하는 놀라운 면모가 있어서 주목된다. 이러한 점에서 재담이나 흔히 말하는 優戲의 기원과 관련된다. 한 쪽은 직접적이고, 다른 한 쪽은 간접적으로 연관된다.

한 인물이 거듭 보살을 만나니 결국 이 인물이 뛰어나다고 하는 사실을 말하는 것이지만, 다른 각도에서 본다면 뛰어난 인물도 별 수 없어서 이 인물의 모자람을 가다듬어주는 것은 허름하고 우스꽝스러운 인물이 이 일을 주도하는 것임을 명시한다. 아무리 뛰어나고 높은 지위에 있는 인물이라고 하더라도 낮은 처지에 있는 사람으로부터 배울 것이 있으며, 이들이 새로운 삶을 사는 데 이 인물들의 도움을 간절하게 확인한다.

이 가운데 관음보살을 만나는 이야기는 탈춤에 관한 기록을 보여주고 있어서 한층 주목할 만하다. 십일 면의 가면 모습이 곧 탈의 종류를 말하는 듯하고, 俳諧之舞라고 하는 것이 우스개와 춤이 곁들여진 것은 탈춤 재담과 춤을 상징한다 하겠다. 골계적 내용을 위주로 삼는 탈춤 재담을 생각할 때에 어느 정도 부합된다고 하겠다. 또한 박지원의 「閔翁傳」에서 민옹이 주인공인 나의 시름을 치료하는 것과 부합된다고 하겠다. 다만 민옹이 우스개 이야기꾼이라는 점이 남다르다 하겠고, 여기서는 관음과 문수가 미천하고 비속한 행위를 하는 사람으로 나타나서 본연의 기능이 상실된 부처라기보다는 깨달음을 추구하는 비속한 사람으로 나타난 점에 주목을 요한다.

일찍이 이 대목은 우리나라 연희 연구에 중요한 전거를 제공하는 것으로 여러 연구자들에 의해서 주목받은 바 있다. 이 거리를 연희로 인지한다면 이 거리는 두 거리로 표현된다. 하나는 관음보살거리이다. 다른 하나는 문수보살거리이다. 이 거리의 재담·소도구·사건 등에 있어서 서로 대조적인 모습을 보이고 있다. 이 거리를 일단 분리해서 다룬다. 그러한 분절 속에서도 일정한 공통점이 있다. 이를 정리하게 되면, 보살이 나타나는 양상은 안의 근심을 치유하고자 나타나기도 하지만, 이와 달리 밖의 시름을 치유하고자 해서 나타나기도 한다.

경흥에게 이러한 양상이 모두 문제가 되어서 서로 관련을 가지면서 등장한 것으로 볼 수가 있다. 보살은 필요한 인물에게 나타나서 필요한 구실을 하면서 움직이는 것이 보편적인 양상이라고 할 수가 있다. 여성으로 나타나서 근심을 해소하고, 남성으로 나타나서 꾸짖는 것은 단순한 현상은 아니다. 내인과 외연이 문제가 되었으므로 이를 중심으로 주인공에게 보살이 나타났다. 그러면서도 해결책은 전통적인 연희와 이야기의 방식을 선택하고 있으므로 주목된다.

시름은 인간에게 어디에서 발생하는가? 이 설화는 그러한 것을 유도하는 상황 설정은 각기 다르지만 결과적으로 자신의 깨달음에 의해서만 문제를 해결할 수 있다고 하는 동일한 발상을 담고 있다. 명색에 의한 인식의 허망함을 드러내기 위해서 이 설화는 대립되는 두 상황을 가정하고 있다. 하나는 자신의 식에서 비롯되는 허망함을 드러내고자 하는 것이고, 다른 하나는 식이 생겨난 경계의 허망함을 드러내고자 하는 것이다. 이 두 가지를 모두 부정하게 되면 시름이 멈추고, 근심이 사라지며, 자신의 근본 원인이 어디에 있는지 깨우치게 된다. 그러한 점에서 불교는 근본적으로 내재주의적 관점의 표현이고, 이 설화는 그러한 사고의 일단을 가장 선명하게 집약하고 있는 것임이 확실하다. 유심론적 내재주의의 총체는 심이며, 이 심을 자각하도록 도와주는 것이 바로 보살이다. 보살은 하나이면서도 둘일 수 있으므로 한 인물에게 각각의 성향을 대표하는 보살이 둘이 나타나 자각하도록 한 이야기이다. 이러한 해명 방식은 유식학의 관점이지만, 오히려 유식학보다 더욱 생동감을 가지는 것은 바로 이야기를 짜맞추어서 전개하는 민중들의 인식이 중요하다. 다음의 그림을 기반으로 이를 다시 해명하고자 한다.

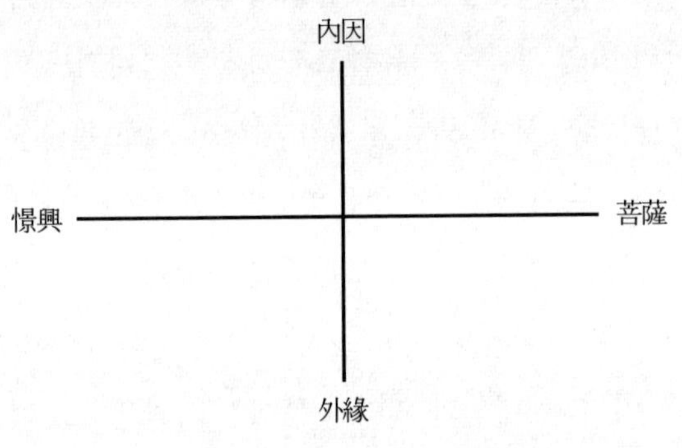

경흥이 보살 만나는 대립적 양상

경흥이 보살을 만나는 방식은 내인과 외연으로 갈라져 있다. 내인은 자신의 내부에서 직접적인 원인을 가지고 생성된 질병이다. 그것은 관념적 사고 때문이고, 지위를 유지하려고 하는 특정한 관념 때문이고 생각 때문에 질병이 생긴 것이다. 내적으로 발생한 병이므로 이를 웃음으로 치료해야 한다고 하는 것이 진단의 핵심이다. 그래서 선우가 등장해서 배해지무를 추면서 십일면관음의 탈을 보이자 쉽사리 병이 치료되었다. 내적인 병은 재담이 긴요하지 않고, 저대로 웃음을 찾고 놀리면 다행스럽게 해소된다는 점을 말하고 있다. 관음보살의 변화무쌍한 면모를 통해서 웃음을 유발하고 근심을 치유할 수 있었다.

외연으로 발생한 것은 권위와 국사로서의 권세이다. 이 권세를 가능하게 하는 것이 바로 시종자이다. 시종자를 통해서 이를 다시 고칠 수 있으므로 이에 대한 재담과 놀거리를 함께 제공하는 것이 바로 문수보살의 행각이다. 문수보살이 등장해서 한 말은 너무나 참혹한 것이지만 자신을 희생하여 자비심을 펼치는 이야기이다.

이 과정에서 주석에서 말한 것에 의하면 우화처럼 부처의 본생담인 「尸毘王과 鴿鷹」의 이야기가 동원되었다. 단순한 이야기이지만 내력의 근거를 가지고 와서 가르치고자 하는 뜻이 분명하였다. 자각이 귀한 사연의 결과이므로 이 점을 원용하려고 힘썼다. 그러면서도 절실한 재담과 은유를 들면서 사연을 소개하고자 힘을 들였다.

<blockquote>

가) 안거리 : 관음보살거리
나) 밖거리 : 문수보살거리

</blockquote>

외연과 내인이 서로 응해야만 결과적으로 사연을 이룰 수 있다. 연희사적으로 두 가지 문제를 제기하고 풀고 있다. 안거리에서 내인의 사연을 통해서 웃음으로 자가 치료를 하는 것이라고 한다면, 밖거리에서는 외연의 사연을 통해서 자각으로 잘못을 스스로 해결할 수 있다고 보는 것이 바로 이 거리라고 할 수가 있다. 이 점에서 외연과 내인은 시로 싱합해아 하고 문세를 호응하도록 하는 것이 기본이다.

안거리는 자신의 자각이 긴요하고 웃음이 중요하므로 이를 해소하는 굿거리의 전통은 웃음을 유발하고 사람에게 즐거움을 주는 전통으로 이어졌다. 그러한 전통 가운데 긴요한 것이 행위로 보여주는 연극이 있었다. 그것의 유사한 형태가 바로 중국의 연극 가운데 〈變臉〉과 같은 얼굴 바꿔치기와 흡사한 형태이다. 여러 얼굴을 바꾸면서 웃음과 신기함을 선사하는 연극이 바로 안거리의 후계자이다.

밖거리는 권위를 내세우는 무리들을 형편없는 존재로 전락하는 풍자의 전통으로 바뀌었다. 가까이는 〈사자과장〉에서부터 〈양반과장〉에 이르기까지 다양한 비판적 전략이 숨어 있는 거리가 등장했다. 그러한 전통의 연속성이 새로운 재담으로 이어지고 가면극과 인형극의 풍자 마당과 일정한 관련을 가지고 있을 것으로 추정된다.

경흥이 이처럼 이야기의 주인공으로 되면서 보살이 나타나서 일깨우는 것은 보살신앙의 근원이 되지만, 오히려 이와 다른 특성으로 말미암아서 민중들이 지향하는 보살신앙과 관련되고, 일연의 관점이 남달라서 이를 성취하는 것으로 되어 있다. 일연은 분명하게 선승이었으며, 선에서 핵심으로 하는 것이 민중에 대한 이타행이다. 이타행의 일환으로 보살신앙을 선택해서 보여주고자 했으므로 이러한 취사선택과 함께 민중 중심의 사고에 입각한 이야기의 흔적을 두루 보여주고자 하는 것이다.

4. 관음보살과 문수보살의 출현, 구전과 문전의 틈새 : 그 밖의 문면 확대하여 보기

관음보살은 여성으로 나타나고, 문수보살은 남성으로 나타난다. 이것은 『삼국유사』에 기본적으로 나타난다. 이 설화집에서 나타나는 방식이 흔히 여성과 남성이기는 해도 비구니와 거사의 모습을 겸하고 있으므로 불교적인 인물과 거리가 먼 것은 아니다. 그러나 관음보살의 경우에는 이러한 양상이 더욱 심각하므로 이 점이 문제이다. 여성으로 나타나는 관음보살은 평범한 여인인 경우가 허다하다. 남성으로 나타나는 문수보살은 흔히 삼태기나 광주리를 지고 나타나는 것이 관용적으로 인용되곤 하는 것이 이 책에서 등장한다.

관음보살이 여성으로 등장하는 경우는 『삼국유사』에서 허다하게 발견되며, 자료는 매우 다양하다. 이를 한 차례 정리한 바 있는데 이를 가져와서 재정리하자.18)

㉮ 羅季天成中 正浦崔殷誠久無胤息 詣茲寺大慈前祈禱 有娠而生男 未盈三朔 百濟甄萱犯京師 城中大潰 殷誠抱兒來告曰 隣兵奄至 事急矣 赤子累重 不能俱免 若誠大聖之所賜 原借大慈之力覆養之 令我父子再得相見 涕泣悲愴 三泣而三告之 裹以襁褓 藏諸猊座下 眷眷而去 經半月寇退 來尋之 肌膚如新浴 貌體嬛好 乳香尙痕於口 抱持歸養 乃壯聰惠過人 (塔像第四 三所觀音 衆生寺)

㉯ 聖德王卽位八年也 日將夕 有一娘子年幾二十 姿儀殊妙 氣襲蘭麝 俄然到北庵 請寄宿焉 因投詞曰 行遲日落千山暮 路隔城遙絶四隣 今日欲投庵下宿 慈悲知向莫生嗔 朴朴曰 蘭若護淨爲務 非爾所取近 行矣 無滯此處 閉門而入 娘歸南庵 又請如前 夫得曰 汝從何處 犯夜而來 娘答曰 湛然與大虛同體 何有往來 但聞賢士志願深重 德行高堅 將欲助成菩提 因投一偈曰 日暮天山路 行行絶四隣 竹松陰轉邃 溪洞響猶新 乞宿非迷路 尊師欲指津 願惟從我請 且莫問何人 師聞之驚駭謂曰 此地非婦女相汚 然隨順衆生 亦菩薩行之一世 況窮谷夜暗 其可忽歟 乃迎揖庵中而置之 至夜淸心礪操 微燈半壁 誦念厭厭 及夜將艾 娘呼曰 子不幸適有産憂 乞和尙排備苫草 夫得悲矜莫逆 燭火殷勤 娘旣産 又請浴 夫得膌膒漸懼交心 然哀憫之情有加無已 又備盆槽 坐娘於中 薪湯以浴之 旣而槽中之水杳氣郁烈 變成金液 夫得大灰 娘曰 吾師亦宜浴此 夫得勉强從之 忽覺精神爽涼 肌膚金色 視其傍忽生一蓮臺 娘歡之坐 因謂曰 我是觀音菩薩 來助大師 成大菩提矣 言訖不現 (塔像 第四 南白月二聖 夫得怛怛朴朴)

18 김헌선, 「불교 관음설화의 여성성과 중세적 성격 연구–『삼국유사』 소재 자료를 중심으로」, 『구비문학연구』, 한국구비문학회, 1998.

　　㉲ 後有元曉法師 繼踵而來 欲求瞻禮 初至於南郊水田中 有一白衣女人刈
稻 師戲請其禾 女以稻荒戲答之 又行至橋下 一女洗月水帛 師乞水 女酌其
穢水獻之 師覆弁之 更酌川水而飮之 時野中松上有一靑鳥 呼曰休醍醐和尙
忽隱不現 其松下一雙脫鞋 師旣到寺 觀音座下又有前所見脫鞋一雙 方知前
所遇聖女眞身也 (塔像 第四 洛山二大聖 觀音正趣調信)

　　㉳ 文武王代 有沙門名廣德嚴莊二人善友 日夕約曰 先歸安養者須告之 德
隱居芬皇西里……蒲鞋爲業 挾妻子而居……婦曰 夫子與我 同居十餘年載
未嘗一夕同床而枕 況觸汚乎 但每夜端身正坐 一聲念阿彌陀佛號 或作十六觀
觀旣熟 明月入戶 時昇其光 加趺於上竭若此 雖欲勿西奚往……其婦乃芬
皇寺之婢 盖一九應身之 (感通 第七 廣德嚴莊)

　　㉮에서는 최은함이 관음에게 빌어서 얻은 아이를 백제 견훤의 군사
들이 쳐들어오자 이 아이를 관음좌상의 밑에 두고 피난을 갔다가 왔는
데, 아이가 살아있었으며 젖을 준 흔적이 있는 것을 발견하는 이야기
이다. 결국 관음이 여성으로 변화해서 아이에게 젖을 주었다고 하는
증거는 없지만 미루어서 짐작하도록 관음의 여성성을 강조하고 있어
서 주목된다. 결국 작품에서는 이 아이를 안아 기르고 젖을 먹인 인물
이 관음임을 간접적으로 말하고 있다.

　　관음이 변화해서 여성이 되었다고 하는 출현의 문제는 제기하지 않
았다. 오히려 최은성이 관음전에 빌고 위기에 몰리자 아이를 세 번 울
고 세 번 빌어서 두고 갔는데, 아이가 갓 목욕한 것처럼 윤기가 나고,
또한 입술 가에는 젖 냄새가 났다고 함으로써 새로운 출현방식이나 응
감을 말하고 있는 설화이다. 간접적인 방법이 관음의 영력을 보여주는
것이고, 매개적인 방법이 효과를 가지도록 했음이 확인된다.

　　㉯에서는 노힐부득과 달달박박에게 나타난 관음의 여성적인 모습이

종교적인 금기와 이를 넘어서는 두 인물의 대립적인 면모를 통해서 진정한 수행의 길이 무엇인지 깨닫도록 했다. 자기만을 위해서 도를 닦는 것이 긴요한가, 자기와 남 모두를 위해서 도를 닦는 것이 긴요한가에 대한 문제를 심각하게 다루어놓았다고 생각한다. 깨달음의 진정한 길이 어디에 있는지 이를 여성으로 화한 관음보살이 시험한다.

여성으로 등장한 관음이 거부되지 않고 용납된 인물인 노힐부득에게 요구하는 일은 아주 신기한데, 그것이 곧 하룻밤 자겠다는 일, 아이를 낳겠다는 일, 그리고 몸을 씻겨 달라는 일 등이 그것이다. 이는 사문에게 지나친 요구이지만, 이를 수행하는 노힐부득의 놀라운 인내가 소중하다. 그런데 여성이 요구하는 일이 단순하지 않다.

결국 지아비 없이 아이를 낳는 성모 마리아의 '성령 잉태 모티프'와 핵심적으로 일치한다. 같이 자자고 하더니 갑자기 아이를 낳으면 어쩌겠다는 심사인지 알 길이 없다. 본래 있었던 남녀의 혼인에 의한 잉태 후 출산의 장중한 이야기가 관음설화로 수용되면서 심각한 변이가 일어난 것이 이 과정이라고 할 수가 있다.[19] 남성에게 찾아온 여성이라고 하는 모티프의 변형과 여성이 아이를 낳는 모티프는 동일한 이야기라고 하겠다. 성담에서 전대에 이룩된 신화적 모티프는 지속되면서 변형된 것이다.

성모 마리아의 성령 잉태 모티프의 변형이라고 하는 것은 철저하게 중세화된 표현법을 의미한다. 독생자는 있을 수 없는 것이다. 신화시대에는 가능한 것인데, 노힐부득을 찾아온 관음이 아이를 낳아서 이적

---

19 이를 「제석본풀이」의 이야기와 견주어도 동일한 과정의 이야기라고 해도 과언이 아니다. 다만 차이가 있다면 본풀이에서는 혼인, 심부담 등이 함께 결합된 이야기를 여기에서는 한 차례로 압축해서 보여주는 점에서 질적인 차이가 있다.

을 보이는데, 갑자기 이적이 곧 노힐부득의 신성한 존재에로의 전환으로 바로 이어진다. 여성이 낳은 아이와 노힐부득이 부처로 되는 것은 신비한 비약이 있는데, 문면에서는 이 점에 납득할 만한 연결이 이루어진 것은 아니다. 불확실한 부분은 불확실하게 두면서 이야기를 이어가야 한다.

㉱에서는 여성이 원효에게 나타났는데, 낳은 여성이 결국 두 가지 모습으로 달리해서 나타난다. 하나는 벼 베는 여인으로 나타난 다음에 원효와 더불어서 희학질을 한 것으로 되어 있다. 벼가 팼느니 못 팼느니 하는 것이 요점이다. 벼가 익었다 안 익었다고 하는 것을 액면 그 자체로 두지 말고, 다른 각도에서 적절한 때가 되었다든지 아니면 그렇지 않다든지 하는 관점에서 보는 것이 타당하다. 익은 벼는 새로운 볍씨로 새로운 파종이 가능하다는 뜻이다.

두 번째는 다시 엉뚱한 이야기이다. 결국 개짐을 빠는 여성이 등장해서 물을 떠주는 것이 요점인데, 이 부분 역시 상징적으로 이해해야 한다. 여성의 생명력을 인지하는 부분을 이렇게 표현했다고 하는 것일 수 있다. 앞의 이야기와 이어지는 것으로 곡물의 생명력과 달리 사람의 생식력을 연결해서 보여주는 것이라고 하겠다. 생식력과 생명력은 동일한 차원의 이야기를 잇대어 놓은 표현이다. 곡식이 익은 것과 월경은 같은 현상이라고 하겠다.

그러나 이러한 현상은 고대신화의 흔적이면서 이를 극복하여 새로운 이야기로 변화시키는 수단이다. 문제의 요점은 여성이 거푸 등장하면서 이루어지는 남성과 여성이 옥신각신하는 이야기는 쌀과 생명의 월경이 같은 것임을 강조하는 전례를 이은 것이다. 「제석본풀이」에서 여성과 남성이 쌀을 두고 다투다가 이어서 함께 잠을 자면서 아이를 잉태하는 이야기인데, 결국 같은 일이다.

그러나 이 설화는 중세적인 불교의 보살을 등장한 이야기이다. 그러므로 이를 가져다가 바꾸었다. 남성과 여성이 일정한 거리를 유지해야 하는 것이고, 속으로 감추어진 현상의 이면을 알아차려야 한다. 핵심은 여성의 개짐 빨래한 것을 더럽다고 생각해서 분별심을 가진 원효의 태도를 꾸짖자는 것이다. 깨달음을 이룩하고 삶의 깊은 자각에 이르지 못하고 여전히 더러운 것과 깨끗한 것에 생각의 한 방향을 고집하고 있는 원효를 비판하고 있다.

앞의 등장한 여성이 관음보살이었음을 알게 하는 방식은 다소 전통적인 신화의 흔적이면서 아울러서 불교적인 상징소를 겸한 것이라 주목된다. 파랑새가 등장하고 이어서 소나무 밑에 있는 신발 한 짝이 문제였다. 나중에 가서 보니 관을 모신 곳에 나머지 신발 한 짝이 남아 있어서 원효가 만난 여성이 관음이었음을 매개하고 있다. 관음은 진신의 면모를 가지고 있지만 새나 신발짝을 사용하는 것은 전통적인 방식이면서 불교적이다. 그러한 점에서 남다르다.

㉣에서는 더욱 심각한 문제가 된다. 절친한 도반 사이에 분황사의 노비로 있는 인물이 결국 관음의 응신 가운데 하나였는데 곧은 인물과 그른 인물 둘을 모두 깨달음을 증득하도록 유도하는 것이 기본적인 내용이라고 하겠다. 이러한 점에서 이 ㉣는 여성으로 실재하면서 사는 인물인 점에서 더욱 설득력을 갖는다. 깨달음을 이루기 위해서 어디에서나 나타나 인물을 돕는 전례를 그대로 이었다. 함께 산 여성이 관음보살이었다고 하는 생각은 남다른 면모를 과시하는 전례이다.

문수보살은 어떻게 나타나는가? 문수보살은 거사이거나 남성으로 되어 있는 것이 일반적이다. 구체적인 사례 두 가지가 있다. 문수보살이 남성으로 등장하는 사례는 「慈藏定律」이 적절하다.

藏往太伯山尋之, 見巨蟒蟠結樹下, 謂侍者曰: "此所謂葛蟠地." 乃創石南院[今淨岩寺.]以候聖降. 粵有老居士, 方袍襤褸, 荷葛篑, 盛死狗兒來, 謂侍者曰: "欲見慈藏來爾." 門者曰: "自奉巾篑, 未見忤犯吾師諱者, 汝何人, 斯爾狂言乎?" 居士曰: "但告汝師." 遂入告, 藏不之覺曰: "殆狂者耶?" 門人出詬逐之, 居士曰: "歸歟歸歟! 有我相者, 焉得見我?" 乃倒簣拂之, 狗變爲師子寶座, 陞坐放光而去. 藏聞之, 方具威儀, 尋光而趨, 登南嶺已, 杳然不及, 遂殞身而卒, 茶毗安骨於石穴中.

문수보살은 남성으로 등장하고 흔히 칡으로 결은 삼태기를 매고, 삼태기에다 무엇을 담아서 다닌다. 그것은 죽은 강아지이거나, 달리 마른 물고기라고 되어 있다. 거사로서 이러한 일을 하는 것은 온당하지 않다. 그런데도 불구하고 계율에 어긋나는 일을 하는 것이 인상적인 일이다. 외면에서 보이는 천한 짓이나, 계율을 어긋나게 하는 것은 못마땅한 일이고 심각하게 문제가 되는 일이라고 하지만, 더 궁극적인 깨달음에 이르게 하는 요소라고 생각한다. 이 점에서 문수보살은 특이한 면모를 가진다.

「자장정률」에서는 남루한 거사가 문수보살임을 알리는 과정에서 죽은 강아지가 필요했으며, 「경흥우성」에서는 도에 지나친 일을 경계하기 위해서 몸소 몸을 낮추셨다. 그런데도 직접 경흥에게 나타나지 않고, 시봉자에게 나타나서 간접화했다. 자장은 직접 당했고, 경흥은 간접적으로 전달받았다. 왜 이러한 차이가 났는지는 의문의 여지가 있다. 그렇지만 생각이 모자라고 다른 각도에서 문제가 있을 경우에 몸을 낮추셔서 직접 행위로 가르치는 점에서 흥미로운 견해이다.

자장이 문수보살을 만나지 못한 사연은 하나의 조목으로 그치지 않고, 자장의 서거에 대한 논쟁을 야기하는 기록으로 이해되기도 한다. 가령 자장이 목숨을 버린 이야기가 바로 끝 대목에서 이어지는데 다른 기록에 의거해서 보면 자장의 죽음을 달리 이해하는 문전이 있으므로 이를 중시해야 할 것으로 보인다.

> 師追之不及 舍身而去日 我身在室中三月 則還來矣 應有外道來欲燒之 不
> 從留待 未週一月 有異僧大責 燒之 三月後空請日 無身何托已矣 奈何 吾之
> 遺骨 藏置嵓穴[20]

　자장의 주검을 처리하는 방식에 차이가 있다. 이 기록에서는 외도를 믿는 인물이 와서 자신의 주검을 소신하지 말라고 했는데 다른 승려가 와서 주검을 불 살라버린 것이 요점이다. 태백산에서 생긴 사단의 요점은 바로 문수신앙과 문수신앙과는 계통이 다른 신앙의 갈등이 나타나 있다. 이 승려는 바로 의상이고 태백산에 와서 화엄종을 내세우고 부석사를 세운 존재이다. 자장의 문수신앙과 의상의 화엄신앙이 크게 충돌하면서 다른 양상을 보이고 있는 것이 요점이다.

　자장은 다시 돌아오겠다고 했는데, 다른 이승이 와서 이를 무시하고 화장을 했다고 하는 것과 문수가 사라진 자리에 화엄을 숭앙하는 승려가 와서 절을 세웠다고 하는 것이 두 신앙의 갈등임을 말하는 증거이다.[21] 자장율사와 의상의 대립이 이와 같은 현상으로 이야기에 반영되어 있으며, 문수보살을 내세우는 신앙이 화엄신앙과 차별성이 있었음을 이로써 증거하는 것이다.

　이 글에서 주는 매력 가운데 하나가 곧 일연의 개입이다. 응감하는 바의 놀라운 사실을 기록하면서 특히 불경에 적힌 내력과 관련을 짓는 일이 부각된다. 그 가운데서도 서사단락 13)에 있는 것이다. 「감통」편

---

20 「江原道旌善郡 太白山淨岩寺事蹟」.
21 이기백, 「태백산과 오대산」, 「한국고대사론」, 일조각, 1995, 112쪽.

목에 있는 직접적인 이유를 명시한다. 미륵보살이 말하는 내세의 구체 이유가 이와 부합되었다.

『삼국유사』만을 중심으로 보살의 출현을 이해하는 것은 옳지 않다. 구전설화에도 보살이 나타나는 이야기가 흔하다. 신불의 이름으로 출현하는 이야기는 매우 많지만, 그 가운데 관음보살과 문수보살이 나타나는 이야기 한 편씩을 들어서 이를 이해하기로 한다. 먼저 「인제읍 오세암의 유래」를 한 편 보기로 한다.

> 그래 조카는 인저 죽은 양으로 생각하고 근심만 하고 삼동을 거 사랑방에서 쌀 거둔 거 가주고 부쳐서 밥을 먹고 삼 월달이 된께 질이 터진단 말이여. 철벅거리고 올라 가네. 올라 가서, '조카는 방 가무데서 죽었을 테니 어디 갖다가 묻어도 묻어야지.' 하고 올라 가다가 들으니까, 집이 가까워 가니까, '동동동동' 하고 꽹매기 뚜디리는 소리가 나. '이 이상하다.' 차차 차차 올라 간께 꽹매기 뚜디는 소리가 완연히 나거던. 그래 인저, 마당에를 썩 들어서인께 방안에서 꽹매기를 뚜디리미 '관세음보살, 관세음보살.' 하거든.
>
> "오성아."
>
> 하인께,
>
> "예."
>
> 하고 문을 떨썩 열고 나온단 말이라.
>
> '저 놈이 죽었을 텐데, 죽은 귀신이가 어, 살았나, 희안하다.' 그래 쌀자루를 뜨럭에 놓고 방에 들어가서 보인께, 밥 먹던 상이 웃묵에 있어.
>
> "너 누구하고 밥을 먹어 거 살었나?"
>
> "어머니가 와서 삼동내 밥해서 먹고 살았지."
>
> "그래 어머닌 어디로 갔나?"
>
> "방금 뒷문으로 나갔어."[22]

문화콘텍스트의 내면

---

22 최정여 외, 「인제읍 오세암의 유래」, 『한국구비문학대계』 7-8, 한국정신문화연구원 어문연구실, 938쪽.

이 구전설화는 관음보살이 여성으로 등장해서 죽게 될 아이를 구해 주는 전형적인 이야기 유형 가운데 하나이다. 그러한 면모는 이미 『삼국유사』의 「삼소관음」이라고 하는 문면에서도 확인한 바 있지만, 여기에서는 색다른 변형이 문전이 아닌 구전으로 이어지게 된다. 이 유형의 이야기는 오세암의 이야기로 널리 알려져 있으며, 이야기에 따라서 갖가지 변이형이 있지만 이 유형의 이야기는 관음보살이 신불로 나타나서 결과적으로 죽게 될 운명을 가진 아이를 살렸다고 하는 신불의 구원담으로 널리 알려진 것이다.

문헌으로 전하는 것에서는 나타나서 도움을 주는데 이 나타난 보살이나 신불의 이념적 성향을 중심으로 하면서 교리적 해석에 치우치는 것으로 되어 있다. 그러나 구전설화의 전승에서는 그보다 익숙한 상황으로 신불의 도움에 의해서 죽게 된 어린아이가 살게 되는 것에 초점을 두고 있다. 관음보살의 구원에 의해서 아이가 파랑새가 되었다고 하는 것이나 아이가 득도한 것과 다르게 아이가 살게 된 것이 매우 중요한 것이라고 하였다. 관음보살의 도움에 의해서 죽을 위기를 벗어난 이야기에 초점을 두고 있다. 그것이 관음보살이라고 하는 사실도 그다지 중요하지 않다.

구전되는 이야기에서는 이야기의 문법에 충실하고 구전되는 법칙에 의거한다. 다른 각 편에서는 구해준 여인이 미륵봉의 백의선녀이고, 이 선녀가 나중에 파랑새가 되어서 날아갔다고 함으로써 관음보살과도 거리가 생기게 되었다.[23] 심지어 다른 각 편에서는 미륵불이라고 해서 보살의 명칭이 달라지는 것을 볼 수가 있다.[24] 진실은 어떠한 보

---

23 김선풍 외, 「오세암의 신동 (1)」, 『한국구비문학대계』 2-4, 한국정신문화연구원 어문연구실, 146쪽.

살에 있는 것이 아니라, 단지 구원자로서의 구실이 중요하다. 설정대사라고 하는 인물이 구체화되면서 관음보살을 염송하라고 되어 있으며, 그 결과 응감한 것도 아니다. 문전에서는 이를 단일화해서 하나의 일관성을 유지하게 하는 것이 이상적이지만, 구전설화의 전승에서는 그것과 다르게 다양성을 구현하는 것이야말로 진정한 것으로 인정하는 언중들의 해석이 중요하다.

문수보살이 나타나는 이야기는 전혀 양상이 다르다. 문수보살은 흔히 남성으로 나타난다고 했는데 그 원칙이 일단 지켜지는 사례를 하나 들기로 한다. 유형적으로 보살의 이야기인데, 지명연기전설로 바뀐 사례가 하나 있다. 그것이 바로 「헛고개와 지지, 망성마을」이라고 되어 있는 설화이다. 이 이야기의 중요한 대목을 찾아서 인용하기로 한다.

> 그런데, 하루는 아주 남루한 옷을 입고 얼굴은 빡빡 얽고[*곰보를 묘사한 말이다.*] 쭈그라지고 조그라진 어떤 늙은 노승(老僧)이 한 분 와서,
> "임금이 친공(親供)하는 이 재에 말석에 좀 참열하게 해 달라."
> 이렇게 청하는 것이었습니다. 그래서 임금, 경순왕은 그걸 받아 들이가지고 참 재를 마쳤는데, 마치고 난 뒤에 그 경순왕이, 희롱삼아 그 중더러 하는 말이,
> "어데 있느냐?"
> 고 물었습니다. 그래서 울산땅, 마 그때는 하곡현(河曲縣)인데,
> "화곡땅 문수산에 삽니다."
> 이렇게 얘기를 했더니, 그 경순왕이,
> "임금이 친공하는 재에 참석했다 카는 말을 나가거들랑 입밖에 내지 말아라."
> 고 이렇게 했습니다. 그 얘길 듣고 그 중도 하는 말이,

24 김선풍 외, 「오세암의 신동 (2)」, 『한국구비문학대계』 2-4, 한국정신문화연구원 어문연구실, 247쪽.

"진신문수(眞身文殊)가 친공하는 재에 임금이 참석했다 카는 말을 하지 말아 달라."

하면서 밖에 나와가지고 몸을 날려가 남쪽으로 갔다고 합니다. 그래서 경순왕이 크게 부끄럽게 생각하고 당황을 해서 부랴부랴 어가(御駕)를 준비해가 그 중의 뒤를 따라가지고 왔습니다. 그런데 두동면 봉계(斗東面 鳳溪里)를 거쳐가지고 지금 두동면하고 범서면(凡西面)하고 경계에 있는 그 고개가 '헛고개' 라 카는 데가 있습니다.

그꺼정(거기까지) 왔어요. 거게 와가 보니까 중하고 거리가 상당히 떨아지고 이래서 거게서 느끼기를 '하, 이 헛일이구나! 헛일이구나!' 이래서 그 고개를 지금도 '헛고개' 라 쿠고, 그 밑에 가면 '지잔' [*제보자는 '지잔' 이라고 발음했으나 蔚州郡 凡西面 中里 知止 마을을 가리키는 것 같았다.*] 이라고 하는 데가 있습니다. 지잔, 거게는 그 경순왕이 잠시 머물렀다 이래 가 지잔이라 합니다. [조사자 : 지잔?] 지잔. 그래서 역시 인자 포기를 안 하고 뒤따라가지고 왔는데, 지금 범서면 망성(凡西面 望星里)에 와가 보니까 그 뭐 중이 몸을 날려가지고 지금 저 문수산 쪽으로 가갖고 숨어 버렸습니다. 그래서 거게서는 포기를 하고 멀리 인자 바라볼 뿐이었지요. 그래서 처음에는 성인(聖人)을 바라 봤다 이래서 망성(望聖)이라고 했는데, 지금은 그것이 변해서 별 성짜(星字)로 되어 있습니다. [조사자 : 망성?] 망성이라, 별, 성(星)짜, 망성리(望星里)가 있는데 별 성짜를 씁니다.[25]

이 유형의 근간은 문수보살과 관련이 없는 이야기이다. 『삼국유사』 「감통편」에 있는 이른바 「진신수공」이라고 하는 독특한 유형의 이야기인데 주인공이 진신이 아니라 문수보살로 바뀌었다. 진신이 문수보살로 바뀐 것은 집단적인 착란도 개인적인 착오도 아니다. 구전설화에서 보이는 일반적인 법칙이 작동하면서 이야기가 문수보살로 통째로 바뀌고 말았다. 화곡 땅의 문수산에 산다고 하는 문수보살로 주인공이

---

25 정상박 외, 「헛고개와 지지, 망성마을」, 『한국구비문학대계』 8-12, 한국정신문화연구원 어문연구실, 58쪽.

되면서 지명설화로 일정한 전환이 생기면서 지명전설이 추가적으로 발생했다. 문전에서는 보이던 것은 비파암이라고 하는 암자와 참성곡이라고 하는 계곡이었는데, 이것이 달라지면서 문전과 달리 구전의 새로운 변이가 생겼다. 헛고개, 지잔, 망성리 등의 명칭이 첨가되면서 전설적 증거물이 확보되었다.

문전에서는 이 이야기는 용수보살이 지은 『대지도론』과 일정한 근거를 가지면서 생성된 것인데, 구전설화에서는 계통이나 계보와 관련이 없이 독자적인 변형이 생겼음을 볼 수가 있다. 가장 중심적인 변형의 원칙은 실제의 이야기 무대가 달라졌다는 것이다. 경주의 인근에서 울산으로 장소가 바뀌었으며, 효소왕에서 경순왕으로 바뀌었으며, 역사적인 배경도 달라지게 되었다. 효소왕에서 경순왕으로 달라지게 된 점도 특별하고 사찰연기설화에서 지명연기설화로 바뀐 것 역시 중요한 변이이다.

겉으로 보아서 남루한 인물이 이면적으로 숨어 있는 보살이고 석가의 진신이라고 하는 전통이 마멸되지 않은 채로 전승되는 것을 이 이야기에서 확인할 수가 있다. 신분적 지체가 높은 왕이 자만에 차서 남을 누르려고 하자, 이와 동시에 업신여긴 대상이 자신보다 더 우위에 있음을 깨우쳐 주어서 식견이 모자라고 인간의 권세가 높은 점을 깨우치려고 한다. 이 대목은 앞서 『삼국유사』에 있는 「경흥우성」의 그것과 다르지 않다. 이 점에서 남다른 면모를 가지고 있는 이야기의 전통이 이어지고 있다.

석가의 진신이든 문수보살이든 아무런 관련이 없다. 심지어 역사적으로 이 인물이 경순왕으로 되어 있든 효소왕으로 되어 있든 민중들은 이야기의 주인공보다 주인공이 어떠한 깨우침을 받는가에 초점을 두고 있음이 확인된다. 불경에 없는 이야기이고, 이야기가 구전으로부터 발생하여 사람을 함부로 업신여겨서는 안 된다는 설정을 말하고 있다.

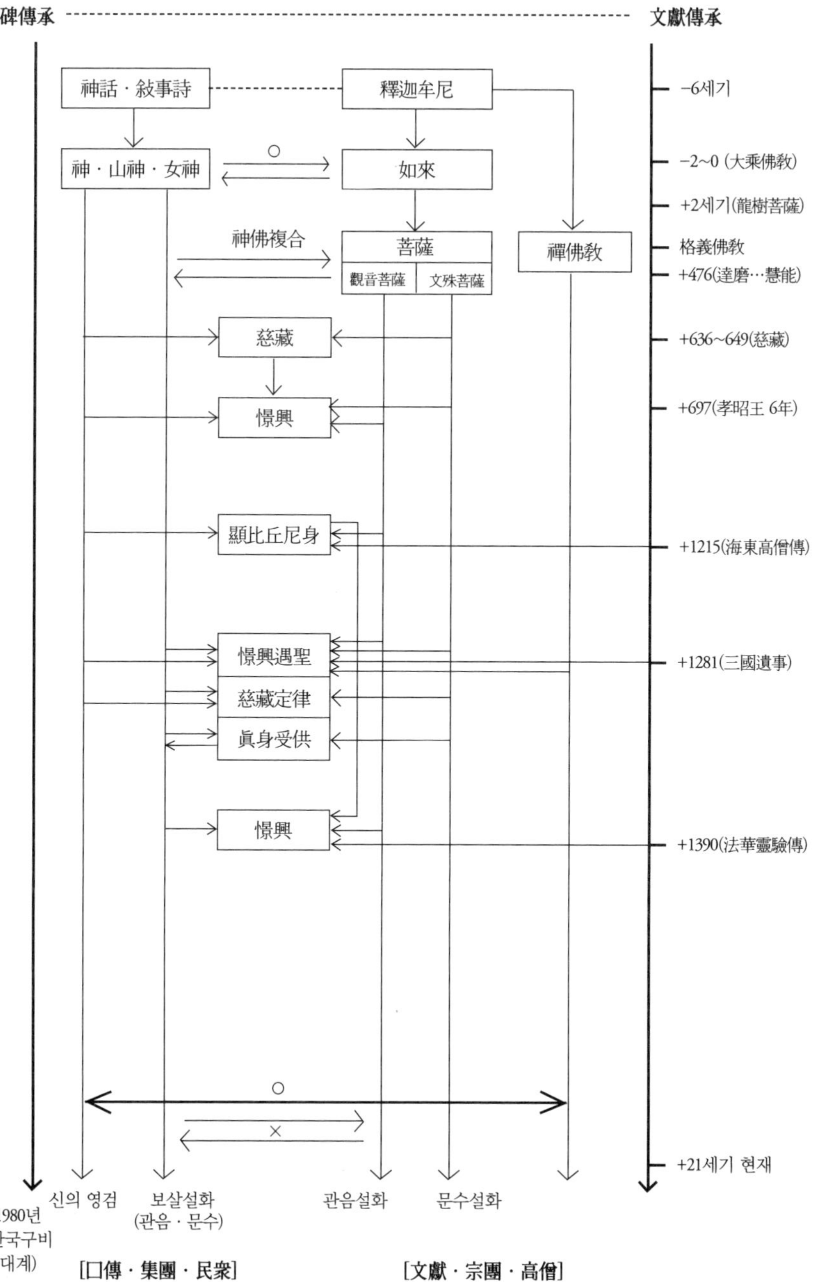

불교설화의 口傳과 文傳의 틈새, 그리고 불교적 이치와 의미　김현선

「憬興遇聖」의 본디 문면과 역대 문전과 구전을 합쳐서 이해하기 위한 방식을 강구하기로 한다. 그렇게 하기 위해서 다각도의 관계를 고려하는 그림을 그려서 살펴보기로 한다. 일단 구전과 문전의 전통이 「憬興遇聖」의 자료에 얽혀 있다. 구전과 문전에 입각해서 불교의 전통적인 설화가 성립하고 기록되면서 구전과 병행되었을 개연성이 있다. 구전과 문전의 신성한 인물에 대한 이야기가 서로 대응한다. 그 전통이 암묵적으로 이해되어야만 이야기의 전통이라는 특징에서 재래의 신화와 서사시가 석가모니의 이야기와 상통하는 것임을 용인할 수가 있다.

신화적 주인공의 이야기에서 신성한 힘을 발휘하는 원조자들이 바로 신과 연계된 존재이다. 신에 대한 다양한 이야기가 서로 관련되면서 여래와 보살의 이야기가 생성되고 대응되었다. 여래의 창조적 전승은 교단에 의해서 고정되었다. 그에 견주어서 보살의 이야기는 특정한 민족에 의해서 재창조되면서 다양한 변이가 이루어졌다. 동시에 재래의 신과 불보살이 합쳐지는 기이한 변형이 이루어졌다. 대승불교의 창조적 가능성이 이렇게 해서 마련되었다.

불보살과 재래의 신이 합쳐지면서 이루어지는 신불의 구실이 커지는데 고승와 민중이 합작을 했다. 고승에 의해서 이해되고 수용되는 교리와 종파의 성립에 의해서 신불의 존재는 한층 가속도를 가지면서 우리의 문화와 복합되었다. 특정 인물이 존재했으므로 그에 대한 인물의 역할이 강조되고 보살설화가 형성되었다. 그러한 이야기가 민중들에게 동질적으로 이해되었던 것은 전혀 아니다. 재래의 이야기를 적극적으로 개조하면서 재래의 이야기와 이질적인 자료들을 복합하여 나갔다. 이 과정은 일방적인 것이 아니라, 구전과 문전의 양측에서 이루어진 결과물이다.

역사적인 존재의 전설인 고승담이 어떠한 경로에 의한 누구의 창조인가에 따라서 달라지는 양상이 다수 발생하게 된다. 구전과 문전의 양상은 각기 다르게 작동하지만, 중요한 한 가지 원칙은 변형할 수 없었다. 구전은 민중의 의식 선택 방향에 따라서 전혀 다는 의미지향을 가지게 되고, 민중이 생각하는 신불의 의식이 분명하게 구현된다.

그에 견주어서 특정 교파의 교리에 의해서 달라지는 양상을 우리는 실제로 확인할 수가 있다. 자장과 경흥에 대한 이야기를 기록하는 문전의 전통에서 전혀 다른 해석을 하고 있는 점이 두드러진다. 자장에 대한 갈등으로 의상과 자장의 대결이 이루어지는 점, 경흥에 대한 전승 내용을 다르게 해석하여 완전히 이야기의 골간을 색다르게 구성하는 점 등이 이러한 양상의 실제적 면모이다. 『三國遺事』, 「憬興遇聖」의 경흥과 『法華靈驗傳』, 「顯比丘尼身」의 경흥은 전혀 다르게 인지된다. 마찬가지 각도에서 『海東高僧傳』의 경흥도 다른 면모를 가지고 있는 것이라고 판단된다.

구비전승에서는 문헌전승의 관점과 다르게 다각도의 변형이 이루어지게 된다. 가령 「眞身受供」 유형의 이야기를 문수보살의 존재로 뒤바꾸어놓는 것은 동일한 현상의 적절한 사례이다. 민중들의 의식에 입각해서 다양한 불보살이 신불 정도의 존재로 전환하는 것을 이러한 각도에서 확인할 수가 있는 것이다. 그런 점에서 구비전승은 문헌전승과 다른 전통을 이어나가는 점이 확인된다.

일연의 「憬興遇聖」이 구전과 문전의 전통을 복합하고 민중의 관점에서 드러나는 것은 일연의 선불교 전통에서 민중을 중시하고 실천을 실행한 결과임을 이로써 알 수가 있다. 일연의 가지산 선문 전통이 오랜 것이므로 선불교의 맥락에서 격의불교를 합친다면 「憬興遇聖」과 같은 문면이 완성될 수가 있을 것으로 본다. 위의 그림은 「憬興遇聖」만을 중심으로 하는 구전과 문전의 복합적 창조임을 예시한 결과이다.

5. 「憬興遇聖」의 설화적 의미와 불교적 이치

보살은 대승불교의 핵심적인 사상을 집약하는 존재이다. 출세간의 존재에게 출출세간할 수 있다고 하는 깊은 인도를 하기도 하지만, 달리 보살은 민중들의 편에 서서 민중의 고난을 해결하고 새로운 깨달음으로 나아갈 수 있는 도움을 주는 존재이다. 보살이 한 인물에게 거듭 나타나서 문제를 지적하고 잘못을 가르치는 이야기는 흔하지 않다. 이 글에서는 「경흥우성」 조목을 들어서 경흥에게 나타나서 경흥의 병을 치유하고 경흥의 거드름을 제어하는 존재로 관음보살과 문수보살을 만난 문제점에 대해서 논의하였다.

관음보살은 여성으로 나타나서 병의 근원이 내적인 시름에 있으며, 그것은 권위를 드높이려고 하는 경직된 사고와 지나치게 번다한 사고, 관념적이고 논리적 사고 때문인 것을 지적하고 민중들이 불교의 탈춤을 이용하여 불교 가면극의 노는 전통을 가지고 와서 이를 치유하는, 가면극의 치유 기능을 강조하는 것을 개조하여 경흥의 시름을 달래려고 했다. 이에 견주어서 문수보살로 등장한 거사 또는 사문이 말을 타고 다니는 경흥을 꾸짖고 재담을 건네는 것을 통해서 지위와 권세를 버리고 낮은 데서 시작해야 하는 국사의 근본 생각을 비판하는 데 전통적인 재담을 이용하였다고 하겠다.

관음보살이 등장하는 거리를 연희적인 각도에서 본다면 안거리라고 할 수가 있으며, 안거리는 내적 시름이 안으로부터 발생하여 지나치게 생각에 얽매어서 현실을 인식하지 않은 잘못을 일깨우는 거리이다. 문수보살이 등장하는 거리를 밖거리라고 한다면, 이 거리에서 외연의 소중한 존재를 인식하지 못하는 연경의 본질을 인식하지 못하는 잘못을 비판하는 거리이다. 밖거리와 안거리는 보살을 창조적으로 잇는 소중한 이야기와 굿놀이의 전통을 잇고 있는 놀이이다.

관음보살과 문수보살은 『삼국유사』의 다른 곳에서 여러 조목에 다양한 면모를 보이면서 등장하는 보살이다. 이 보살의 등장하는 방식은 각기 다르지만 동일한 설정의 출현방식에 의존하는 것을 볼 수가 있다. 관음보살은 여성으로 등장하면서 고난에 처한 인물을 구하거나, 이와 달리 깨달음이 모자라는 인물을 깨닫도록 도와주는 존재이다. 문수보살은 남성으로 등장하면서 등에 광주리 또는 삼태기를 메고 죽은 물고기나 강아지를 담고 다니면서 이를 천하게 보는 인물을 비판하고 훌쩍 떠나가는 면모를 과시하고 있다. 문수보살의 그러한 면모는 모두 그러한 것은 아니지만 「자장정률」과 「경흥우성」은 서로 부합하는 특징을 공유하고 있다. 관점을 확대한다면 다른 조목에서도 문수보살의 이러한 면모를 더 확인할 수가 있으나 확장은 생략하기로 한다.

그러나 더욱 중요한 전통은 구전설화이다. 구전설화에서 만나는 관음보살과 문수보살의 문면은 유형적으로 다양하고 구전설화의 전통이 문헌설화의 전승과 지속적으로 관련되어 있음을 확인하게 한다. 우리는 구전설화를 보면 관음보살의 이야기와 문수보살의 이야기가 더욱 다양하게 전승되는 것을 알 수가 있다. 구전설화의 전통 속에서 보살이야기는 신불의 전통을 통해서 힘이 없는 백성을 도와주고, 힘 있는 왕이나 승려를 비판하는 존재로 등장하면서 『삼국유사』의 문면에 등장하는 보살을 해석하는 데 다양한 추론을 하게 하는 근거를 제공한다. 심지어 유형적으로 다른 이야기까지도 특정 보살에 주목하여 변형하는 것을 볼 수가 있다. 신이 등장하여 영웅을 돕는 이야기의 전통이 이렇게 달라진 결과라고 해석할 수 있다.

관음보살과 문수보살은 분명하게 대승불교에서 창조된 전통의 산물이다. 그러나 이 대승불교가 토착화되면서 전혀 다른 양상으로 보살의 전통을 재래의 이야기와 결합하면서 발생한 변형이 보살신앙의 창조적 작업의 근거를 이룬다. 관음보살이나 문수보살의 경전에 근거가 없는 이야기들을 민중들이 창조하고 전승했을 개연성이 있다. 문제는 이러한 이야기를 전승하는 과정에서 선택하고 이용하는 교리적 근거가 분명하게 작동했을 개연성이 있다는 점이다. 문전에서 단순하게 이 이야기를 전승하면서 바꾸는 것은 아니다. 그러나 우리는 경흥의 이야기에서 보이는 보살의 이야기는 신앙적 교리와 교파의 해석 여하에 따라서 달리 전승되는 점을 분명하게 확인하게 되고, 이 점을 존중하면서 이 조목의 해석을 달리 해야 할 것으로 보인다.

경흥의 이야기를 전하고 있는 『해동고승전』과 『삼국유사』의 인식 태도는 명확하게 달랐으며, 편찬 의도 역시 달랐던 것이 분명하다. 우리의 고승에 대한 이야기를 편록하는 과정에서 등장한 것이지만, 현재 『해동고승전』의 문면은 망실되었다. 그렇지만 『법화영험전』에 전승되는 이야기에서 그 편린을 추정할 수가 있다. 우리의 고승에 대한 이야기를 전승하면서 관음보살이 등장하는 이야기를 일정하게 문헌에 정착했을 개연성이 있다. 그러나 이 점이 과연 일치했는지 의문이다. 『삼국유사』에서는 고승의 일대기를 다룬 「의해」편에 이 기록을 수록하지 않고 「감통」편에 수록하였으므로 편찬 의도와 드러내는 시각이 다른 것이다.

더구나 같은 관점에서 『삼국유사』와 『법화영험전』의 편찬 의도 역시 일치하지 않았다. 요원이 편찬한 이 책은 『법화경』을 근간으로 하는 이야기를 동아시아의 전체 설화를 대상으로 하면서 우리 이야기를 대략 19편을 수록하면서 편록한 것이라고 할 수가 있다. 그러므로 관음보살만 등장하는 경흥 조목을 수록했을 개연성이 있다. 게다가 화엄신앙에 근거한 것과 문수신앙에 근거한 신앙의 갈등이 문수신앙을 중심으로 했던 인물에게 다른 해석을 하게 하는 기록이 발견된다. 예컨대 「자장 정률」의 조목이 적절한 사례이다. 따라서 문헌전승은 왜곡시킬 우려가 매우 큰 점을 확인하지 않을 수 없다. 그러한 각도에서 문전의 전통은 필요에 따라서 자료를 왜곡시킬 우려가 큰 점을 확인하게 된다.

『삼국유사』의 보살 이야기는 문헌전승과 다르다고 할 수가 있으며, 구전설화와 깊은 관련이 있음을 새삼스럽게 부각시켜 해석할 수 있다. 일연이 철저하게 가지산 선문의 전통에 입각한 인물임을 다시 재인식 하지 않을 수 없다. 동시에 조동선의 전통에도 눈감지 않은 인물이기 도 하다. 선에서 민중을 중시하고 실천적인 것을 가장 소중하게 여기 는 경전이 두 가지가 있다. 『금강경』과 『육조단경』이 그것이다.

『금강경』의 한 대목에서 聲聞四果에 대한 남다른 관점을 견지하고 있으며,26) 이 경전에서 대승의 관점이 긴요하고 대승불교의 실천력을 중시하는 관점에서 실천을 행하라는 점이 이 경전에 근본적 면모이다. 아울러서 『육조단경』의 소의경전 격에 해당하는 것이 바로 『유마힐소 설경』이다.27) 이 경전에서 재가불자로서 민중과 민중적 관점에서 소

---

26 「一相無相分第九」, 『金剛經』 "須菩提 於意云何 須陀洹能作是念 我得須陀洹果不 須菩提言 不也世尊 何以故 須陀洹名爲入流而無所入不入 色聲香味觸法 是名須陀洹(이하략)" 수보리와 부처의 문답을 통해서 이승사과에 대한 수보리의 견해를 묻고 이들과의 차별성을 각성하도록 유도하고 있다. 이승 사과는 須陀洹(sotāpanna) · 斯陀含(sakadāgāmin) · 阿那含(anāgāmin) · 阿羅漢(arahant) 등의 4단계를 이른다.

27 鳩摩羅什繹, 「三. 弟子品」, 『維摩詰所說經』 "佛告富樓那彌多羅尼子 汝行詣維摩詰問疾 富樓那 白佛言 世尊 我不堪任詣彼問疾하 所以者何 憶念 我昔 於大林中 在一樹下 爲諸新學比丘說法 時 維摩詰 來謂我言 唯富樓那 先當入定 觀此人心然後 說法 無以穢食 置於寶器어 當知是比丘心之所念 無以琉璃 同於水精이 汝不能知衆生根源 無得發起以小乘法 彼自無瘡 勿傷之也 欲行大道 莫示小徑 無以大海 內於牛跡 無以日光

승을 지양하고 대중에게 실천하는 관점을 명시한 것은 널리 알려진 바이다. 불교를 믿든 믿지 않든 그들의 의식 속에 잠재된 근기가 대승불교의 바탕이 되는 점을 분명하게 예시한 것이다. 그 점을 중시하면 혜능이 자신의 기본 교리를 수립하는 데 유마사상의 실천력을 중시하고 했으며 이를 계승한 것이 선의 요체로 된다.

이 경전의 진정한 안목에서 본다면 선의 전통은 민중 중심의 불교적 성격을 지향하는 것이지 않을 수 없다. 따라서 구전설화의 전통을 자각하고 이를 계승하려고 하는 관점은 그 점에 있어서 남다른 전통이라고 할 수가 있다. 처음부터 끝까지 민중을 중심에다 두고 이를 일정한 원리와 근거로 이해하고자 하는 편집 의도가 이와 같은 민중의 구전설화를 중심으로 생각하지 않을 수 없었던 것으로 이해된다.

그러나 이러한 의미만으로 이러한 설화를 온전하게 이해할 수는 없을 것이다. 더욱 중요한 것은 이 설화에서 지향하고 있는 바의 요체이다. 우리에게 시름이 발생하는 원인은 단지 두 가지 경계에 있다. 하나는 안으로부터 생기는 시름이고, 다른 하나는 밖으로부터 생기는 시름이다. 번다한 생각을 하고 고민을 하면서 내적인 갈등이 생길 수도 있고, 이와 달리 남들이 무엇이라고 하기 때문에 생기는 것일 수 있다. 자신이 이러한 갈등과 번뇌에 휩싸이지 않는 것은 바로 그러한 것으로

等彼螢火 富樓那 此比丘 久發大乘心 中忘此意 如何以小乘法 而教導之 我觀小乘 智慧微賤 猶如盲人 不能分別一切衆生 根之利鈍 時 維摩詰 卽入三昧 令此比丘 自識宿命 曾於五百佛所 植衆德本 廻向阿耨多羅三藐三菩提 卽時豁然 還得本心 於是 諸比丘 稽首禮維摩詰足 時 維摩詰 因爲說法 令阿耨多羅三藐三菩提 不復退轉 我念聲聞 不觀人根 不應說法 是故 不任詣彼問疾" 유마거사의 진정한 안목이 잘 드러나는 대목이다. 제자품 가운데 부루나가 병문안을 갈 수 없는 사정을 통해서 유마거사의 진실성이 어디에 닿아 있는지 알 수가 있는 대목이다. 진정한 참선이 무엇이고 무엇 때문에 이를 해야 하는가 가장 명쾌하게 제시되어 있는 대목이라고 할 수가 있다.

부터 벗어나는 자각에 있다. 웃고 즐기면서 남을 보아서 자신을 깨우
치라고 하는 평범한 말이 이 이야기 속에 잠재되어 있다.

불교설화가 정립되는 데 있어서 숱한 진통이 있었을 것이다. 우리는
다음과 같은 위계 속에서 불교설화의 정착과 창조과정을 전혀 다른 각
도에서 이해할 필요가 있다.

교조 석가모니–여래부처–보살–고승–민중

교조의 이야기는 조작될 수 없다. 하나의 단일한 사실이 인도 가비
라국에서 태어난 인물을 중심으로 전개될 수 있다. 교조는 단일하며
조작이 될 수 없으므로 정본적 성격을 가지고 있다. 이 이야기의 전통
은 전혀 변개가 불가능하며, 이 이야기를 그대로 가지고 와서 이해해
야만 하는 특정 교단의 중심 서사로 된다. 그러나 이와 달리 여래부처
는 전생의 여러 국면을 거쳐서 변개될 수 있지만 기본적인 교리의 핵
심에 의해서, 여러 경전에 의해서 다양하게 전승되면서 대승경전의 골
간을 이루게 된다. 삼신의 몸을 가진 보신불·화신불·응신불 등의 이
야기로 다양하게 윤색될 수 있지만 경전에서 벗어날 수가 없다. 그에
견주어서 보살은 경전에 윤곽이나 기능만이 제시되어 있을 뿐이고, 정
확하게 경전에 기재된 것은 아니다.

보살은 여럿이고 서로 다른 다양한 모습으로 다양한 이야기 속에서
창조되어 나타나게 된다. 보살은 고승과 민중에게 나타나서 소원을 들
어주는 존재이므로 교단과 무관하고, 민중이나 고승에 이해되지 않는
다면 수용되거나 창조되지 않는 특정한 비결을 가지고 있다. 보살이
많아지면서 보살이 어느 쪽에서 강조되어 나타내는가에 따라서 이 이
야기는 무한하게 창조되고 변용될 가능성이 있다. 보살설화의 입각점

이 바로 여기에 있다. 민족적 정서와 창조에 의해서 독자적으로 변형되는 면모가 여기에 구현되기 때문이다.

고승과 관련되는 불교의 보살설화는 특정한 교리나 이념에 의해서 나타나기도 하고 조작되기도 한다. 그러나 민중과 관련되는 보살은 어떠한 보살이든 관련이 없으며, 더구나 민중들의 의식의 저변에 작동하고 있으므로 특정한 신과 불보살이 서로 다르지 않다는 점이 명확하게 확인된다. 고승과 관련되는 설화와 민중들에게 구현되는 설화가 관점과 입각점에 따라서 달라지는 것은 이러한 각도에서 이해되기도 한다.

보살이 미천한 백성이거나 지체가 낮은 여성으로 등장하는 것은 이 때문에 더욱 절실한 존재이며, 민중들 자신이 보살이고 불교의 특정한 화신일 수 있다고 하는 이상을 적절하게 구사하게 된다. 같은 이야기가 다르게 되어 있으며, 저마다의 다양한 사연을 갖춘 채 등장하는 것은 보살이 진정한 우리와 같은 존재에게 호소력을 가진다고 하는 생각을 독창적으로 구현한 결과이다.

선불교의 전래 이전에 다양한 보살이 시험되면서 선불교에 의해서 한층 세련되게 가다듬어지면서 민중들에 대한 옹호와 교리의 실천이 이룩되면서 다양한 이야기 가운데 민중들에게 전승되는 이야기를 중심으로 재편한 것이 바로 『三國遺事』의 보살설화이다. 그러므로 다른 교리에 의존하거나 특정한 신앙을 내세우는 쪽에서 교단의 이념을 강조하게 되면 본질이 변화하는 것과 깊은 관련을 맺고 있다.

경흥은 백제의 유민으로 문무왕의 천거에 의해서 국로로 봉해진 인물이다. 이념적으로 제약을 가지지 않은 존재이지만, 그가 남겨놓은 저작을 보면 매우 번다한 주석으로 행세를 했던 승려임이 확실하다. 가령 경흥이 經·律·論의 三藏에 능했다든지 동시에 전통적인 경전의 주석에 능했다고 한다. 가령 그가 남긴 경흥의 저작은 『無量壽經連

義述文贊』3권, 『三彌勒經疏』1권, 『金光明最勝王經略贊』5권 등이 전하고, 전하지 않은 것으로 『法華經疏』16권, 『涅槃經疏』14권 등이 있다. 번다한 주석학에 일정한 능력이 있었음을 증거한다. 그럼에도 불구하고 일반적인 민중은 오히려 그의 번뇌와 고민을 훨씬 동조했다.

일연이 경흥의 행적을 고승의 반열에 올리지 않고, 오히려 보살과 만나 감통하는 민중들의 관점에서 전하는 이야기로 편록한 이유가 비로소 분명하게 드러난다. 일연이 지향하고 있는 점은 차원 높은 이론이나 수행의 고승이 아니라 민중들이 인식한 경흥의 보살과 만남을 통해서 민중의 의식에서 경흥의 고민을 덜어주고자 하는 이야기에 훨씬 근접하고 있으며, 민중들의 가면극과 연행을 통해서 깊은 깨달음을 유도했으며, 그것은 선불교의 근간이며 교학에서 거듭 평가하는 면모이기도 했을 것이다. 재래의 이야기와 외래의 불교 보살이 결합하면서 남다른 전통이 수립되었다. 그것이 바로 불교의 한국화 과정이라고 할 수가 있겠다.

불교의 보살설화는 민족의 새로운 설화 창조와 이야기 전통을 수립하는 데 일정한 기여를 하였다. 그러나 이 결과가 타당하게 인정되려고 한다면, 우리는 두 가지를 다시 확장해서 논의해야 한다. 첫째, 보살설화의 다른 민족 수용과 창조의 비교 논의가 없으면 위에서 얻은 결론이 다소 허망하게 작동할 우려가 있다. 우리 민족의 능력이 남달라서 이러한 전통적인 설화의 창조력을 발휘했다고 인정하기 위해서라도 이 이야기의 근간을 중심으로 해서 새삼으로 비교를 해야 한다. 가령 중국민족·일본민족·월남민족 등의 보살설화와 성향을 비교해야만 이 논의의 준거를 한껏 마련할 수 있을 것이다.

그러한 증거를 보여주는 다면적인 자료의 확보와 비교 논의를 하는 것이 바람직할 것이다. 그렇게 하는데 요원이 지은 『法華靈驗傳』의 자료와 같은 것은 매우 중요한 가치를 지니는 자료이다. 동아시아문명권의 관음보살설화를 모아놓은 것인데, 이 자료집을 통해서 우리는 우리의 잊혀진 자료를 수집할 수 있을 뿐만 아니라, 다른 각도에서 중국과 한국의 관음보살설화에 대한 양상을 정리할 수 있을 것으로 판단된다. 그밖에 많은 자료들이 다수 확인될 때에 이 보살설화에 대한 전반적 비교는 소기의 성과를 거두면서 일정한 성과를 거둘 수 있다.

더구나 중요한 것은 구전설화의 면모이다. 가령 중국에서 수집된 『中國民間故事集成—浙江卷』에 수록된 여러 보살설화는 매우 특별한 자료들로 평가된다.[28] 비록 한정된 설화 자료집이기는 하지만, 보살들이 도반의 관계를 맺으면서 직접 대결하는 것으로 되어 있어서 우리의 구전설화나 문헌설화에 나타난 보살설화와 많은 차이점을 가지고 있음이 확인된다. 그러므로 필연적으로 다른 민족의 구전설화와 문헌설화와의 비교는 피할 수 없는 문제로 제기된다.

둘째는 중세의 보편종교에 나타나는 설화와의 비교 역시 문명권과 민족의 자료적 특성을 드러내기 위해서 필요한 작업이라고 할 수가 있다. 고승과 비교되는 인물전설이 흔한 것이지만, 더욱 중요한 것은 이러한 일을 하는 데 있어서 천사나 특정한 인물의 도움에 의해서 신비체험을 하는 인물의 이야기가 직접적인 비교의 대상이 된다. 그러한 인물과의 비교 논의를 하면서 본질적인 보살과 성자의 비교론을 전개해도 이러한 중세 종교의 문명권적 보편성을 함께 점검할 수 있으리라

---

28 中國民間故事集成全國編輯委員會 · 中國民間故事集成浙江卷編輯委員會, 『中國民間故事集成—浙江卷』, 新貨書店北京發行所, 1997, 226쪽. 여러 보살 가운데 관음보살, 문수보살, 보현보살, 나한, 미륵과 석가 등에 대한 이야기가 풍부하고 다양하게 전승되는 점이 확인되었다. 이들의 자료와 비교 논의는 장차 많은 가능성을 예시하는 것이고, 동아시아의 문명권적 보편성과 동질성을 이해하는 데 도움이 될 수 있을 것으로 판단된다.

고 판단된다.

이 글에서 불교설화 가운데 보살설화를 중심으로 보살설화의 특징과 의의가 무엇인지 다루었다. 우리 보살설화는 보살이 주인공이 되어서 특정한 행위를 하는 것이 아니다. 보살이 특정한 승려나 인물에게 나타나거나 특정한 인물로 화현하여 자신의 자취를 드러내는 것이 일반적인 양상이다. 그렇게 나타난 보살은 주인공을 도와서 깨달음에 이르도록 돕기도 하고, 달리 영험을 나타내는 것이 일반적인 면모이다. 「憬興遇聖」조에서는 관음보살과 문수보살이 함께 나타나서 독자적인 의미를 형성하도록 하였다.

보살이 나타나서 민중의 처지에서 고승을 살펴보는 설화는 다른 민족에게서 잘 발견되지 않은 특징이다. 민중들이 즐기는 연희와 재담을 통해서 주인공의 시름을 덜어내고자 하는 점도 이 조목에서 발견되는 특징이다. 불교 종단과 다르게 또는 불교의 교리와 신앙은 다른 각도에서 다양한 면모를 창조하였다. 이야기를 통해서 충격적인 이야기를 전하게 할 수 있고, 그와 동시에 민중들의 신앙을 완성할 수 있게 되었다.

보살은 여럿이고, 보살이 고승과 민중에게 나타나서 일정한 깨달음을 주게 되는 것은 보살의 근본을 잊지 않은 것이다. 그러나 보살이 있다고 하는 것만으로 신앙이 완성되는 것은 아니다. 민중은 교단이나 종단의 관점과 다르게 사태를 인식하고 전혀 보살을 다르게 인식하고 있는 점을 분명하게 드러내고 있다. 「憬興遇聖」뿐만 아니라, 『三國遺事』의 보살설화는 그러한 점이 우세해서 문제이다. 보살설화의 근본이 바로 우리의 전통적인 신앙과 복합되어 있기 때문에 이러한 현상이 가능하였다. 그래서 보살설화는 민족의 독창적 창조에 의한 새로운 이야기 층위를 덧보탠 결과이다.

:: 참고문헌

1. 기본 문헌

『妙法蓮華經』觀世音菩薩普門品 第二十五
龍樹菩薩造, 『大智度論』卷四 또는 『智度初品中菩薩釋論』第八(卷第四)
三品彰英遺撰, 『三國遺事考證』 上, 塙書房, 1975.
三品彰英遺撰, 『三國遺事考證』 中, 塙書房, 1975.
村上四男撰, 『三國遺事考證』 下之三, 塙書房, 1995.
村上四男撰, 『三國遺事考證』 下之二, 塙書房, 1995.
村上四男撰, 『三國遺事考證』 下之一, 塙書房, 1994.
姜仁求 · 金杜珍 · 金相鉉 · 張忠植 · 黃浿江, 『譯註三國遺事』 Ⅰ · Ⅱ · Ⅲ · Ⅳ ·
    Ⅴ, 이회, 1994.
『江原道旌善郡 太白山淨岩寺事蹟』
김선풍 외, 「오세암의 신동 (1)」, 『한국구비문학대계』 2-4, 한국정신문화연구원
    어문연구실.
정상박 외, 「헛고개와 지지, 망성마을」, 『한국구비문학대계』 8-12, 한국정신문
    화연구원 어문연구실.

2. 연구 업적

김헌선, 「불교 관음설화의 여성성과 중세적 성격 연구-≪삼국유사≫ 소재 자료
    를 중심으로」, 『구비문학과 여성』, 박이정, 2000.
이기백, 「태백산과 오대산」, 『한국고대사론』, 일조각, 1995.

Edward de Bono, *New Think; the Use of Lateral Thinking in the Generation of New Ideas*, Basic
Books, 1968 ; *Lateral Thinking: Creativity Step by Step*(Perennial Library), Harper Colophon, 1973.

• 핵심어 : 불교설화, 관음보살, 문수보살, 구비전승, 문헌전승

• Abstract

The interface and the Buddhist sense and meaning of Oral traditions and literary traditions of Buddhist tales

Kim, HeonSeon

This study of Buddhist tales, one of the key clause 〈Gyeongheunguseon(憬興遇聖)〉 to target the reality and significance of the traditions will be discussed. The interpretation of two bulleted narrative of each faith, but take care that you have multiple layers is conceived and analyzed in this paper is the first attempt.

In particular, emerged with the Bodhisattva Kannon and Hsiu to construct meaning with a certain remarkable points in this article. For anxiety and social functioning in the questioning, while in dealing with illness and other illnesses that would be needed is the right care. Greatly enlighten care to meet the social meaning of the clause is meant to extend to two can be.

In this paper, vision problems by expanding the tradition itself, oral traditions and literary traditios and comparative study with inherited and handed down the same care that each relationship between narrative story through the perspective of history and tradition, tried to reveal. Tradition, as tradition says each post as you configure the various meanings in the context of a constant tradition, each contributing to the

Op is revealed. Traditions of the past aspects of this tradition, which is implemented through the narrative tradition of showing the principles of Buddhism, you can understand action to implement the depth is in the clause.

• Key words: Buddhist tales, Kannon, Bodhisattva and Hsiu, oral traditions, literary traditios

문화콘텐츠와 스토리콘텐츠

스토리콘텐츠의 가치와 전망

조 은 하

강원대학교 교수

문화콘텐츠와 스토리콘텐츠

스토리콘텐츠의 가치와 전망

조 은 하

• 국문초록

문화산업과 콘텐츠산업의 발전에는 스토리텔링의 성과가 뒷받침되어 있다. 고전적 이야기에서 시작하지만, 단순한 발굴을 넘어 다양한 기술과 형태에 어울리게 발전됨으로써 스토리텔링은 현재의 문화콘텐츠산업 발전에 기여를 하고 있다. 특히 영상 매체들의 발전과 함께 만들어진, 비주얼 스토리콘텐츠, 뉴 미디어와 함께 등장한 상호작용성에 기반한 인터랙티브 스토리콘텐츠, 삶의 공간 자체에 의미를 제공하는 스케이프 스토리콘텐츠는 새로운 스토리콘텐츠 진화를 보여준다. 이처럼 다양한 스토리콘텐츠의 새로운 형태를 살펴보고, 각각의 문화산업에서 가지는 의미를 살펴본다.

1. 스토리콘텐츠의 개념

『사기(史記)』의 「평원군전(平原君傳)」에 보면, 진(秦)의 공격을 받은 조

(趙)의 혜문왕이 평원군을 초(楚)에 보내어 원군을 청하기로 한다. 이에 평원군은 정예병을 선발하던 중 마지막 한 명을 놓고 고심하는데, 이때 모수(毛遂)라는 자가 자천한다. 평소 그를 염두에 둔 적이 없던 평원군은 재능이 뛰어난 자는 숨어 있어도 '주머니 속 송곳' 처럼 밖으로 드러나는 법이라며 일축하자, 그는 이제라도 주머니에 넣어준다면 두각을 드러내겠노라 답한다. 평원군은 그 재치에 탄복하여 모수를 선발하고, 결국 그의 활약에 힘입어 임무를 성공적으로 마치게 된다. 이처럼 재기 충만한 자는 아무리 감추려 해도 결국에는 드러나기 마련인 만큼, 제 뜻을 펼치고 그 힘을 발휘할 때를 기다리는 일이 남을 따름이다.

굳이 먼 이야기를 끌어들여 시작하는 까닭은 작금의 문화산업 위상과 콘텐츠의 기여가 이와 크게 다르지 않기 때문이다. 문화콘텐츠산업은 원형적 문화 요소를 발굴하여 새로운 미디어 및 장르와 융·통합하는 도전적 시도를 통해, 문화의 자생력을 이해하고 재구력을 실천하는 창조적 경험의 장이다. 또한 다양한 현대적 문화가치를 창출하는 각광받는 기반 산업인 동시에, 특정 분야의 독점영역이 아닌, 각 분야의 통섭을 통해 시너지 효과를 이끌어 낼 수 있는 유기적 영역이다. 이에 따라 디지털 패러다임이 확산되면서 가장 신속하게 태를 바꾸어 디지털 환경에 적응한 문화콘텐츠산업, 특히 스토리콘텐츠 분야가 문화적 헤게모니를 장악하게 된다. 스토리콘텐츠는 문화콘텐츠산업이라는 '주머니' 속에 넣어둔 '송곳' 처럼 이제 때를 맞이하여 두각을 드러내고 활개를 치고 있다.

스토리콘텐츠 개발의 근간인 스토리텔링은 기존의 '콘텐츠'와 새로운 '미디어' 가 결합하는 프로세스에 대한 입체적이고 확산적인 접근을 허용함으로써, 적용 분야 및 영역을 막론하고 콘텐츠산업의 성공 마케팅 요소로 주목받고 있다. 이제 더이상 스토리텔링을 문화산업적으로 재매개하는 스토리콘텐츠 분야에 대해 모범생의 강박관념에 의거하여 'fabula/sujet(Tomaševskij, 1925)', 'story/plot(Forster, 1927)', 'histoire/discours(Todorov, 1966)' 등으로 설명하려는 시도는 시대착오적이기까지 하다. 그동안 학계를 필두로 문학 및 예술계는 물론 정·재계에 이르기까지 이야기의 문화적 힘을 활용하는 방안에 대해 다양한 방식과 정책으로 설파하고 추진해왔으며, 그 질적인 평가를 차치하고, 일정한 성과를 거두고 있기 때문이다.

'이야기'는 학계의 슬하에 둘 수 없을 만큼 성장했다. 물론 정책적으로 한국 고유의 신화, 전설, 민담 등 원형적 이야기 유산으로부터 현대적 의미의 문화산업적 가치를 추출해 내려는 시도가 꾸준히 있어 왔다. 그런데 학자들이 고증을 토대로 소재들을 '발굴'하기만 하면 미디어 창작자들에 의해 '계승'될 수 있다는 사고방식은, 과거와 현재의 미디어 발전 과정에 대한 몰이해와 콘텐츠 생산 과정에서 발생하는 장르 충돌과 각색의 문제를 방치한 안일한 전시행정이라는 비난을 면하기 힘들다. 그만큼 시장성을 갖춘 소비재로서의 '이야기'는 학계에서 다루는 '이야기'와는 다르며, 달라지기 위한 이야기 생산 주체들의 기민하고 능동적인 움직임이야 말로 지금의 문화콘텐츠산업을 견인하는 구심점이다.

2. 스토리콘텐츠의 가치

스토리콘텐츠 분야는 주체로서의 콘텐츠와 매질로서의 미디어가 중심이 되는 만큼, 전기수(傳奇叟)의 입담에만 의존할 수 없다. 콘텐츠에 대한 이해는 물론, 미디어에 대한 견해가 요구된다. 따라서 수록된 논문 중에는 인문학적 영역이라고 볼 수 없는 기술(미학)적인 용어들이 빈번하게 등장할 뿐만 아니라, 최근 급변하는 디지털 미디어 환경 및 산업에 대한 배경지식이 필요한 논의들이 상당하다. 익숙한 연구자의 탁상을 떠나, 과학과 예술의 조화로운 접점을 찾아 끝없이 변태하는 네트워크 아트를 경험할 수 있으며, 청소년의 취미활동이나 과몰입 등의 사회문제 정도로 폄훼된 컴퓨터 게임의 학문적 논의를 접할 수도 있으며, 탁상의 공론 대신 오랜 탐방과 답사의 현장기록들도 만날 수 있다. 특히 축제와 공원 등 경관 스토리콘텐츠 분야의 경우, 수년 동안 특정 축제를 연구하기 위해 발로 뛰며 현장을 참여해온 연구자의 글을 통해 디지털 시대, 아날로그 연구의 새로운 가능성을 살펴볼 수 있다.

이러한 '현장성'에 무게 중심을 두고 스토리콘텐츠의 영역을 구분하면 대체로 다음과 같이 나누어질 수 있다.

1) 스토리의 연출과 효과 등 다양한 영상표현에 무게중심을 둔 비주얼 콘텐츠
2) 스토리의 생산 및 소비 과정에서 나타나는 상호작용에 무게중심을 둔 인터랙티브 콘텐츠
3) 스토리의 외연을 확장하여 물리적 경관의 경험에 무게중심을 둔 스케이프 콘텐츠

누구나 거론하며 탐낼 만큼, 이야기를 소비 가능한 상품으로 가공하여 유통하는 스토리콘텐츠의 시장규모는 기존 문화예술 및 기타 관련 산업 전반에 적용될 만큼 위력적이다. 동서고금을 막론하고 이야기를 만드는 방식은 매우 다양하며, 이야기에 대한 반응 또한 다양하다. 대중문화의 시대, 절대다수를 감동시키는 공통적인 이야기 요소를 강조하는 '광장형' 콘텐츠도 있고, 소수의 마니아나 극단적으로 이야기를 만든 사람에게만 유의미한 '밀실형' 콘텐츠도 있다. 그런데 여기서 중

요한 것은 문화콘텐츠 '산업'에서 이야기가 가진 절대적 힘은, 편의상 분류가능한 '밀실형'까지를 아우르는 개념이 아니라, 시장성, 즉 소비되는 이야기로서 '광장형' 콘텐츠일 때 가능하다. 이러한 시장성은 소통성을 전제하는 만큼, 소통 및 유통 가능한 이야기만이 문화콘텐츠산업 현장에서 '스토리콘텐츠'로 자리매김할 수 있다.

2.1. 비주얼 스토리콘텐츠

스토리텔링의 진정한 의미는 유동성과 유기성에 있다. 물론 스토리 자체는 고정되거나 일정할 수 있으되, 발화자나 발화장소 등의 발화과정을 통해 다소 변화하거나 전혀 다른 스토리로 진화한다. 그러한 스토리의 변화 혹은 진화의 중요한 원인은 매체에 있다. 스토리는 매체와 결합하면서 매체에 따라 자연스럽게 몸을 바꾸게 되고, 스토리텔링의 매체적 의미와 산업적 의미는 바로 이러한 변신의 과정과 원칙에서 발생한다.

비주얼 스토리콘텐츠의 미디어 포커스는 '눈'이다. 이야기를 소비하는 과정에서 소비자의 눈이 제일 호강한다. 다양한 시각적 장치와 효과, 때로는 피로도 높은 자극적 연출을 시도함으로써 이야기를 시각적으로 체험하게 한다. 물론 '글'을 읽는 행위도 눈이 주도한다. 그런데 여기에 '그림'이 더해지면 '1+1' 이상의 시너지 효과가 발생하게 된다. 그림책을 예로 들면, 텍스트 기반 스토리콘텐츠의 대표적인 상품인 책에 1차원적으로 비주얼 미디어를 도입한 상품이 그림책이다. 글과 그림은 각기 다른 표현의 양식으로서 각각의 특징에 따라 자신이 의미하고자 하는 것을 표현한다.

그림책을 미디어 양식으로 볼 것인지, 아니면 문학의 하위 장르로 볼 것인지의 문제는 매우 발본적이다. 미디어 양식으로서의 그림책은 일정한 의미 생산을 위해 그림과 글이 동시에 사용되는 모든 종류의 텍스트를 포함하는 반면, 문학의 하위 장르로서의 그림책은 내러티브 생산에 있어 그림과 글이 함께 참여하는 형태의 텍스트만을 지칭하는 것으로 이해할 수 있을 것이다.[1] 양자의 접근법을 어떻게 통합적으로 볼 수 있는가의 문제는 그림과 글의 관계만큼이나 그림책의 이해에 있어 중요한 요소라고 할 수 있으나, 아직까지 이에 대한 충분한 인문학적 성찰이 전개되었다고 보기는 힘들다.[2]

그림책의 의미 생산 구조를 이해한다는 것은 각기 다른 의미 생산 구조인 글과 그림의 구체적 의미 생산 방식과 그에 따른 양자의 상호관계 결과로서의 의미 효과를 이해하는 것이다. 특히 글은 하나의 기의를 전하기 위한 기표의 선택인 기호들로 이뤄져 있다. 따라서 글의 내포는 처음부터 제한되어 있고, 전하는 의미가 하나인 만큼 생산된 의미라는 점에서 '안정적'이고 단일의미(monosemi)적이다. 이에 비해 그림은 하나의 기의를 전하기 위한 기표로 이뤄진 기호관계를 구성하고 있지 않기 때문에 '불안정'하고 복수의미(polysemi)적이다. 그림은 시작과 끝이 없는 만큼 일정한 의미의 경계를 짓는 글에 비해 자유로우며, 그 감상 또한 비선형적일 수밖에 없다.[3]

따라서 그림책이 가진 콘텐츠로서의 상품성은 단순히 글과 그림의

---

1 일반적으로 그림책은 후자의 영역으로 간주되는데, 이 경우 관용적으로 그림책이라 부르는 많은 책들이 범주에서 제외된다. 일부 알파벳 북이나, 카운팅 북의 경우 현실적으론 그림책으로 분류되지만, 후자에 기반해서는 그림책의 범주에 포함시킬 수 없는 것이 그런 경우다.

2 노들만(Perry Nodelman)은 그림책을 "어린이를 대상으로 하되, 적거나 없어도 좋은 텍스트, 연속적인 많은 그림으로 이야기를 들려주는 책"으로 정의한다. 그에 따르면 그림책의 주된 의미 생산 기재는 그림이다. 이에 반해 루이스(David Lewis)는 "각기 다른 미디어로 이뤄진 단일한 텍스트"로 정의하고, 양자의 상호적 관계에 비중을 둔다.

. 3 조은하, 「도깨비의 방(房), 모리스 센닥의 *Where the Wild Things are*를 중심으로」, 동화와번역연구소, 2010 참조.

만남이나 글의 내용을 풀어 설명하는 보조적 차원이 아니라, 글과 그림이라는 상이한 표현 방식이 다양한 의미를 생성하고 별개의 시장을 구축하게 된다. 이러한 미디어의 결합이 만들어 내는 효과가 비단 그림책에만 국한된 것은 아니다. 글과 그림의 단순한 만남으로 이 정도의 장르적·산업적 시너지 효과가 생성된다면, 비주얼 미디어의 과감한 도입과 적극적 활용을 통해 텍스트 기반 스토리의 표현력과 전달력은 배가될 수밖에 없다.

스토리와 영화가 만났을 때, 영화의 영상성으로 인해 스토리는 단순히 '들려주는' 이야기의 형태에서 '보여주는' 이야기의 형태까지 포함하는 중의성을 띠게 된다. 문학은 근본적으로 읽히기 위해 존재하지만, 영상은 보이기 위해 존재하므로, 영화감상이란 음성과 음향을 듣고, 표정과 동작을 보고, 화면과 장면을 보는 일이 된다. 씨실과 날실로 편물을 짜듯, 이성과 감성을 교차하고, 문학과 영상을 교직하여 한 편의 작품으로 직조하는 내적 동인이 영화적 스토리텔링이라고 할 수 있다. 따라서 시나리오를 통한 문학적 요소는 기본적으로 문자를 매질로 하는 만큼 관객으로 하여금 이성적 반응을 유도하고, 동시에 연출을 통한 영상적 요소는 동적인 도상을 통해 감성적 반응을 유도한다.

스토리와 애니메이션이 만났을 때, 애니메이션의 과장된 동선표현과 오락적 목적성으로 인해 스토리는 강약의 기복을 보이면서 제한된 혹은 의도된 주제 내에서 일정 부분 통제된다. 애니메이션의 가장 큰 명분은 동적 미학이다. 정지되어 있는 것은 더 이상 미덕이 아니다. 움직이지 않는 것은 부자연스럽다. 모든 것은 움직여야 하며, 살아있어야 한다. 애니메이션의 이러한 동적 가치는 N(Network)세대, M(Media)세대 등 다양한 호칭으로 분류되는 신인류의 등장으로 더욱 각광받게 된다. 즉 이들은 미디어의 변화 및 진화와 밀접한 관련을 맺고 있으며,

유니미디어보다는 멀티미디어를 선호하고, 행간을 읽어내는 정적 독해보다는, 기술적으로 기획되고 구현된 비주얼에 대해 순발적으로 인지하는 동적 반응으로 승부한다. 물론 애니메이션은 단순히 '움직이는 그림'이 아니다. 무엇을 움직이고, 왜 움직이며, 어떻게 움직이고, 어디서 움직이며, 누가 움직이는가에 따라 애니메이션은 과학이 되고, 산업이 되고, 예술이 된다.[4]

스토리와 TV드라마가 만났을 때, TV드라마의 통속성과 대중성, 유행성으로 인해 스토리는 패턴화되고 한마디로 '드라마틱'하게 극단화된다. 드라마는 로열티가 높은 한류의 대표 시장으로 여전히 각광받고 있으며, 해외 편성 채널의 확대 및 수출 타이틀이 증가하여, 정통 멜로에서부터 사극, 하이틴 멜로, 로맨틱 코미디 등으로 선택폭이 다양해지면서 한류 드라마의 해외 노출 기회가 더욱 확대되는 추세이다. 특히 방송산업의 장기불황으로 인한 광고수입 감소와 멀티미디어 방송 채널의 개국, 아날로그 방송의 중단과 디지털 전환, 온라인 미디어의 증가에 따른 채널 경쟁 등이 가속화되고 가시화되는 만큼, 양적으로는 정면 승부할 수 없음을 인지하고, 콘텐츠의 질적인 차별화 전략을 마련할 필요가 있다. 또한 드라마 기획단계에서부터 수출 대상 국가의 제작사가 참여하는 공동기획 및 국내 드라마 콘텐츠기획 및 제작 기술을 제공하는 주문 제작형 드라마 시장의 가능성도 염두에 둘 필요가 있다.

끝으로 스토리와 웹툰이 만났을 때, 웹툰의 수직확장된 공간성과 스크롤 속도의 주체적 통제성, 그리고 발표지면의 특수한 연속성으로 인해 스토리는 형식적 진행과 내용적 중단을 단속적으로 경험하면서 균

---

4 조은하, 『애니메이션 스토리텔링』, 북스힐, 2007, 4~5쪽.

열적으로 독해된다. 즉 지면의 제약이라는 공간적 규제를 받지 않고, 쓰고 싶은 만큼, 그리고 싶은 만큼 표현할 수 있다는 측면에서 작가 입장에서는 자유를 충족시키고, 동시에 오프라인에서처럼 구입을 통한 질량의 부담이나 유료화로 인한 경제적 부담 없이 연재만화를 볼 수 있다는 독자 입장에서의 편의를 배려하는 여러모로 '친절한' 장르로 자리매김하게 된다. 특히 무료로 제공되는 것은 물론, 개방적 카피레 프트 전략을 고수한 덕분에 오히려 폭발적인 독자층과 수요층을 양산했으며, 이에 힘입어 출판, TV드라마와 영화 등으로 각색되면서 OSMU의 성공적인 사례를 보여준다.

이렇게 스토리는 매체와 만날 때마다 그 매체의 고유한 특성에 맞게 유기적이며 능동적으로 반응한다. 이러한 반응은 스토리텔링의 역사가 인류의 역사와 동궤라는 점을 상기할 때, 매우 자연스러운 것이다. 스토리텔링은 인류와 함께 공존해왔으며, 인류가 시대와 공간에 따른 척박한 역사적 토양에 나름대로 자생해왔듯이 스토리텔링 역시 어떤 매체환경에서도 강한 생명력을 가지고 스스로를 진화해왔다.

2.2. 인터랙티브 스토리콘텐츠

대부분의 디지털콘텐츠들은 사용자들의 능동적인 참여를 전제로 하거나 요구한다. 예외적으로 제작자 위주의 일방형 스토리텔링으로 전개되는 콘텐츠도 물론 존재하지만, 특별한 경우를 제외하고는 대개 사용자들의 적극적인 참여가 디지털콘텐츠의 성패 여부를 결정한다. 이는 제작자 의도에 따른 접근방법에서는 양방형 스토리텔링이 되며, 사용자 태도에 따른 접근방법에서는 능동형 스토리텔링이 된다고 할 수 있다. 그렇다면 바라보는 입장에 따라 같은 콘텐츠라도 다르게 구분될 수 있다는 말이 된다.

그러나 여기에는 미묘한 차이가 존재한다. 즉 양방형 스토리텔링의 경우는 순전히 제작자 입장에서 사용자의 반응을 적극적으로 수용하되, 작품을 창작 혹은 생산하는 것은 어디까지나 제작자 자신이라는 정통적인 자부심하에서 사용자의 능동성이 부각되는 정도이며, 이에 비해 능동형 스토리텔링은 사용자 입장에서 자신이 작품의 감상 혹은 소비자가 아닌, 제작자로서 작품을 생산해낸다는 주인(主人) 혹은 주연(主演) 의식이 지배적이다.

이러한 주체적 태도의 상징적 키워드가 바로 '상호작용성'이다. 사전적 의미에서 'interactive'는 일정한 정보를 교환하고 서로 영향을 주고받으면서 쌍방향의 대화가 가능하다는 뜻으로, 일방이 아닌 쌍방의 소통가능성을 뜻한다. 이러한 방식은 '(작가의) 저작-(독자의) 독서'라는 획일적 교감에 대한 혁명적인 변화이자 진화라고 할 수 있다. 이에 비해 반(동)작용(reactive)은 순차성을 내포하는 개념이다. 즉, 일정한 영향이나 자극에 대한 반응으로서의 반작용을 의미하기 때문에, 순차성을 배제한 'interactive'와는 개념적으로 차이가 있다.

그렉 로치(Greg Roach)는 상호작용성을 근본적으로 사용자(user)와 소재(material) 사이의 대화로 규정하고, 사용자는 다양한 유형의 정보를 입력하고, 소재는 그것에 반응[5]한다고 보았다. 이러한 관점은 접두사 'inter'가 가지고 있는 '사이(between)'라는 의미를 중심으로 사용자와 콘텐츠 사이의 활동적 관계에 대하여 설명한 것이다. 크리스 크로포드(Chris Crawford)는 상호작용성을 둘 이상의 활동적인 사용자들이 대화를 통해 번갈아 듣고, 생각하고, 말하는 순환적 과정으로 보았는데, 여기서 중요한 것은 각 단계의 질적 조합과 조화이다. 즉, 대화는 각 단

---

5 Carolyn Handler Miller, *Digital Storytelling*, Focal Press, 2004, p.56.

계 하나만을 가지고 완성될 수 없으며, 대화의 성공을 위해서는 각 단계가 충실하게 성공적으로 이루어져야 한다.[6] 따라서 로치와 크로포드의 개념적 논의를 종합해 볼 때, 상호작용성의 개념적 본질은 순환적인 대화의 과정으로 볼 수 있다.[7]

결국 인터렉티브 스토리콘텐츠에서 중요한 것은 결말이 아니라 과정이며, 이를 지속시키는 가상적 에너지가 바로 상호작용이다. 스토리콘텐츠산업은 생산자와 소비자, 소비자와 다른 소비자, 그리고 소비자와 다른 생산자를 잇는 상호작용성의 점성(黏性), 그 인적 네트워크의 엄청난 부가 가치에 주목하고, 이를 콘텐츠 및 미디어와 접목시켜 다양한 마케팅 전략들을 제시함으로써 새로운 디지털콘텐츠 시장을 개척하고, 급기야 문화콘텐츠산업의 새로운 블루칩으로 자리매김하고 있다.

디지털 시대의 기본은 정보의 디지털화이다. 즉, 텍스트 내에서 정보의 생산자와 소비자(사용자)가 상호작용할 수 있는 양방향성을 실현하면서 단수(單數) 감각에 의존하는 것이 아니라, 복수(複數) 감각을 통해 구현되는 공감각적인 멀티미디어 성향을 가진다. 이것이 바로 공감각적(synesthesia) 접근이다. 활자 매체만으로는 불가능한, 소리와 영상이 삽입된 형태로 전달하는 공감적인 접근은 디지털 스토리텔링의 중요한 특성 중 하나이다.[8] 이처럼 공감각은 인간의 가상 세계 혹은 상상력을 자극하고 그 영역을 넓히는 데 중요한 촉매역할을 하면서, 급기야 현상과 구분하기 힘든 가상성(virtuality)을 창출한다.

---

6 Chris Crawford, *Chris Crawford on interactive storytelling*, New Riders, 2005, p.29.

7 오동일·김효용, 「인터랙티브 엔터테인먼트로서의 플래시 애니메이션에 관한 연구」, 『애니메이션연구』 Vol. 6 No. 1, 한국애니메이션학회, 2010, 43~44쪽.

8 조은하, 「디지털 스토리텔링」, 『한국근대문학연구』 15, 한국근대문학회, 2007 참조.

특히 크로스 미디어를 통한 컴퓨터 매개 문화(Computer Mediated Culture)는 문화콘텐츠의 생산과 소비, 유통과정에까지 영향을 미치면서 오디오, 비디오, 사운드, 웹, 플래시, 타이포그라피(typography) 등 미디어 믹스를 유기적으로 활용한 미디어 아트 시장을 발전시키게 된다. 미디어 아트는 영상과 노래, 시각과 청각, 현실과 허구의 만남을 통해 가상공간과 현실공간 사이에 교류하는 감동의 장(場)을 형성한다. 다양한 미디어와 결합한 인터랙티브콘텐츠로서 미디어 아트는 고정된 장소나 한 폭의 캔버스가 아닌, 비디오 파일이나 스크린 및 개인화된 디바이스까지 표현 매체로 삼는다. 따라서 효과적인 콘텐츠 개발을 위해 디지털 기술이 제공하는 창조적 잠재력을 무용, 연극, 음악 및 미디어 아트의 접목을 통해 구현하며, 디지털 퍼포먼스의 방법론과 미학적·문화적 의의에 관한 연구를 학제통합적, 즉 통섭적 시각에서 수행할 필요가 있다.

미디어 아트가 사진, 영화, 비디오, 음악 등을 단순히 전시하고 감상하는 정적인 방식이 아니라, 디지털 시대의 일상에 내재된 다양한 빛의 요소들을 '현장' 속으로 끌어들임으로서 '경험'이라는 동적인 방식으로 관객과의 교감을 이끌어 낸다는 의미에서 오프라인에서 실현 가능한 인터랙티브 스토리콘텐츠의 대표적인 장르라면, 이를 서비스 차원에서 접근한 것이 SNS(Social Network Service)다. 오프라인에서 맺고 있는 기존의 사회적 관계를 온라인으로 확장 및 재현하여, 다양한 온라인 미디어를 통해 이들과 소통함으로써 보다 폭넓고 긴밀한 연대를 형성하는 등 인적 네트워크를 효과적으로 관리하려는 목적에서 출발한다. 즉 사용자들의 참여를 유도하여 생각과 의견, 경험 등을 공유하기 쉽도록 고안한 개방화된 온라인 툴과 미디어 플랫폼이다. 방문자 수가 많은 인터넷 웹사이트 중에서 최상위를 차지하는 사이트가 SNS를 표방하는 사이트라는 점은 최근의 현상을 잘 말해준다.

현재 국내 SNS 시장을 주도하고 있는 '싸이월드' 미니홈피의 득세 배경에는 이와 같은 부침현상이 있다. 결국 한때 경쟁구도를 형성했던 '버디버디'의 미니홈피는 현재 특정 연령층에 편중된 서비스를 제공할 따름이며, 대대적인 리뉴얼로 의욕적인 기획들을 선보였던 '다음'의 플래닛도 이미 서비스를 중지했다. 그러나 영원한 승자는 없는 법, 최근 '페이스북(Facebook)'이나 '트위터(Twitter)' 등 미국식 SNS 사이트의 성장은 국내 SNS 시장에 위협 요소로 작용하고, 그 결과 국내 인터넷 시장 역시 미국식 SNS 중심으로 활동량과 사용자가 급증하고 있다. 미국식 SNS는 사용자의 활동을 최소화하고, 사회적 관계에 따른 행동의 결과를 사용자의 공간에 반영함으로써 사용자는 크게 활동을 하지 않더라도, 사회적 관계를 가진 사람들의 행동을 통해 자신의 공간이 풍성해지는 것을 경험할 수 있다.

SNS의 '사회성'을 게임에 적용한 성공적 사례가 SNG(Social Network Game)다. SNG는 SNS를 기반으로 하는 새로운 방식의 컴퓨터 게임으로, 가장 큰 특징은 극단적인 단순성과 짧은 플레이타임이다. 본격적인 의미의 컴퓨터 게임이라기보다는 컴퓨터와 사용자 간의 '놀이'에 가깝다. 한 번의 클릭으로 공격을 하거나 방어할 수 있으며, 건물을 세우거나 파괴할 수 있고, 곡물을 파종하거나 추수할 수 있으며, 애완동물을 분양받거나 육성할 수 있다. SNS 사이트에 등록된 친구들과 선물을 주고받을 수도 있고, 친구의 게임공간을 방문해서 일손을 제공할 수도 있으며, 친구의 용병이 되어 참전할 수도 있다. 이 모든 행위가 몇 번의 클릭으로 이루어진다.

기존의 게임 관점에서 본다면 실감나는 그래픽 비주얼도, 캐릭터 성장이나 승전을 위한 복잡한 전략도 필요가 없다. 하지만 SNG에 대한 해외 사용자 반응은 가히 폭발적이었으며, 기존의 '순수한' 웹 서비스 사용자들에게 불식간에 게임을 경험하게 함으로써 정체기를 겪던 SNS 시장에 활력을 불러일으키고, 급기야 디지털 서비스 시장의 판세를 바꿔 놓았다. 기존 온라인 게임 시장은 포화상태인 만큼 SNG는 그 틈새이자 대세라고 할 수 있으며, 차세대 컴퓨터 게임 시장에 성공적으로 안착하기 위해서는 SNS를 게임적으로 활용하기 위한 발상의 전환과 기존 SNS 게이트를 거치지 않고 직접 SNG를 플레이할 수 있는 전략적 기술개발이 필요하다.

인터렉티브 스토리텔링으로서 게임서사의 상호작용성을 살펴보기 위해서는 구조적인 접근이 필요하다. 전통적인 스토리텔링은 작가에 의해 의도된 방식으로 진행되는 '처음-가운데-끝'의 선형 구조(linear structure)에 따라 진행된다. 그런데 대개의 게임서사가 비선형적이라고 언급할 때조차도 선형성을 전제한다. 게임서사는 대개 비선형 구조(non-linear structure)를 가지지만, 분명 작가(기획자)에 의해 의도된 '처음'이 있으며 '끝'이 있기 때문이다. 뿐만 아니라 게임서사의 경우, 독자(사용자) 임의로 순서를 바꿀 수도 없다. '처음'과 '끝'은 고정되어 있되, 다만 무한의 '가운데'가 존재한다. 독서행위(게임플레이)를 멈추지 않고서도 결말에 이르지 않을 수많은 방법이 존재한다는 뜻이다.

이처럼 게임서사는 기존의 문학적 통념에 비추면 문학의 범주 안에서 언급할 만한 가치판단을 내리기 힘들다. 게임서사는 텍스트화되어 있으면서 동시에 하이퍼텍스트의 일정 차원까지도 넘어서고 있으며, 동시에 인간과 프로그램의 상호작용에 의해 운용되기 때문이다. 책은 고정되고 완결된 완성체로 간주되는 바, 문학행위를 인간과 책의 상호작용이라고 표현할 수 없는 만큼, 컴퓨터 게임의 서사행위가 상호작용을 통해 이루어진다는 점은 전통 문학과는 다른 범주에 존재하고 있음을 보여준다.

최근에는 스마트 기술의 발달과 더불어 전자책(electronic book) 산업이 출판계의 새로운 도약의 발판으로 각광받고 있다. 기존 종이책과 변별되는 전자책의 장점은 무거운 책을 들고 다닐 필요 없다는 휴대의 간편성과 PC나 인터넷에 접속할 필요 없이 언제 어디서든 유용한 정보를 얻을 수 있다는 무소부재의 편리성, 그리고 아날로그 시대의 방식과 유사하게 책장을 터치하는 방식을 통해 독자의 무한한 상상력을 자극하고, 이에 기대면서 오히려 스토리텔링의 가능성을 증폭시킨다는 데에 있다.

무엇보다도 전자책의 기존 종이책과는 다른 단말기를 활용한 방법은 게임이나 플래시 같은 영상적·오락적 측면으로 먼저 인지되기 때문에 문학작품의 감상을 위한 최적의 환경을 제공하지 못하는 단점이 있다. 그리고 전자책의 출판경향을 보면, 장르의 편중화가 심하기 때문에 전자책의 활성화가 오히려 인문학을 비롯한 전문 분야의 사양세를 부추길 우려가 있다. 뿐만 아니라 영상을 감상하거나 게임을 플레이하는 것과 동일한 방식으로 독서를 경험한다는 것은 책에 대한 근본적인 인식의 변화를 가져오는 문제인 만큼, 예술과 기술의 통섭을 위한 신중한 접근이 필요하다.

2.3. 스케이프 스토리콘텐츠

기존 학계나 업계에서 특정 장소에 대한 콘텐츠화를 통칭하는 용어로 '스페이셜 스토리텔링(spacial storytelling, 공간 스토리텔링)'을 사용하는데, 이는 건축학적 의미가 강한 만큼 스토리텔링의 측면보다는 특정 공간의 설계를 위한 '스케치/디자인 콘셉트'에 가깝다. 이에 비해 스토리콘텐츠 분야에서는 역사·사회·정치·문화 등 다양한 맥락에서 특정한 서사적 맹아를 가지는 장소/공간의 '뷰(view)'로부터 경험되고 순환되는 '스토리'에 집중하기 때문에 이와 개념적으로 변별될 필요가 있다. 따라서 여기서는 지리학적 의미에 기대어 '스케이프 스토리텔링 (scape storytelling, 경관 스토리텔링)'이라는 용어를 사용하고자 한다.

경관(scape)은 '인간의 영향을 받지 않은 그대로의' 자연경관과 '자연경관에 인간의 영향이 더해진' 문화경관으로 이루어진다. 최근 문화재의 범주로 재고찰되는 문화경관(Carl Sauer, 1925)은 천천히 변화하는 자연경관이 인간활동, 즉 문화과정에 의해 변형되어 나타난 가시적 형태로서 인구, 가옥, 경작지, 도로 등의 요소를 들 수 있고, 이러한 요소들의 유기체적 총합, 즉 '인간과 자연의 공동작품'이라고 정의할 수 있다. 즉 자연경관은 지리적 특성을 위주로 나타나는 만큼 지형학의 주요 대상이 되는 반면, 문화경관은 자연과 인간이 만나서 만들어낸 가시적·정신적 상호관계를 표상하며, 자연 속에서 인간이 생존해 온 자취를 가장 잘 보여주는 특징적인 가치이다.[9]

유사 이전에도 경관은 존재했던 만큼, 경관의 역사는 인간보다 앞서고 인간보다 뒤선다. 서사는 시간 속에 자라고, 인간은 상상력을 동원하여 '지금, 여기'의 경관에 앞서고 뒤서는 이야기들을 만들어 공유한다. 이렇게 경관은 인간에 의해 비로소 콘텐츠가 된다. 모든 이야기의 발원에 인간과 그가 속한 공간적 좌표가 있는 만큼, 인간으로 하여금 경관에 대해 향수(鄕愁)하게 하는 토포필리아(topophilia)[10]는 '특이한 공간에 대한 유별난 사랑'(John Betjemen, 1947)이자 '경관과 인간 사이

---

9 양보경, 「문화재답사기 : 문화적 경관을 문화유산으로 만들자」, 『조선일보』, 2009.1.21.
10 '장소'를 뜻하는 그리스어 'top(o)'와 '사랑'을 뜻하는 'philia'의 합성어.

의 정서적 유대감'(Yi-Fu Tuan, 1974)이며, '인간 자아의 존재론이 시작되는 곳'(김열규, 2003)이자 내적 만유인력이다. 경관을 관통하는 전세·현세·내세의 삼세(三世)를 이야기함으로써 인간은 진아(眞我)를 깨닫게 되고, 급기야 경관은 자연경관과 문화경관의 물리적 경계를 넘어 실존경관으로 심화된다.

인간은 있는 그대로의 자연경관과 이에 터 잡고 살면서 점차 달라져가는 문화경관, 그리고 이러한 물리적 경관이 내화된 실존경관에 대해 이야기해왔으며, 경관에 대한 스토리텔링은 스토리의 생성과 성장, 변화의 유기체적 속성을 효과적으로 살펴보기에 적합한 기재이다. 따라서 우리는 경관에 내재된 역사적 의미와 서사적 상상력에 주목할 필요가 있다. 경관의 콘텐츠적 가치는 다양한 역사자료를 수집하여 이를 균형 있고 창의적인 스토리로 재구하고, 이해하기 쉬운 객관적인 진술과 상상력을 자극하는 문학성을 결합하는 데 있다.

경관 스토리텔링의 과정은 크게 '스토리 발굴-스토리 체험-스토리 공유'의 단계로 이루어진다. 경관이 보유한 스토리는 목록작성을 통해 나열되고 그중 장소를 가장 잘 대표하는 스토리가 선정된 후 테마를 추출함으로써 스토리의 발굴이 이루어진다. 이와 같이 발굴된 스토리는 체험환경과 정보환경의 조성을 통해 방문객의 체험으로 이어져 공간적 유대감을 형성하고, 이렇게 개별체험으로 생겨난 공간적 유대감은 커뮤니티 환경을 통해 장소성11)으로 승화하면서 유기적으로

---

11 이러한 장소에 대한 개인적·집단적 체험이 모여 사회적인 의미가 형성된 것을 '장소성'이라고 한다. 장소의 의미는 사회의 문화적 코드에 의해서 만들어진 것으로서, 의미는 사회·문화적 규범이나 상징으로 확대되게 되어 사회적 공간이 물리적 공간을 규정하게 되는 것이다(최인호·임은미, 「스토리텔링을 활용한 장소마케팅에 관한 탐색적 연구」, 『관광학연구』 제32권, 제4호, 2008, 413쪽).

순환한다.

이처럼 자연경관이나 문화경관 등 경관자원에 기반한 스토리콘텐츠는 관광산업과 연계하여 성과를 얻고 있다. 특히 문화관광(cultural tourism)[12] 산업의 성장에 힘입어 그 가치와 국가브랜드 기여도가 확대되는 추세이며, 경관의 관광화를 추진하여 유물이나 유적과 같은 유형적 관광자원뿐만 아니라 언어, 토속문화와 같은 무형적 관광자원도 포함하는 개념으로 확대되고 있다. 그러나 관광화 과정에서 전통문화의 가치를 폄훼하거나 상업화 과정에서 독창성 없이 표준화된 기성품을 생산하는 등 문화경관의 고유성이 탈각되는 부작용이 우려된다. 경관이 성공적으로 관광화되기 위해서는 방문자의 적극적 참여를 유도하여 체험을 통해 지역사회와 지역주민과 교감을 나눌 수 있어야 하며, 경관을 통해 상상력을 자유롭게 발현할 수 있는 기회를 제공해야 한다.

그런데 경관 스토리콘텐츠는 해당 경관의 스토리 기반 역량을 활용해야 한다는 점에서 차별화된 전략이 필요하다. 단순히 특정 경관이 가진 역사적 가치나 지형적 특성만으로는 콘텐츠로서 가치를 지속시키기 힘들다. 경관이 가지는 원천을 토대로 하되, 이를 창의적으로 활용하고 효과적으로 스토리를 전달하기 위해서는 창의적이고 전략적인 기획이 요구된다. 즉 동일한 경관이라도 이를 콘텐츠화하기 위해 필요한 인적·물적 자원을 동원할 수 있는 지역이 우위를 확보할 수 있는 만큼, 전설이나 민담 등 경관의 스토리를 발굴하여 애니메이션이나 캐릭터 등으로 제작하는 등 기존 경관에 대한 물리적 한계에서 벗어나

---

12 문화관광은 사적지나 박물관 등을 방문하는 '문화유산관광'과 극장이나 공연장을 방문하는 '대중문화관광' 혹은 '예술관광'으로 세분되기도 한다.

연계산업과 결합하는 다양한 시도가 이루어지고 있다.

특히 도시경관은 도시공간에서 지형, 건물, 도로 따위의 구성물이 어우러져 만들어내는 경관으로, 시각적 조화나 질서가 중요하다. 도시경관 자체가 자연경관에 기반하여 성장한 만큼 자연경관으로부터 완전히 분리된 별개의 공간개념이라기보다는, 도시공간에 맞게 자연경관을 해석하고 의미를 부여하는 방식으로 콘텐츠가 기획되고 구성된다. 즉 경관 속에서의 문화적 가치는 방문객의 목적과 동선, 시차 등으로 인해 주관적으로 경험될 수 있으며, 따라서 도심경관의 콘텐츠화는 단순히 정책적으로 결정하여 시행하는 문제가 아니라, 경관의 특성에 대한 전문적인 분석과 통찰, 이에 기반한 서사적 재구와 시각적 재현력 등으로 구축되는 통섭적인 대규모 작업이다.

도시민의 생활패턴과 여가활동 성향이 변하고 여가욕구가 다양해지면서 레져시설이 다양하고 고도화되기 시작했는데, 이러한 여건 변화에 대응하여 등장한 근대적인 개념의 공원이 바로 테마파크(Theme Park)이다. 테마파크는 '휴식'과 '산책'이라는 공원의 정적 기능성에서 벗어나, 이용객이 직접 참여하는 동적인 여가공간으로 그 개념을 확장시킨다. 도시민들에게는 휴식 및 오락공간을 제공하고, 가족단위 여행객에게는 관광 및 여가공간을 제공하고, 이국적인 문화공간으로서 관광자원으로 활용되기도 한다.

테마파크는 상상의 이미지와 교감할 수 있는 특별한 테마13)들을 스

---

13 테마파크에 사용되는 주제는 다양한 분야에서 일반인의 관심을 끌 수 있는 것들이 채택되는데, 세계의 민속, 건축, 우주, 환상, 역사, 만화, 동화, 산업(광산, 지역산업, 꽃, 식물 등), 지역문화자원(유적) 등이 주류를 이룬다. 또 다른 특징으로 테마파크는 디자인, 도시계획, 환경설계, 건축, 조경, 첨단공학, 음악, 미술, 무용, 고고학 등 다양한 분야의 기술이 동원되는 종합적인 장치산업이며 공연산업이다.

토리 차원과 그 메타 차원에서 구현해내는데, 스토리 차원은 독특한 캐릭터, 장식, 건축, 무대장치, 놀이기구들 등에서 1차적으로 구현되는 이야기이며, 메타적 차원은 스토리 요소들에 대한 배치, 광고, 홍보, 마케팅 등을 통해 테마파크 소비자에게 새로운 모험과 체험을 이끌어 낼 수 있도록 상상의 세계를 제공한다. 최근 테마파크의 개발양상은 테마파크 자체만을 개발하는 단순한 형태에서 벗어나 주변지역에 숙박이나 상업시설 그리고 영상산업 등 관련 산업과의 연계개발을 통해 지역의 거점산업으로 추진되면서 스토리텔링 영역에 대한 관심이 더욱 고조되고 있다.[14]

이와 더불어 부가가치창출로 각광받고 있는 축제콘텐츠는 지방자치의 정치적 맥락하에 지역색을 강하게 내세우며 국가적 축제나 대규모 축제가 아닌, 원초적 제의성의 보존, 지역민의 일체감 조성, 전통문화의 보존, 관광산업의 환기, 경제적 가치 창출 등을 기치로 한다. 물론 관광이나 지역 활성화 측면에서 축제가 행해지기도 하고 정치적이거나 경제적인 측면에서 이용되는 경우가 빈번하지만, 지역축제는 지역민들의 공동체 의식을 고양시키고 생산의 노동을 뒷받침하는 유희의 공간을 제공하는 데 중요한 의의가 있다. 축제는 그 자체의 완결성도 중요하지만, 실생활에 기반한 국지성 행사를 통해 공동체 의식을 함양할 수 있다면, 축제는 지역 공동체의 문화적 정체성을 확립시키고 지역 경제를 활성화시킴으로써 지역 정체성의 확보와 문화자본으로의 전환에 순기능을 할 수도 있다.[15]

---

14 박지선, 「프랑스 테마파크 콘텐츠 현황과 기획의 스토리텔링 체계」, 『한국프랑스학 논집』 제59집, 한국프랑스학회, 2007, 246쪽.
15 김승환, 「지역 축제의 의의와 방향」, 1999. web.chungbuk.ac.kr/%7Ewhan86/mun7.htm 참조.

서울	부산	대구	인천	광주	대전	울산	경기	강원	충북	충남	전북	전남	경북	경남	제주	합계
69	44	24	23	13	16	21	93	93	51	76	62	34	51	122	31	823

2010년 전국 시·도별 축제 총괄표

지역축제는 지역주민의 화합과 자긍심을 머릿돌로 하고, 관광객을 포함한 외지인에게 해당 지역을 소개하고 정보를 전달하는 지층, 행사의 내용을 이해하고 프로그램을 체험하는 중층, 지역민과 공감하고 콘텐츠에 감동하는 상층으로 견고하게 이루어져야만 한다. 따라서 축제의 주체와 객체를 분명히 할 필요가 있다. 주체는 지역주민이며, 객체는 방문객들이다. 따라서 주체인 지역주민을 하나로 만들고, 응집시키는 '구심점'이 될 수 있는 소재를 발굴하거나 대안소재를 창의적으로 개발할 필요가 있다. 객체인 방문객을 위해 이러한 소재를 상징적으로 보여주는 이미지나 이벤트, 서사적으로 들려주는 사료나 프로그램 등을 통일된 스토리텔링으로 풀어낼 필요가 있다. 이렇게 주체와 객체를 고려한 콘텐츠기획만이 진정한 지역축제로서의 정체성을 확보할 수 있으며, 앞에서 언급한 다양한 축제의 취지를 성취할 수 있다.

3. 스토리콘텐츠의 전망

이제 디지털은 문화와 문명의 화두다. 디지털 기술, 디지털예술, 디지털 생활 속에서 콘텐츠까지도 디지털콘텐츠로 변모한다. 그런데 디지털콘텐츠를 설명하기 위해서는 아날로그콘텐츠를 전제하지 않으면 안 된다. 콘텐츠를 아날로그와 디지털로 이분할 수 있는가의 문제를 거론하기에 앞서, 우선 아날로그와 디지털의 사전적 의미와 문화적 의

역을 살펴 볼 필요가 있다. 아날로그는 '조화'를 뜻하는 'ana'와 '균형'을 뜻하는 'logos'의 라틴합성어 'analogus'에서 유래한다. 따라서 아날로그는 기능 및 비율적 유사성에 의거하여 부분적으로 비교대상을 동등하게 간주하는 만큼, 전체적으로는 유사하지 않은 경우의 수까지 포함하게 된다.

이에 비해 디지털은 '손가락이나 발가락이 몸체와 만나는 접점'을 뜻하는 라틴어 'digitus'를 어원으로 한다. 자고로 손가락과 발가락은 셈에 사용되는 만큼 디지털은 계산 가능한 수식이나 문제해결을 위한 연산과정, 즉 알고리즘을 가진다. 예를 들어 뇌와 컴퓨터를 비교한다고 가정하는 경우, 아날로그적으로는 기능에 초점을 두어 둘을 동급으로 설명할 수 있고, 디지털적으로는 연산과 정보처리 능력에 초점을 두어 둘을 동급으로 비교할 수 있다. 즉 관점이 다를 뿐 결과는 같게 된다.

그렇다면 콘텐츠를 아날로그와 디지털로 이분하는 문제도 이와 동일하게 설명될 수 있겠다. 관점이 다를 뿐, 콘텐츠는 같다. 콘텐츠를 생산하고 소비하는 과정 중 어디에 무게중심을 두느냐의 문제일 뿐이다. 통시적으로 살펴보면, 구술문화 시대에서 문자문화 시대로 이행하면서 소리·그림·몸짓 등과 병행하여 문자·활자 등을 사용했으며, 이제 전자문화 시대로의 이행단계에서 우리는 문자와 병행하여 다시 구술문화 시대의 소리와 이미지를 부각시키는 동시에 새로이 전자를 적극 활용하고 있다.

수천 년 동안 문자와 활자, 필사본과 인쇄본 등의 종이책에 의존해 온 저장 및 유통기능을 디지털 전자언어와 컴퓨터 저작도구가 대체하였으며, 그 결과 선형성을 강조하는 전통적인 작법에 비해, 비선형적일 뿐 아니라 다중 결말 및 열린 결말 등의 이단적인 작법을 과감하게 시도하는 하이퍼텍스트 픽션, 공동창작 형태의 온라인 소설 등이 소비되면서 작가와 독자의 경계를 무너뜨리고, 다양한 전자책이 시판되면서 종이책의 죽음이 공론화되기도 했다.

이처럼 디지털콘텐츠의 생산 및 소비방식은 상상할 수 없을 정도로 다양하고 급속하게 발전하고 있으며, 이에 따른 미디어의 양적·질적 변화는 콘텐츠의 생산과 소비방식에 지속적인 영향력을 행사한다. 하나의 콘텐츠가 하나 이상의 미디어로 생산과 동시에 소비되고, 유통 자체가 생산이 되고, 나아가 생산과 소비의 경계가 모호해지고 있다. 이에 필연적으로 디지털콘텐츠는 다양한 미디어를 활용하여 콘텐츠의 생산 및 전달과정에서 발생하는 문제들에 대해 효과적인 솔루션을 제공하려는 의지를 가지게 된다.

이 글은 이러한 스토리텔링이 문화콘텐츠로서 발화하는 여러 가능성을 이론과 실제를 통해 보여주고자 기획하였다. 1장에서는 각광받는 문화콘텐츠산업에서 스토리콘텐츠가 가지는 비중에 대해 다루고 있다. 문화콘텐츠의 범주가 '산업적'으로 구분되고 전략적으로 육성된 감이 없지 않아 있는 만큼, 여기서는 다양한 기법적 측면에서 '스토리텔링'을 토대로 기획 및 발전 가능한 분야에 대해 특히 '스토리콘텐츠'라 언급하고, 세부적으로 만화·애니메이션·영화·TV드라마 등 스토리의 연출과 효과 등 다양한 영상표현에 무게중심을 둔 비주얼콘텐츠, 미디어 아트·컴퓨터 게임·전자책·SNS(소셜네트워크서비스) 등 스토리의 생산 및 소비 과정에서 나타나는 상호작용에 무게중심을 둔 인터랙티브콘텐츠, 테마파크·축제 등 스토리의 외연을 확장하여 물리적 경관의 경험에 무게중심을 둔 스케이프콘텐츠 등으로 구분하여 범박하게 이론적 검토를 하고자 한다.

2장에서는 스토리콘텐츠를 크게 삼분하여 먼저 '비주얼 스토리콘텐츠'에서는 시각적 평면성의 대표 장르 만화와 이에 운동성과 입체성을 결합한 애니메이션, 다시 사실성을 결합한 영화와 TV드라마 등 다양한 비주얼 미디어와 크로스 미디어 양상을 살핀 논문들을 중점적으로 수록했다. 최근의 비주얼 스토리콘텐츠는 디지털 미디어와 결합하여 빠르게 통섭 및 통용되고 있는 분야이다. 따라서 기존 단일 장르 콘텐츠로서가 아니라, 만화에서 영화로, 애니메이션에서 영화로, 만화에서 드라마로, 미디어와 콘텐츠에 따라 시시각각 태를 바꾸어 별개의 콘텐츠로 인정 및 각광받고 있다.

다음으로 '인터랙티브 스토리콘텐츠'에서는 결말이 아니라 과정을 중시하면서 사용자들의 능동적인 참여를 전제로 이를 지속시키는 상호작용의 속성과 내성에 대해 다룬다. 스토리콘텐츠산업은 생산자와 소비자, 소비자와 소비자, 소비자와 생산자를 잇는 상호 결속, 그 인적 네트워크의 부가가치에 주목하고, 이를 콘텐츠 및 미디어와 접목시켜 다양한 마케팅 전략들을 개발하고 제시함으로써 새로운 디지털콘텐츠 시장을 개척함으로써 문화콘텐츠산업의 새로운 블루오션으로 부상하고 있다.

끝으로 '스케이프 스토리콘텐츠'에서는 '스토리 발굴–스토리 체험–스토리 공유'의 단계를 토대로 경관이 보유한 스토리를 발굴하고, 이를 체험환경과 정보환경의 조성을 통해 방문객의 체험으로 확장함으로써 공간적 유대감을 형성하고, 이렇게 개별체험으로 생겨난 공간적 유대감을 커뮤니티 환경을 통해 장소성으로 승화시켜 유기적으로 순환하게 하는 과정을 검토한다. 기존 학계나 업계에서 특정 장소에 대한 콘텐츠화를 통칭하여 '공간 스토리텔링(spacial storytelling)'이라는 용어를 사용하는데 이는 건축학적 의미가 강한 만큼, 스토리콘텐츠 분야에서는 다양한 맥락에서 특정한 서사적 맹아를 가지는 지리학적 '뷰(view)'로부터 경험되고 순환되는 '스토리'에 집중하여 '경관 스토리텔링(scape storytelling)'과 '경관 스토리콘텐츠(scape storycontents)'라는 용어를 사용하기로 한다.

온전하게 학계에 자리잡은 용어가 아님에도 불구하고 '스토리'를 토대로 하는 문화콘텐츠, '이야기' 중심의 문화산물들을 총칭하는 의미로서의 스토리콘텐츠를 총서의 제목으로 삼은 까닭은, 경색된 이론과 경직된 주장이 난무하는 학계에서 스토리콘텐츠 분야만큼은 '열리고' '굽히는' 일이 가능해도 좋지 않을까 하는, 바로 이러한 개방성과 융통성을 이 분야의 가장 중요한 속성으로 생각한 때문이다. 이제 디지털콘텐츠 시대를 맞이하여 과학과 문화예술의 융합에 대해 세계가 주목하는 지금, 우리는 디지털 정보기술의 장점에도 불구하고 문화적 측면에서 원활하게 소통하지 못하고 있다. 따라서 첨단기술과 문화예술의 접목을 통해 새로운 문화콘텐츠산업의 규모를 키우고, 다양한 하드웨어 및 소프트웨어와의 결합을 통해 보다 창의적인 스토리콘텐츠 창출을 시도할 필요가 있다.

Carolyn Handler Miller, *Digital Storytelling*, Focal Press, 2004.

Chris Crawford, *Chris Crawford on interactive storytelling*, New Riders, 2005.

김승환, 「지역 축제의 의의와 방향」, 1999. web.chungbuk.ac.kr/%7Ewhan86/mun7.htm.

박지선, 「프랑스 테마파크 콘텐츠 현황과 기획의 스토리텔링 체계」, 『한국프랑스학논집』 제59집, 한국프랑스학회, 2007.

양보경, 「문화재답사기 : 문화적 경관을 문화유산으로 만들자」, 『조선일보』, 2009.1.21.

오동일 · 김효용, 「인터랙티브 엔터테인먼트로서의 플래시 애니메이션에 관한 연구」, 『애니메이션연구』 Vol.6 No.1, 한국애니메이션학회, 2010.

조은하, 「도깨비의 방(房), 모리스 센닥의 *Where the Wild Things are*를 중심으로」, 동화와번역연구소, 2010.

조은하, 「디지털 스토리텔링」, 『한국근대문학연구』 15, 한국근대문학회, 2007.

조은하, 『애니메이션 스토리텔링』, 북스힐, 2007.

최인호 · 임은미, 「스토리텔링을 활용한 장소마케팅에 관한 탐색적 연구」, 『관광학연구』 제32권 제4호, 2008.

• 핵심어 : 문화콘텐츠, 스토리콘텐츠, 뉴미디어, 스토리텔링

• Abstract

Culture Content and Story Content : The Values and Prospects in Story Content

Cho, EunHa

Growth and development in the culture and content industry depend on the achievement of storytelling content. Storytelling content stands on classic and traditional story. But it goes further beyond the fixed genre and the technology. Developed with new media and technology, it contributes the development of the culture content industry. Especially there are three important storytelling division in the culture industry. Visual storytelling content, based on the visual media, interactive storytelling content based on the new media, and scape storytelling content based on the modern leisure space. This article researches these new storytelling content division, and figures out each one's meaning in the culture industry.

• Key words: Culture content, Story content, New-media, Storytelling

컴퓨터 게임의 인간학적 층위

박 상 우

게임평론가

컴퓨터 게임의 인간학적 층위

박 상 우

● **국문초록**

컴퓨터 게임은 컴퓨터 기술을 통해 놀이를 새로운 형태의 텍스트로 전환시킨다. 놀이가 가지는 인간학적 층위가 대상에 대한 상상적 전유라면, 컴퓨터 기술은 이 상상적 전유의 계기를 생산하고, 동시에 상상적 전유를 지탱할 수 있는 요소를 생산한다. 컴퓨터 게임에서 발생하는 '게임 행위'는 그런 의미에서 인간의 상상적 전유와 이 전유를 가능케 하는 인공적 경험들 사이에서 이뤄진다. 그리고 이를 통해 우리는 '놀이-이미지'라는 새로운 이미지 형태를 생산, 경험하게 된다.

1. 게임 연구의 방법론

컴퓨터 게임은 디지털 환경하에서의 새로운 글쓰기 방식과 경험 사례로서 내러티브의 잠재성이 부각되면서 뉴미디어 및 하이퍼텍스트

이론가들1)에 의해 학문적으로 검토되기 시작한다. 즉 그들은 게이머의 행동에 의해 촉발되고 선택에 따라 다른 방향으로 전개되는 컴퓨터 게임의 내러티브에 주목함으로써 더이상 내러티브가 발신자와 송신자 간의 일방적 관계가 아니며, 작가의 역할 역시 온전히 제작자의 몫이 아니라 게이머의 참여로 이루어진다는 것을 입증한다.

하지만 새로운 내러티브의 경험만으로는 컴퓨터 게임의 특징을 대표할 수도, 컴퓨터 게임을 일람할 수도 없다. 게이머들은 특정한 내러티브 없이, 즉 작가의 역할을 수행하는 법 없이도 기꺼이 게임을 플레이할 수 있기 때문이다. 이러한 미묘한 어긋남은 컴퓨터 게임의 내러티브 특징이 여전히 이론가들에게 매력적인 사례로 맹신되는 동시에 쉽게 포획되지 않는 맹수처럼 간주되는 이유가 된다.2) 그 당연한 결과로서 컴퓨터 게임의 내러티브에 대한 과도한 해석에 반발하여 컴퓨터 게임을 놀이의 연장선상에서 해석하려는 시도가 등장한다.

그런데 컴퓨터 게임에는 어드벤처와 롤 플레잉 장르처럼 스토리 중심적인 장르가 있고, 슈팅이나 퍼즐처럼 스토리가 최소화되거나 아예 부재하는 장르도 엄연히 존재한다. 결국 연구자가 어떤 장르를 분석의 사례로 선택하는가에 따라 결과는 천차만별이 될 수밖에 없다. 이처럼 견해차를 좁히지 못한 컴퓨터 게임에 대한 '장님 코끼리 만지기' 식의 논쟁3)

---

1 마노비치(Lev Manovich)나 볼터(Jay David Bolter)와 그루신(Richard Grusin)의 작업이 뉴 미디어 이론에서의 접근이라면 랜도우(G. Landow)는 하이퍼텍스트 이론의 관점에서 접근한다.

2 이런 이유에서 〈테트리스(Tetris)〉(1985)가 후기 자본주의 노동자들의 기계적인 삶을 상징적으로 보여준다는 자넷 머레이(Janet H. Murray)의 주장은 컴퓨터 게임의 본질에서 멀어진 만큼 동의하기 힘들다.

3 흔히 게임 연구에서 내러톨로지와 루돌로지의 논쟁이라 불리는 논쟁. 각기 게임의 본질적인 측면을 '내러티브의 전달'과 '놀이 경험의 제공'으로 주장하며 3, 4년에 걸쳐

은 한동안 계속되고, 그 과정에서 다양한 해석이 등장했음에도 불구하고 기대만큼의 성과를 얻지 못한다.

그렇다면 컴퓨터 게임 연구가 보다 생산적이 되기 위해서는 코끼리의 부위가 아닌 전신을 포착할 필요가 있다. 이를 위해 컴퓨터 게임의 부분적 특징보다는 존재적 전체성에 대한 이해, 즉 컴퓨터 게임의 등장 배경과 경험의 고유성에 대한 검토가 선행되어야 하는데, 이는 쉬운 일이 아니다. 우선 컴퓨터 게임의 등장에서 가장 중요한 개념인 '놀이(play)'에 대해, 그동안 다양한 놀이 이론이 연구되어 일정한 성과를 이루었지만, 아직 충분한 합의가 이루어지지 못한 상태다.[4] 그 당연한 결과로 '놀이'와 '컴퓨터 게임'의 관계에 대한 해석도 충분히 논의되지 못하고 있다.

둘째, 컴퓨터 게임에 대한 정의 역시 일목요연하게 정리하기 힘들다. '음반, 비디오물 및 게임물에 관한 법률'에 따르면, 컴퓨터 게임은 "정보처리기술이나 기계장치를 이용하여 오락하거나 이에 부수하여 여가선용, 학습 및 운동효과 등을 높일 수 있도록 제작된 영상물 및 기기"로서, 이는 기술적 방식과 그 물리적 형태에 무게중심을 둔다. 이에 비해 프랑스의 사회학자 루스탕(M. Roustan, 2003)에 따르면, "상호작용적 차원과 운동 이미지로 구성된 정보 형태의 놀이 행위의 집합"으로, 이는 게이머의 경험 대상과 행위에 무게중심을 둔다.

이처럼 연구자에 따라 컴퓨터 게임을 기술적 방식으로 정의하는가 하면 어떤 연구자들은 사용자의 경험적 측면을 강조해 게임을 정의하

논쟁이 진행된 바 있다.

4 대표적 놀이연구자 서튼 스미스(B. Sutton-Smith, 1997)조차 보편적인 하나의 해석으로 놀이를 다루기를 포기했으며, 다른 연구자들도 각자의 연구 분야에 따라 내러티브를 강조하거나 놀이 요소를 강조할 뿐, 정작 그 관계에 대해서는 구체적으로 분석하지 못하고 있다.

려 하기도 한다. 물론 핵심 개념의 정의에 합의를 이르는 과정이 연구의 정점에 이르는 것임을 감안하면, 연구의 초창기인 컴퓨터 게임에서 이처럼 다양한 접근이 있는 것은 당연하다. 다만 전체로써의 컴퓨터 게임을 이해하기 위해서는 본질적 개념에 대한 일관된 접근을 가능하게 하는 작업이 선행되어야 한다.

여기서 주목할 것은 컴퓨터 게임에 대한 기존의 정의들이 기술적 규정과 경험적 규정을 구분하고 있다는 점이다. 컴퓨터 게임은 사전적으로 '컴퓨팅(computing)', 즉 자동연산에 기반한 정보처리기술에 의존하는 동시에 게이머의 행위를 통해 단순한 동영상에서 온전한 게임으로 전환 혹은 격상된다. 따라서 컴퓨터 게임의 고유성은 이 두 가지 규정을 통합적으로 이해함으로 가능할 수 있으며, 바로 이 점에서 들뢰즈(G. Deleuze)의 '이미지(image)' 개념에 주목하게 된다.

들뢰즈는 영화를 영화답게 하는 기술적 장치들과 생산의 기술적 방식들에 대해 살펴보고, 그를 통해 생산되는 이미지에 주목한다. 이 이미지는 영화라는 매체를 통해 전해지는 텍스트가 생산물로서 만들어내는 어떤 것임을 지적하고, 그것의 기술적 고유성과 경험의 고유성을 통합적으로 이해할 수 있는 가능성을 만들어낸다. 따라서 베르그송의 논의에서 출발해 영화 매체에 대한 하나의 새로운 이해를 가능하게 한 들뢰즈의 접근은, 기술적 규정성과 경험적 규정성을 통합적으로 이해해야 하는 컴퓨터 게임의 정의와 이해에 있어서도 중요한 시사점을 제공한다.

2. 매체, 텍스트 그리고 이미지

우리는 어떤 매체에 앞서 그 매체와 연관되어 있는 여러 경험들, 즉 '본다', '듣다', '한다' 등과 같은 방식에 의한 경험을 획득한다. 이 경험이 우리에게 어떤 감정적 울림을 만들어 낼 때, 우리는 그것을 기억하거나 혹은 다른 사람에게 전달하려는 욕망을 지니게 된다. 이 욕망을 실현시키기 위해 우리는 기억의 방식, 그리고 기술(記述)의 방법들을 다양하게 진화시켜왔다. 몸동작, 음성 기호의 발전, 문자의 진화에서부터 인쇄술, 사진 혹은 영상 기술의 발전은 이런 욕망의 결과로 이해할 수 있다.

그렇다면 기억과 기술의 진화를 통해 구체적이고 안정적인 것을 만들어 내는 행위는 일종의 '텍스트화(textualization)'이며, 따라서 매체에 사용되는 기술적 장치나 형식의 등장과 이에 대한 취용(取用)의 과정은 텍스트화 과정이라고 말할 수 있다. 텍스트화 과정에서 경험을 구체적으로 재현하기 위해 흉내를 내거나 수사적 장치를 사용하거나 표현적 장치를 동원하는 등 상황에 따라 다양한 방식을 취하게 되지만, 구술이건 문자건 이 텍스트화의 양식들은 경험의 간접적 전달에 머무를 수밖에 없다.

이를 보완하고 극복하기 위한 직접적 경험의 전달 욕구는 회화나 연희(演戲), 사진, 영화에 이어 가상 경험의 기술이 등장하면서 새로운 텍스트화의 양식들을 만들어낸다. 따라서 텍스트화는 언제나 기술적 장치들이나 방식에 의존하게 되고, 이런 기술적 장치나 방식들이 텍스트를 전달하는 매체를 구성하게 된다.

프랑스의 매체 연구자 아브롱(D. Avron)은 텍스트화와 텍스트를 가능하게 하는 매체의 기술적 장치와 방식에 대한 의존을 주목하여 TV와 TV 텍스트를 설명하는데, 그에 따르면 TV가 가지는 가장 근원적인 기술적 고유성은 '주사선을 통한 영상의 생산'이다. 즉 점멸하는 화소들의 연쇄를 통해 잔상을 만드는 기술적 방식이 TV를 가능하게 하고, TV를 통해 수많은 텍스트를 전달한다. 따라서 화소들의 단속성으로 구성된 TV의 영상 텍스트들은 본질적으로 '휘발적'일 수밖에 없으며, 그래서 TV 속의 세계는 '섬광 세계' 5)일 수밖에 없다. 그런데 아브롱

문화콘텍스트의 내면

의 주장처럼 어떤 매체의 기술적 규정성이 그 매체의 텍스트들이 지니는 근원적인 속성까지 직접적으로 규정한다는 것은 과도한 기술결정론이라는 비난에서 자유로울 수 없다.

기술적 장치와 방식들에 의존해 새롭게 등장한 매체와 텍스트들은 저마다 기술적 장치와 방식을 취용하며 새로운 표현의 양식을 찾아나간다. 이 표현의 양식은 여전히 매체의 고유한 기술적 규정성에 묶여 있지만, 이 규정성 위에 이전에는 존재하지 않던 새로운 가능성을 찾아냄으로써 기술적 장치와 방식이 지닌 규정성을 넘어서는 새로운 매체의 고유성을 만들어 낸다. 그리고 이 과정에서 표현의 양식들이 경쟁하고, 수용되고 결과적으로 안정적으로 고착되면서 각각의 매체가 지니는 고유한 미학적 가치들을 만들어 낸다.

영화를 살펴보면 이 과정을 쉽게 이해할 수 있다. 영화의 주요한 기술적 존재 방식은 포토그램(photogram)의 생산과 시간적 배열인데, 그 효과에 대한 다양한 실험을 통해 재현 과정에서 운동의 모든 순간을 다룰 필요가 없음을 발견한다. 운동의 시작과 끝만을 보여주는 것만으로도 관객은 충분한 운동을 경험하기 때문이다. 이 발견은 영화의 표현을 극적으로 발전시켰으며, 이후 다양한 기법상의 시도를 통해 별개의 장면이나 운동을 적절하게 배열함으로써 다양한 상황과 운동을 자유롭세 생산하고, 관객에게 제3의 운동을 경험하게 한다는 사실을 입증한다.6)

---

5 도미니크 아브롱, 주형일 역, 『섬광세계—텔레비젼 현상에 대한 에세이』, 한울, 2005.
6 영화의 기술적 규정으로부터 출발했지만, 기술이 낳은 새로운 가능성을 주목하고 이로부터 영화에 고유한 표현적 양식인 '몽타주' 기법이 자리를 잡게 된 것이다. 바로 이런 점에서 슈넬(R. Schnell, 2005)은 몽타주 기법에 의한 경험을 영화만이 지닌 고유의 미학적 경험으로 평가하고 있다.

따라서 매체가 생산하는 이미지의 고유성에 대한 이해는 그 매체와 매체가 사용하는 기술적 특성들에 대한 이해에서 출발하지만, 여기서 나아가 이 특성에 기반해서 진화된 각 매체의 표현 방식을 이해함으로써 가능하다. 이는 들뢰즈(G. Deleuze, 1986)가 고전영화를 통해 수행했던 분석의 방법과도 상통한다고 할 수 있을 것이다. 이처럼 매체와 텍스트는 그것이 기반한 기술적 장치들과 방식의 위에서 새로운 표현 양식을 만들어 냄으로써 텍스트의 수용자에게 고유한 경험을 만들어낸다. 여기서 하나의 매체와 텍스트의 기술적 정의와 경험적 정의의 통합적 이해의 영역이 존재한다. 이 이해의 영역에 '이미지' 개념이 존재한다.

베르그송(H. Bergson, 1993)은 이미지를 통해 주관과 객관에 대한 오랜 철학적 논쟁에 대한 대안을 제시하는데, 그에 따르면 이미지란 "하나의 텍스트가 매체를 통해 주어질 때 거기서 순수한 이념이 아닌, 외적으로 존재하지 않는 그 텍스트의 생산물"이다. 즉 개인의 주관적 상(象)이 아니라는 점에서 이미지는 완전히 주관의 영역에 속하지도 않으며, 동시에 외적으로 존재하지 않는다는 점에서 객관의 세계에 속하지도 않는다.

그렇다면 영화 역시 일정한 이미지를 생산한다고 볼 수 있다. 하지만 그는 영화가 생산하는 이미지에 대해 부정적으로 평가한다. 영화라는 광학적 기술에 기반한 매체에 대해 그 물리적 재현 형태와 텍스트가 생산한 이미지 사이의 차이를 인정하지 않는다. 즉 그는 시간 속에 순간을 기준으로 공간을 자르고서 얻은 단면은 그 자체가 정지된 것이고 이로부터 운동을 재현하는 것은 불가능하다고 보기 때문에, 현실의 광학 장치로서의 영화가 만들어내는 이미지를 '거짓 운동'으로 규정한다.

이처럼 이미지가 주관과 객관의 통합적 영역에 존재함을 지적한 그가 유독 영화에 대해서 엄격한 기준을 적용한 것은 재론의 여지가 있다. 들뢰즈는 바로 이런 점에서 베르그송의 영화 비판에 대해 수정을 가한다. 그는 영화가 1초에 24콤마의 포토그램으로 성립되지만, 관객이 경험하는 것은 정지된 포토그램의 연속이 아니라 '이미지-운동(image-movement)'이라 개념 짓고, 기술적 장치 및 방식의 문제와 그것에서 만들어지는 경험의 문제를 분리한다. 이전 텍스트들이 지니는 경험의 간접적 전달에 비해 영화는 직접적 경험의 전달을 의태(擬態)한다. 그러나 의태는 어디까지나 의태일 뿐이다. 여전히 직접적 경험의 전달은 아니다. 매체가 직접적 경험의 전달이라는 모습을 보다 강하게 의태한다고 해서 그것이 실재를 투명하게 전할 수는 없다.

들뢰즈는 영화의 고유한 매체성을 단순히 '거짓된 이미지'로 이해했다는 점에서 베르그송을 비판하고, 운동과 이념이라는 의식과 세계 사이의 벽이 무너지는 상황에 대해 이야기함으로써 오히려 베르그송의 문제 의식을 영화에까지 끌어들여 새로운 매체에 걸맞은 이미지 해석의 가능성을 제시한다. 이 과정에서 들뢰즈가 보여준 이미지의 구체성에 대한 해석, 즉 매체의 텍스트 전달 방식, 혹은 전달의 기술적 고유성에 따라 다양한 '이미지'가 창출되고 그것이 결국 매체의 고유성을 드러낸다는 영화의 발전 과정에 대한 해석은 컴퓨터 게임 연구에 있어서도 중요한 시사점을 준다.

3. 놀이, 컴퓨터, 컴퓨터 게임

컴퓨터 게임은 범박하게 놀이에서 출발한다. 놀이는 인간의 본원적 행동으로 인간은 놀이를 통해 문화를 만들어 왔다.[7] 그런데 놀이는 가장 오래된 경험의 축적임에도 불구하고 텍스트화의 과정에서 온전한

---

7 Huizinga, J., *Homo Ludens* – A study of the play Element in Culture, The Beacon Press, 1955.

지위를 차지할 수 없었다. 다른 감각적 경험들이 새로운 기술적 기반 위에서 직접적 전달의 방식을 의태하는 형태로 텍스트화되어가는데 비해 놀이만은 여전히 경험의 직접성을 의태할 수 없기 때문이다.

일반적으로 텍스트화의 과정을 겪은 경험들은 외부에서 발생하여 텍스트 수용자에게 전달된다. 외부의 발생을 의태할 수 있다면, 수용의 방식은 동일하기 때문에 기술은 언제나 수용자 밖에서 어떻게 경험의 원천, 시각이나 청각을 생산할 수 있는가의 문제로 집중된다. 이에 비해 놀이는 오직 수용자의 행동을 통해서만 경험의 대상을 생산한다. 놀이에서는 경험의 과정에서 경험의 대상에 대한 생산과 소비가 동시에 발생한다. 결국 기존의 수용자 외부에서 대상을 생산하는 기술로는 놀이의 경험을 텍스트화하는 것이 불가능하다.

그렇다면 놀이의 텍스트화는 지금까지와는 전혀 다른 기술이 요구되는데, 즉 컴퓨터 기술이 등장하면서 비로소 텍스트화가 가능해진다. 정보의 투입과 산출 과정이 주어진 알고리즘에 의해 자동적으로 처리되는 컴퓨터 기술의 등장으로 우리는 특정 형식의 과제를 반복적으로 수행하는 대신, 과제의 해결을 위한 매뉴얼을 만들고 알고리즘을 구성하여 정보들을 투입하기만 하면 된다. 반복적으로 이뤄지는 행위나 그래서 정해진 모델 위에 주어진 정보에 따른 결과의 산출은 컴퓨터의 몫이다.

컴퓨터 기술은 몇 가지 흥미로운 가능성을 보여주는데, 예를 들면 어떤 그래픽 프로그램이 사용자의 마우스 움직임을 정보의 투입으로 받아들여 마우스의 위치에 대응하는 모니터의 특정 위치에 검은 점을 그리도록 설계되어 있다고 가정해보자. 사용자가 마우스를 좌우로 움직이면 화면에는 하나의 선이 그려지게 된다. 마우스의 움직임과 모니터에 그려진 선 사이에는 프로그램된 논리관계가 존재한다. 사용자는 이 과정을 통해 종이 위에 연필로 선을 그을 때와 동일한 경험을 하게 된다.

종이 위에 연필로 선을 긋는다는 건 연필에 있는 흑연의 탄소 입자가 종이를 구성하는 섬유 입자에 남기는 물리적 행위다. 여기에는 자연의 물리적 운동이 존재한다. 이 자연성이 연필에 선을 긋는 행위에 대해 우리 대부분이 그 과정에 대한 의문을 지니지 않은 채 받아들이는 이유다. 행위의 대부분이 이처럼 행위와 결과에 대한 직접적 연관 관계에 기반한다. 이런 오랜 경험은 마우스로 모니터에 선을 긋는다는 행위에 대해서도 의문 없이 작동한다. 마우스의 움직임과 모니터에 점을 표시한다는 별개의 행위와 결과를 프로그램이 하나의 과정에서 나타나는 투입과 산출로 연결시키면 우리는 그것을 자연스럽게 하나로 받아들인다.

영화의 몽타주가 각기 다른 장면을 시간적으로 배열하는 것만으로 제3의 운동 경험을 제공하듯이, 컴퓨터 기술은 각기 다른 정보 투입의 행위와 산출된 결과를 알고리즘을 통해 연결시킴으로써 전혀 다른 행위의 경험을 만들어낸다. 마우스를 움직이는 동작은 단순한 선긋기에서 마을 안쪽에서 입구로의 이동 경로가 되기도 하고, 제거해야 할 적을 선택하는 공격 명령이 되기도 한다. 이제 컴퓨터 기술을 통해 놀이과정의 모든 행위 경험을 컴퓨터 게임에서 그대로 재현할 수 있게 된다.

물론 기술적 측면의 가능성만으로 놀이의 텍스트화, 즉 컴퓨터 게임이 만들어지진 않는다. 컴퓨터 게임은 놀이의 모든 행위를 수행할 수 있는 것처럼 경험되지만, 이 모든 경험은 게이머에 의해 주도 혹은 주동되어야만 가능하다. 놀이는 자유행위이기에 게이머에게 강제할 수는 없다. 게이머가 매순간 선택하고 판단하고 결정하지 않으면 어떤 놀이행위도 이루어지지 않는다. 이 딜레마를 해결하기 위해 컴퓨터 게임은 행위의 계기를 게이머에게 제공하는 형태로 발전한다.

최초의 게임들의 살펴보면, 단순히 반동하는 한 개의 점을 형상화한 〈두 사람을 위한 테니스(Tennis for Two)〉(1958)라는 제목에서 게임의 표상을 지칭함으로써 게이머에게 무엇을 해야 할지를 지시한다. 즉 게이머는 일정한 명령에 따라 좌우로 움직이는 '점'을 테니스 '공'으로 간주하면서 놀이를 시작한다. 이에 비해 〈스페이스 워(Space War!)〉(1962)는 공습(攻襲)이라는 절박한 상황에 대한 배경설정과 문제를 해결하려는 본능을 결합시킴으로써 게이머의 행동을 끌어낸다.

이처럼 컴퓨터 게임에서 제공하는 행위의 계기는 다양하다. 컴퓨터 게임의 발전 과정은 행위 계기의 다양화 과정이라고 말해도 과언이 아닐 것이다. 하지만 게임이 점차 복잡해지고, 하나의 게임을 플레이하는 시간이 늘어나면서 다양한 행위의 계기에도 불구하고 지배적인 형태가 등장한다.

영국의 정신분석학자 위니캇(D. Winnicott, 1982)은 놀이를 인간이 지닌 근본적인 속성으로 보고, 생후 4개월에서 18개월에 이르는 유아들을 대상으로 분석한다. 그 결과 아이들은 엄마와 분리되는 과정에서 큰 좌절을 경험하고, 이에 대한 대응 방식으로 손가락이나 담요 등 엄마를 대신할 '이행 대상(transitional object)'을 찾게 된다. 이행 대상은 물성을 지니는 동시에 상상 속 욕망의 대상으로, 유아는 이를 통해 독립된 인격체로 거듭나는 과정에서 단절된 공간을 통일된 '잠재적 공간(potential space)'으로 변형시킨다.

이처럼 위니캇은 외부에 있는 대상을, 그 대상이 놓인 상황이나 혹은 대상의 존재적 속성으로부터 떼어내어 상상의 영역에서 받아들이고 그 속에서 행위하고, 그 결과를 다시 물리적 인과관계의 법칙으로부터 떼어내어 상상의 영역에서 해석하고 만족을 얻는 일련의 행동을

‘놀이’라 정의한다. 즉 놀이에서 얻어지는 행위의 경험은 행위의 물리적 차원에서 발생하는 즐거움만이 아니라, 놀이를 하는 행위자의 상상 속에서 맥락화되어 발생하는 즐거움까지를 포함한다.

결국 놀이는 ‘육체적 경험과 이 육체적 경험에 투사하는 의미의 결합’이며, 컴퓨터 게임이 다양한 행위의 계기들을 제공하는 과정에서 특히 주목한 것은 바로 이러한 경험들에 투사하는 의미의 결합이다. 이처럼 컴퓨터 게임은 개인의 상상 대신에 이미 다른 매체의 텍스트들에서 안정화된 다양한 의미들, 그리고 이 의미의 연쇄로서의 내러티브들을 주목하고 행위의 계기로 활용함으로써 놀이의 텍스트화를 수행할 수 있게 된다.

4. 결론

놀이는 컴퓨터 기술에 의한 행위의 가상적 재현과 게이머의 행위를 유도하기 위한 다양한 계기의 개발을 통해 컴퓨터 게임이라는 안정된 형태로 텍스트화되어 게이머에게 전달된다.

이제 다시 처음의 문제 의식으로 돌아가 보자. 모든 텍스트들은 텍스트의 물리적 성격과 텍스트 수용자의 주관적 상의 사이에서 이미지를 생산한다. 컴퓨터 게임이 텍스트화된 놀이라고 한다면, 컴퓨터 게임 역시 이미지를 생산할 것이다. 문제는 컴퓨터 게임이 생산하는 이미지의 고유성이 무엇인가 하는 점이다. 이를 이해하기 위해서는 컴퓨터 게임을 게임으로서 가능하게 하는 기술적 규정과 이 규정 위에서 발전시킨 표현의 방식에 주목할 필요가 있다.

컴퓨터 게임이 의존하는 기술적 방식은 행위에 대한 가상적 경험으로, 이를 통해 특정 행위를 하지 않으면서도 특정 행위를 하는 것으로 경험할 수 있게 된다. 또한 행위 주체를 대신해서 행위의 의미와 그 복합체로서의 내러티브를 투사함으로써 게이머는 놀이에 대해 주관적인 해석이 아닌 공통의 의미 경험이 가능해진다. 이러한 각각의 층위들이 중층적으로 작동함으로써 게이머는 컴퓨터 게임을 통해 놀이 행위를 경험할 뿐만 아니라, 일정한 서사적 맥락과 정서적 감동까지도 경험하게 된다. 바로 여기서 컴퓨터 게임이 만들어내는 이미지의 고유성이 결정된다고 볼 수 있으며, 이에 따라 컴퓨터 게임이 생산한 이미지에 대해 '놀이-이미지(play-image)'라는 명명이 가능하게 된다.

도미니끄 아브롱, 주형일 옮김, 『섬광세계』, 한울 아카데미, 2005.

랄프 슈넬, 강호진, 이상훈, 주경식, 육현승 옮김, 『미디어 미학』, 이론과 실천, 2005.

롤랑 바르뜨, 조광희 옮김, 『카메라 루시다』, 열우당, 1998.

앙리 베르그송, 이광래 옮김, 『사유와 운동』, 문예출판사, 1993.

Aarseth, E. J., *Cybertext*, The Johns Hopkins University Press, 1997.

Deleuze, G., Cinema 1 − The Movement−Image, University of Minnesota Press, 1986.

Frasca, G., Ludology meets Narratology − 'Similitude and differences between (video) games and narrative', http://www.ludology.org, 1999.

Fuller, M., & Jenkins, H., 'Nintendo® and New World Travel Writing: A Dialogue', Cybersociety: *Computer−Mediated Communicationand Community*, Sage Publications, 1995, pp.57~72.

Huizinga, J., *Homo Ludens − A study of the play Element in Culture*, The Beacon Press, 1955.

Jenkins, H., 'Complete Freedom of Movement: Video Games as Gendered Play Spaces', *From Barbie to Mortal Kombat*, The MIT Press, 1998, pp.262~297.

Jenkins, H., 'Game Design as Narrative Architecture', *First Person − New Media as Story, Performance, and Game*, The MIT Press, 2004, pp.118~130.

Jenkins, H., 'Games, the new lively art', *Hand book of Computer Game Studies*, The MIT Press, 2005, pp.175~192.

Juul, J., 'A Clash between Game and Narrative', http://www.jesperjuul.net/thesis/, 1999

Juul, J., *Half−Real: Video Games between Real Rules and Fictional Worlds*, The MIT Press, 2005.

Landow, G. P. (Ed.), *Hyper/Text/Theory*, The Johns Hopkins Press, 1994.

Murray, J. H., *Hamlet on the Holodeck*, Free Press, 1997.

Roustan, M., 'La réalité virtuelle vidéoludique', *La Pratique du Jeu Vidéo: Réalité ou virtualité?*,

L'Harmattan, 2003, pp.13~29.

Ryan, M.-L., 'Beyond Myth and Metaphor', *Game Studies*, vol.1, 2001.

Sutton-Smith, B., *The Ambiguity of Play*, Harvard University Press, 1997.

Winnicott, D. W., *Playing and Reality*, Brunner-Routledge, 1982.

四方田犬彦, 'ベルクソン・ドゥルーズ・ヴェンダース', 現代思想, 12, 1984, pp. 283~293.

ドゥルーズ, ジ., 'なぜ映畵について書くのか?', 現代思想, vol. 12, 1984, pp.246~ 251.

• 핵심어 : 컴퓨터 게임, 놀이, 자동 연산 기술, 텍스트화, 놀이-이미지

• Abstract

Anthropological Level Of Computer Game

Park, Sang Woo

Computer game transforms play into the new text form using computer technology. Humanistic layer of play means the imaginative possession of the object. Computer technology in computer game produces the motive of the imaginative possession and the elements to support the imaginative possession. 'Game—action' in computer game occurs between the imaginative possession and the artificial experience. With 'game—acition' , we produce and experience the 'play—image' as new image form.

• Key words: computer game, play, computing, textualization, play-image

컴퓨터 게임의 인간학적 층위 박상우

제2부

문화콘텐츠의 현장

'여우와 구미호' 이미지 · 형상에 관한 연구

드라마 '구미호'를 중심으로

유 현 주

고려대학교 대학원 문화콘텐츠학전공 박사과정

'여우와 구미호' 이미지·형상에 관한 연구

드라마 '구미호'를 중심으로

유 현 주

• 국문초록

　여우와 구미호는 많은 신화와 전설, 민담에서 자주 언급되는 소재의 하나이다. 그런데 설화 속의 여우와 구미호는 주로 교활하고 사악하며 잔인한 동물로 묘사되고 있다. 그러나 여우를 신성하고 지혜로운 동물, 뿐만 아니라 영험한 동물이라고 여기는 긍정적인 측면의 인식도 있었다. 따라서 여우의 장점이 부각된 이야기나 설화가 널리 회자되기도 하였고, 한양 건립에 큰 기여를 했다는 여우 이야기 등을 통해, 그 흔적을 조선시대까지도 찾아 볼 수 있다. 그러나 여우와 구미호에 대한 부정적인 인식이 압도적으로 우위를 점했고, 그들에 대한 부정적인 인식을 바탕으로 1977년에 최초로 여우의 변형인 '구미호' 소재 드라마인 〈전설의 고향─구미호〉가 제작되었다. 이후 1990년대까지 인간의 세계를 동경하여 인간이 되고자하는 여우의 시도와 목적 달성의 실패, 그로 인한 좌절을 안고 인간의 약속 위반을 배신으로 여기며 뒤돌아서

거나 죽어가는 '구미호'가 제작되었다.

그러나 2000년대에 제작된 구미호 소재의 드라마는 이전과는 달리 보다 구미호의 시각에서 전개되는 스토리와 이전에 비해 더욱 인간답고 긍정적인 구미호의 모습을 보여 주고 있다. 이러한 구미호의 변화에서 자연과 다른 존재들을 바라보는 우리의 인식의 변화를 찾아볼 수 있다.

첫째, 인간 중심적 세계관의 탈피이다.

둘째, 자연관과 환경관의 개념 확대이다.

셋째, '우리' 영역의 확장이다.

이러한 변화로 여우와 구미호 콘텐츠의 활성화 가능성도 모색할 수 있게 되었다.

현재 많은 지역 단체와 마을들이 지역과 마을의 문화콘텐츠화를 위한 노력으로 지역자원을 찾아 활용하는 방안에 많은 관심을 기울이고 있고 이는 각 지역의 축제, 관광, 생산품의 다양화와 스토리텔링을 통한 브랜드화 등으로 이어지고 있다. 그럼에도 불구하고 여우와 구미호에 대한 부정적인 인식으로 인해 여우와 관련된 콘텐츠나 원천자원의 활용은 전무한 상태이다. 다행히 2010년 드라마 〈구미호: 여우누이뎐〉과 〈내 여자친구는 구미호〉는 여우와 구미호에 대한 인식의 긍정적 변화를 보여주고 있다. 또한 이러한 변화는 '여우와 구미호' 콘텐츠를 문화콘텐츠산업에 활용할 수 있는 가능성을 제시하였다.

1. 서론

매년 여름이면 여름용 납량특집극이 방영된다. 시원하게 웃어보자는 코믹물도 있지만 대부분 간담을 서늘하게 하여 잠시나마 더위를 피해보자는 목적으로 공포물을 제작하고, 많은 이들이 이를 즐긴다. 우리 전통 소재 중에 드라마로 제작되는 여름용 납량물의 단골 소재의 대표가 여우가 변화된 형태인 '구미호'임에는 이견이 없을 것이다. 실제로 중장년층은 어린 시절, 할아버지와 할머니가 들려주시던 '구미호' 전설 또는 설화를 통해 한여름밤을 재미와 공포 속에 보내던 기억이 있을 것이다. 그런데 왜 우리는 여우와 구미호를 늘 교활하고 사악하고 잔인한 동물로 기억하고 있을까? 어린 시절, 여우고개를 넘어가려면 기분이 묘하게 나빠지며 두려움에 떨었다. 이러한 여우와 구미호에 대한 부정적인 인식을 바탕으로 1977년에 최초로 여우의 변형인 '구미호' 소재 드라마인 〈전설의 고향-구미호〉가 제작되었다. 이후 1990년대까지 인간의 세계를 동경하여 인간이 되고자 하는 여우의 시도와 목적 달성의 실패, 그로 인한 좌절을 안고 인간의 약속 위반을 배신으로 여기며 뒤돌아서거나 죽어가는 '구미호'가 제작되었다.

그러나 조선시대 초기 이전에는 여우를 신성하고 지혜로운 또한 영험한 동물로 인정하는 경향도 있었다. 따라서 여우의 장점이 부각된 이야기나 설화가 회자되기도 하였고, 그 흔적을 조선시대까지도 찾아볼 수 있다.[1] 그러나 여우의 본능이 지나치게 영특하다고 느낌으로 인

---

1 김종대는 "강감찬의 모친이 여우였다는 것은 여우가 신비로운 동물이었기 때문에 가능하다. 그런 면에서 고려시대에 도교가 활성화된 시기에는 여우가 긍정적이었을지도 모른다"고 하며 조선의 건국에 간여한 배극렴을 도와준 백여우 이야기를 또 하나의 긍정적인 예로 들고 있다. 또한 "후자의 예를 그대로 수용한다면 부분적으로는 조선 초까지도 여우가 긍정적이었음을 알 수 있고, 따라서 보다 후대인, 여우가 구미호와 같이 둔갑하여 사람들을 괴롭힌다는 이야기가 보다 확대 전승되는 시기에 와서 이러

해 인간의 생활양식과 여우의 습성, 속성이 마찰을 빚으며 여우에 대한 부정적인 인식과 편견이 증가하게 되었다. 이는 현재까지 많은 지역과 다양한 이야기 속에 산재해 있는 여우 관련 콘텐츠의 활용을 가로막는 원인이 되고 있다. 그러나 다행히 2000년대에 제작된 구미호 소재의 드라마는 이전과는 달리 보다 구미호의 시각에서 전개되는 스토리와 이전에 비해 더욱 인간답고 긍정적인 구미호의 모습을 보여 주고 있다.

따라서 본고에서는 우선 여우에 대하여 일반적으로 가지고 있는 긍정적·부정적 인식의 근거를 찾아 분석해보고 그 원인을 찾아볼 것이다. 다음으로 2000년대에 제작된 '구미호' 소재 드라마를 스토리, 주요 등장인물, 구미호의 목적, 구미호의 특성, 구미호의 행동방식, 드라마의 결말로 세분하여 분석하고자 한다. 이는 드라마 '구미호'의 변화에 따라 엿볼 수 있는, 현대인들의 인간 중심적인, 나 그리고 우리와 다른 것에 대한 배타적인 가치관의 변화에 대한 고찰로 이어질 것이다. 끝으로 여우와 구미호에 대한 편견의 긍정적인 변화가 '여우와 구미호' 콘텐츠의 활성화와 활용에 어떤 영향을 미칠 수 있는지 살펴볼 것이다. 이는 기록과 근거를 통해 여우와 구미호에 대한 긍정적인 개념들을 재발견하고 재정립하는 계기가 될 것이고, 현재 사장되어 있는 수많은 여우와 구미호 관련 지역자원과 콘텐츠를 문화콘텐츠산업에, 특히 지역활성화사업에 활용할 수 있는 계기가 될 것이다.

한 부정적인 면모가 확고하게 자리 잡게 되었을 것이다."라는 의견을 보이고 있다(김종대, 「강감찬과 安倍晴明의 출생과 성장담을 둘러싼 문화적 교류양상」, 『한국민속학』 36, 2002, 106~107쪽).

2. 여우와 구미호[2])에 대한 일반적 인식

신화, 전설 그리고 민담에 등장하는 동물들은 대부분 긍정적인 이미지와 부정적인 이미지를 모두 가지고 있다. 예를 들어, 거북·기러기·까치·사슴·제비·잉어·학 등은 긍정적인 측면을, 고양이·양·여우·올빼미 등은 부정적인 측면을 강하게 드러내고 있다.[3] 그중 여우는 부정적인 이미지를 가진 동물 중 가장 많은 설화에 등장하며 유독 부정적인 이미지가 강하게 표출되는 동물이다. 따라서 여우의 변형인 구미호에 대한 인식도 매우 부정적이다. 이명현에 따르면 "인류사회 초기에는 구미호에 대한 다양한 인식이 공존하고 있었으나, 인간의 인지가 발달하면서 경이로운 능력을 가진 자연대상물을 부정적 적대자로 인식하여 구미호의 부정적인 모습이 강조되고"[4] 있다고 한다. 이는 또한 여우에 대한 인식에도 해당되는 것이다.

2.1. 여우와 구미호에 대한 긍정적 인식

여우는 현재 우리가 인식하고 있듯이 교활하고 사악하며 음흉한 속성을 가지고 사람에게 해만을 끼치는 존재가 아니었다. 오히려 상서로

---

2 구미호는 여우가 오랜 시간 또는 수련과 같은 어떤 과정을 거쳐 획득한 형태이다. 그러나 그 본질은 여우라는 공통점을 지니고 있다. 구미호는 여우와 같은 속성을 지닌, 그러나 여우보다 뛰어난 능력을 지닌 존재이다. 따라서 구미호가 여우와 완전한 일치를 이루는 형태가 아님에도 불구하고 뛰어난 능력을 가진 '여우' 로서의 '구미호' 라는 소재로 많은 이야기와 극 속에 등장한다. 본고에서도 여우와 구미호를 특별히 구분하지 않고 동일한 존재라는 인식하에 논의를 이어가고자 한다.

3 김종대, 『우리 문화의 상징세계』, 다른세상, 2001 참고.

4 이명현, 「이물교혼담에 나타난 여자요괴의 양상과 문화콘텐츠로의 변용─구미호이야기를 중심으로」, 『우리문학연구』 제21집, 우리문학연구회, 2007, 139쪽.

운 동물로 여겼으며 지혜와 박식의 상징으로 인식되기도 했다. 이와 같은 예를 다음에서 찾아 볼 수 있다.

첫째, 『산해경·남산경(山海經·南山經)』에 보이는 여우처럼5) 매우 영험한 힘을 발휘하기도 하였다.

둘째, 동주시대의 『시경(詩經)』의 경우에서처럼6) "여우는 주로 남녀의 애정을 노래한 가사에서 나타나 발랄하고 건강한 남녀의 심정에 대한 메타포로 작용"하였다.

셋째, 동진(317~420)의 곽박(郭璞)이 『산해경·대황동경(山海經·大荒東經)』에서 "천하가 태평하면 구미호가 나타나니 상서로움의 징조가 된다"고 주를 달았던7) 경우나 우임금과 결혼한 한 구미호 형상의 도산씨 이야기에서 보이듯이 상서로움이나 길조의 상징으로 인식되기도 하였다.8)

---

5 다시 동쪽으로 가면 靑丘山에 이른다. 이 산에는 꼬리가 9개 달린 여우처럼 생긴 짐승이 사는데, 아기 울음 소리를 내며 사람을 잡아먹는다. 하지만 사람이 이 구미호의 살점을 먹으면 안전하고 길운이 들어와 요사스러운 기운에 빠져들지 않게 된다(예태일·전발평 지음, 서경호·김영지 옮김, 『산해경』, 안티쿠스, 2008, 17쪽).

6 『詩經』「위풍(韋風)」의 시, '여우(有狐)' : 여우가 어슬렁어슬렁 기수 돌다리 위를 어정거리네. 마음의 근심은 그이 바지가 다 떨어지지나 않았을까 하는 것.
　『詩經』「재풍(齊風)」의 시, '南山' : 남산은 높다란데 수여우가 어슬렁거리고 있네. 노나라로 가는 길 평평한데, 제나라 임금의 딸이 이 길로 시집갔다네. 이미 시집가 버린 것을 어째서 또 그리워하는가!
　(김학주 옮김, 『시경(詩經)』, 명문당, 2002, 165·220쪽).

7 김지선, 「한·중·일 여우 이야기에 대한 비교학적 고찰」, 『중국어문논총』 제29집, 중국어문연구회, 2004, 503쪽.

8 우는 서른이 되도록 아내가 없었다. 그는 涂山에 도착한 뒤에 결혼할 시기를 놓쳐서 백성들이 따를 제도가 없어질까 걱정이 되어 이렇게 말했다. "내가 아내를 맞으려면 좋은 징조가 있어야 한다." 말이 끝나자마자 하얀 구미호 한 마리가 우의 앞으로 걸어나왔다. 그러자 우가 매우 기뻐하며 말했다. "흰색은 내가 입어야 할 옷을 가리키고, 아홉 꼬리는 내가 왕이 될 증거다." 그 후 우는 도산에서 아내를 맞이했으니, 여교(女

넷째, 신인의 모습으로 나타나 원광법사의 중국 유학을 유도했던 여우 이야기[9]와 강감찬 출생설화[10]의 예에서 보듯이 여우는 "자연의 근원적 힘, 특히 지혜와 관련한 풍요를 암시한다."[11] 여우가 은혜를 갚기 위해 명당을 잡아주었다는 이야기인 「여우가 잡아준 묫자리」[12], 「제비혈과 여우혈 집터로 부자된 최진사」[13] 등도 같은 예로 볼 수 있다.

끝으로, 여우와 구미호는 박식함을 상징한다. 그 예로 『수신기(搜神記)』 권 18의 「호박사 이야기」[14], 「신승의 도움으로 구미호에게 죽음을 면한 서경덕」[15], 「여우의 몸에서 태어난 강감찬장군」[16], 「여우의 구슬」[17]을 통해 여우가 풍수가나 학자와 관련된 이야기가 전해지고 있다.

이외에도 여우와 구미호에 관한 긍정적 인식을 보이는 설화로는 여

嬌)와 여수(女脩)가 그들이다. 그때 나타났던 구미호는 바로 청구국의 신수였다(예태일 · 전발평 지음, 앞의 책, 238~ 259쪽).

9 일연 지음, 김원중 옮김, 『삼국유사』, 을유문화사, 2003, 421~424쪽.

10 한국정신문화연구원, 「여우의 아들 강감찬의 이적」, 『한국구비문학대계』 7-8(청리면편), 1980, 762~770쪽.

11 한국문화상징사전편찬위원회, 『한국문화상징사전』, 동아출판사, 1992, 472쪽 참고.

12 박종익, 『한국구전설화집 3』, 민속원, 2000, 205쪽.

13 한국정신문화연구원, 『한국구비문학대계』 5-6(태인편), 1980, 205~210쪽.

14 오(吳) 땅에 서생 하나가 있었다. 머리가 희었으며 그를 호박사(胡博士)라 불렀다. 그는 학생들을 가르치는 자였다. 그러던 어느 날 갑자기 그가 어디로 사라져 버렸다. 9월 9일, 선비들이 서로 무리지어 산에 올라 유관(遊觀)할 때, 어디서 책 읽고 가르치는 소리가 들렸다. 종복에게 명하여 찾아보게 하였더니, 빈 무덤 속에 많은 여우들이 줄지어 둘러앉아 있다가, 사람을 보자 모두 도망쳤다. 다만 늙은 여우 한 마리만이 가지 않고 버티고 있었다. 그가 바로 흰머리 선생이었다.
干寶 엮음, 임동석 옮김, 『수신기(搜神記)』 3권, 동서문화사, 2001, 1303쪽.

15 김동욱 옮김, 『동패락송(東稗洛誦)』, 아세아문화사, 1996, 457~462쪽.

16 최운식 외 3인, 『한국구전 설화집』 6 홍성편 I, 민속원, 2000, 96쪽.

17 위의 책, 102쪽.

우를 아내로 맞아 행복한 삶을 누리는 「천년 묵은 여우와 팔백이 이 야기」[18])와 이와 비슷한 「천년 묵은 여우와 의리를 지킨 남자」[19]), 한 양을 건국한 여우 여인 이야기인 「배극렴을 도운 백여우」[20]), 「새 서 울을 짓게 한 여우」[21]) 등을 들 수 있다.

2.2. 여우와 구미호에 대한 부정적 인식

그러나 여우와 구미호에 대해서는 긍정적인 인식보다는 부정적인 인식의 경우가 더 많다.

우선 여우와 관련된 속담을 살펴보자.

> 여우가 뒷산에 울면 쌍초상이 난다.
> 앞산에서 여우가 울면 부음이 들고 뒷산에서 여우가 울면 사람이 죽는다.
> 북쪽에서 여우가 울면 그 동네에 초상이 생긴다.
> 밤에 여우가 울면 불길하다.
> 여우가 마실(마을)을 내다보고 캥캥 울면 동네 불난다.
> 여우가 몹시 울면 동네의 병자가 죽는다.
> 여우가 수백 년 묵으면 도술 한다.
> 여우가 앞질러 가면 사람이 죽는다.[22])

---

18 정신문화연구원, 「천년 묵은 여우와 팔백이 이야기」, 『한국구비문학대계』 7-13(대구
  시편), 1980, 639~645쪽.
19 정신문화연구원, 「천년 묵은 여우와 의리를 지킨 남자」, 『한국구비문학대계』 7-2(외
  동면편), 1980, 104~114쪽.
20 정신문화연구원, 「배극렴을 도운 백여우」, 『한국구비문학대계』 6-3(점암면편),
  1980, 577~583쪽.
21 정신문화연구원, 「새 서울을 짓게 한 여우」, 『한국구비문학대계』 1-7(양도면편),
  1980, 758~760쪽.
22 반면 '여우가 앞질러 가면 재수가 좋다' 라는 속담은 여우의 행동에 대한 상반된 해
  석을 보여준다.

여우가 조상 묘를 파면 자손에게 해가 된다.[23]

다음으로 사람의 부정적인 성향이나 일상적이지 않은 자연현상을 여우에 빗대어 쓰는 말이다. "요사스럽고 아첨하는 것을 '호미(狐媚)', 간신배를 '호서배(狐鼠輩)'라고 하며, 간사하고 약아빠진 사람을 '여우같은 인간' 또는 '백여시'라고 한다.[24] "볕이 나있는 상태에서 잠깐 오다가 그치는 비를 '여우비', 비나 눈이 오다가 잠깐 볕이 났다가 이내 구름에 가려지는 볕을 '여우볕', 이 두 현상을 '여우가 시집간다'고 하는데, 이런 것들은 모두 여우가 변덕이 심하고 요망하다는 생각에서 나온 말이다."[25]

또한 많은 예가 기록으로 남아있다.

- 동한시대(22~220년) 허신(許愼 : 58경~147경)의 『설문해자(說文解字)』에서는 "여우는 요사스러운 동물이다. 귀신이 그것을 타고 다닌다."고 하였다.[26]
- 『삼국사기』 권 제15 고구려본기 제3의 왕이 평유원(平儒原)에서 사냥하는데 뒤따르며 우는 흰여우에게 활을 쏘았으나 맞히지 못하고 무사(巫師)에게 물었다. 무사는 여우는 요망스러운 짐승이니 길한 징조가 아니나 임금이 공구수성(恐懼修省)하라는 하늘의 계시로 덕을 닦으면 화가 복이 될 수 있다는 고구려 7대 차대왕과 관련된 기록[27]
- 『삼국사기』 권 제28 백제본기 제6의 백제 의자왕 때 여러 마리의 여

---

23 손정혜, 「여우변신설화연구」, 연세대 대학원 국어국문학과 석사학위논문, 1996, 12쪽.
24 정윤수, 「〈구미호퇴치설화〉의 소설적 수용양상」, 『한림정보산업대학논문집』 제30집, 2000, 20쪽.
25 한국문화상징사전편찬위원회, 앞의 책, 473쪽.
26 김지선, 앞의 논문, 507쪽.
27 김부식 지음, 신호열 옮김, 『삼국사기』, 동서문화사, 2007, 320쪽.

우가 궁중에 들어왔는데, 그중 흰여우 한 마리는 상좌평의 책상에 앉
았다는 기록[28]

- 『삼국유사』 권2 기이 제2의 서해의 신인 용 가족의 간을 빼는 늙은 여
  우를 활로 물리친 거타지 설화[29]

- 『삼국유사』 권5 신주 제6의 밀본법사가 늙은 여우를 물리치고 선덕왕
  덕만의 병을 낫게 했다는 설화[30]

- 『고려사』 1의 고려 세계의 고려 태조 왕건의 조부인 작제건이 아버지
  를 찾아 당나라를 향해 가다가 서해의 용왕을 괴롭히는 늙은 여우를
  활로 쏘아 없애고 용왕의 사위가 된다는 설화[31]

끝으로 총 118편이 수록되어 있는 『한국구비문학대계』의 여우 관련
설화와 그 내용을 살펴보자. 이는 『한국구비문학대계』를 참고로 등장
인물과 구조를 중심으로 크게 12종류로 분류한 최유정의 의견을 따르
기로 한다.

---

28 위의 책, 518쪽.

29 (…)거타지는 수심에 잠겨 섬에 서 있는데 갑자기 한 노인이 물속에서 솟아 나와
   말하였다. "나는 서해의 신 약(若)인데, 나라마다 승려 하나가 해가 뜰 무렵 하늘에
   서 내려와 다라니를 외면서 이 못을 세 바퀴 돌면, 우리 부부와 자손들이 모두 물
   위에 떠오른다오. 그러면 그는 내 자손의 간장을 모조리 먹어 치운다오. 이제 우
   리 부부와 딸 하나만 남았소. 내일 아침이면 반드시 또 그가 올 테니 그대가 쏘아
   주시오."
   거타지가 말하였다. "활 쏘는 일이라면 내 특기이니 명령대로 하겠습니다." 그러자
   노인은 고마워하고는 사라졌다. 거타지는 숨어 엎드려 기다리고 있었다. 이튿날 동
   쪽이 밝아오자 과연 승려가 나타나 이전처럼 주문을 외면서 늙은 용의 간을 빼려 하
   였다. 이때 거타지가 활을 쏘아 맞히니, 즉시 늙은 여우로 변해서 땅에 떨어져 죽었
   다(일연 지음, 앞의 책, 192~193쪽).

30 (…)밀본이 (왕의) 침실 밖에서 『약사경』을 다 읽자, 가지고 있던 육환장이 침실 안으
   로 날아들어 늙은 여우 한 마리와 승려 법척을 찔러 뜰 아래로 거꾸로 내던지니, 왕
   의 병이 곧 나았다(일연, 위의 책, 500쪽).

31 동아대학교 석당학술원, 『고려사』, 경인문화사, 2008, 17~19쪽.

설화의 유형 구분	수록 편수	설화의 유형 구분	수록 편수
여우누이	25	명당에 나타난 여우	7
여우구슬	24	변신한 여우 때문에 망하기	4
강감찬이 퇴치한 신랑 여우	14	한시로 구미호를 알아낸 처녀	4
강감찬의 출생	14	아내 노릇하다 사람 된 여우	3
둔갑한 여우 잡는 소금장수	10	새 서울 짓게 한 여우	3
이인의 변신여우 퇴치	8	강태공이 퇴치한 변신여우	2

이 중 긍정적 인식과 결과를 보이는 이야기는 「강감찬의 출생」, 「새 서울 짓게 한 여우」, 「아내 노릇하다 사람 된 여우」 3종류 34편에 불과하다. 반면 「강감찬이 퇴치한 신랑 여우」, 「강태공이 퇴치한 변신여우」, 「한시로 구미호를 알아낸 처녀」, 「둔갑한 여우 잡는 소금장수」, 「여우누이」, 「이인(異人)의 변신여우 퇴치」, 「변신한 여우 때문에 망하기」, 「명당에 나타난 여우」, 「여우구슬」의 84편은 모두 부정적 인식의 여우와 관련된 이야기이다.

2.3. 여우에 대한 편견 유발 원인

여우에 대한 긍정적 평가와 인식, 부정적 평가와 인식이 모두 존재하나 "오래 묵으면 흉측한 조화를 부려 인간들에게 악영향을 미치는 상대악적인 존재로 인식되어 왔고, 심지어 한 마을이나 국가를 혼란에 빠트리기도 하는 존재"[32]로 인식되어 온 것은 사실이다. 그러나 설화나 기록에 나타나는 여우나 구미호의 모습이 인간보다 강하고 월등한 위치를 점하고 있다고 볼 수는 없다. 여우가 인간을 해칠 수 있는 능력을 소유한 존재로 등장하나 결국에는 인간에게 속임을 당하거나 배신

---

32 정윤수, 앞의 논문, 22쪽.

을 당하고 사라지는 존재로 묘사되기 때문이다.

여우는 "꾀가 많은데다 시각, 청각, 후각이 예민하고 수영도 잘하기 때문에 호랑이, 표범, 늑대 같은 맹수류를 피해 유라시아 대륙에 비교적 많은 수가 분포해 있다. 해당 지역에서 여우에 관한 많은 이야기가 전승되는 것은 지극히 당연한 일이고, 우리나라에도 많은 수의 여우가 서식하고 있었다."[33] 따라서 여우와 구미호에 관한 많은 이야기가 만들어지고 전승되었다. 이때 자연스럽게 접하게 되는, 다음과 같은 여우의 생김새나 속성이 여우에 관한 많은 속설과 편견을 만들어 내는 원인이 되었을 것이다.

첫째, "여우는 영리하며, 위장술 또한 동물들의 상위에 속한다고 한다. 특히 울음소리가 아이의 울음소리와 같아 사람이 잘 속는다. 여우를 잡으려고 화약을 묻거나 줄에 걸어두면, 조심스럽게 파내거나 물어서 절벽에 버릴 줄도 안다. 웅크리고 있는 고슴도치를 앞발로 굴려 물에 넣어 놀라서 날뛰면, 한쪽 발로 목을 누르고 다른 발로 껍질을 벗겨 먹는다."[34]

둘째, 먹이를 잡기 위해 끈기와 인내심으로 기다릴 줄 알고, 위험에 처했을 때는 죽은 척하거나 병든 척 하기도 한다. 또한 자신의 흔적을 지우기 위해 발자국을 꼬리로 지우기도 한다.[35]

셋째, 여우는 실제로 굴에서 생활한다. 그러나 "굴 파는 기술이 좋지 않아 오소리가 외줄한 틈을 타서 굴속으로 들어가 방뇨와 배변을 하여 굴속을 더럽혀 놓는다. 그러면 오소리는 정든 자기 굴이지만 포기하고 떠나갈 수밖에 없다. 이는 교활하고 게으름뱅이인 여우만이 사용하는 작전이며 술법이다."[36]

---

33 김연수, 『사라져가는 한국의 야생동물을 찾아서』, 당대, 2003, 47쪽.
34 한국문화상징사전편찬위원회, 앞의 책, 473쪽.
35 심우장 외, 『설화 속 동물 인간을 말하다』, 책과함께, 2008, 150쪽.
36 『한국민족문화대백과사전』 15권, 한국정신문화연구원, 1993, 168쪽.

넷째, 스스로 굴을 팔 때도 상대적으로 굴을 파기 수월한 곳을 찾는다. 당연히 다른 곳보다 땅 파기가 수월한 무덤을 선호하게 된다. 자연히 "무덤 주위에 살게 되고, 그러다가 때로는 인간의 유골을 파내 말썽을 부리기도 한다."[37]

이와 같은 여우의 속성은 이를 바라보는 입장과 시각차에 따라, 영리하다고 할 수 있고 교활하다고 할 수도 있는 상반된 평가를 내릴 수 있는 요소이다. 여우는 "우리나라 전국 어느 곳에서나 볼 수 있었으며, 특히 야산 공동묘지에서는 낮에도 볼 수 있는 동물이었다."[38] 이는 여우가 깊은 산속이 아닌 마을에서 가까운 산언저리에 서식했다는 의미이다. 따라서 여우가 쉽게 굴을 팔수 있는, 상대적으로 무른 땅을 찾다보니 마을에서 멀지않은 산기슭에 위치한 무덤이나 공동묘지가 쉽게 선택될 수밖에 없었을 것이다. 따라서 조상의 묘에 대한 의식이 남달랐던 우리에게 여우는 다른 동물보다 더욱 인간을 괴롭히는 몹쓸 동물로 인식이 되었을 가능성이 많다.

3. '구미호' 관련 드라마 분석

전설이나 설화 속에 등장하는 구미호가 구체적인 스토리를 가진 영상화 작업은 1977년 여름특집으로 방영된 〈전설의 고향—구미호〉를 그 시작으로 볼 수 있다. 이후 공백기를 가지기는 했으나 1980년대, 1990년대를 거쳐 2000년대에도 여전히 구미호는 여름특집 납량물의 소재로 활

37 심우장 외, 앞의 책, 149~150쪽.
38 『한국민족문화대백과사전』, 168쪽.

용되어 왔다.[39] 그런데 여기서 주시할 점은 2000년대에 제작된 '구미호' 소재 드라마는 1990년대까지 제작된 〈전설의 고향—구미호〉의 스토리와 달리 주제나 스토리의 전개에서 확연한 변화를 보인다는 것이다. 이를 스토리, 주요 등장인물, 구미호의 목적, 구미호의 특성, 구미호의 행동방식, 드라마의 결말로 나누어 자세히 살펴보자.

3.1. 구미호의 목적

〈전설의 고향—구미호〉(2008)	구미호가 아님에도 구미호로 오인되어 희생당한 언니에 대한 복수
〈전설의 고향—구미호〉(2009)	온전히 생명을 부지하기 위해 인간 사이에서 살며 완전한 인간이 되기
〈구미호: 여우누이뎐〉(2010)	아직은 어린 딸이 살아남기에는 위험한 숲에서 벗어나 딸 여우가 완전한 여우가 되는 날까지의 안전
〈내 여자 친구는 구미호〉(2010)	인간의 삶을 동경하여 완전한 인간이 되기

---

[39] 〈구미호관련 드라마〉

방송 기간	방송사	방송명	출연 배우
1977	KBS		한혜숙
1979		미니시리즈 〈천년호〉	장미희
1980		〈전설의 고향—백년한〉	–
1984		〈전설의 고향—여우삭시〉	–
1986		〈전설의 고향—구미호〉	–
1996		〈전설의 고향—호녀〉	박상아
1997		〈전설의 고향—구미호〉	송윤아
1998		〈전설의 고향—여우골〉	노현희
1999		〈전설의 고향—구미호〉	김지영
2004.7.19~9.7		〈구미호 외전〉	김태희, 한예슬
2008		〈전설의 고향—구미호〉	박민영
2009		〈전설의 고향—구미호〉	전혜빈
2010.7.5~8.24		〈구미호: 여우누이뎐〉	한은정, 김유정
2010.8.11~9.30	SBS	〈내 여자 친구는 구미호〉	신민아

3.2. 구미호의 특성

〈전설의 고향-구미호〉 (2008)	자신이 구미호인지도 모르고 청소년기에 접어든 구미호. 순수 발랄하고 호기심이 왕성한 여느 소녀와 다름없다. 구미호로 오인 받은 언니를 죽인 집안 사람들에 대한 분노로 구미호의 본성이 발현되고, 모습이 바뀐다.
〈전설의 고향-구미호〉 (2009)	살아남기 위해 어쩔 수 없이 인간이 되길 선택한 구미호. 인간들에 대한 증오심을 숨긴 채 한 인간 남자의 아내로 변신해 살아간다. 인간의 선함을 절대 믿지 않던 그가 순박하고 성실한 남편에게 마음을 연다. 산 것을 죽이지 않고 천 일동안 인간의 아내로 살면 완전한 인간이 될 수 있다.
〈구미호: 여우누이뎐〉 (2010)	절대 모성애를 지닌 헌신적인 어머니의 모습과 요염함, 그리고 우아함을 고루 갖춘 완벽한 여인. 강하고 잔혹해 보이지만 정 많고 마음이 여리다. 차분한 성품의 전형적인 한국 여인의 특성을 지니고 있다.
〈내 여자 친구는 구미호〉 (2010)	삼신할머니가 만든 구미호로 500년 동안 그림 속에 갇혀 있다가 인간 청년의 도움으로 봉인에서 풀려나와 그와 함께 지내며 인간 세상에 적응하게 된다. 거짓말 못하고 마음이 여리며 순진무구한 구미호.

3.3. 구미호의 행동방식

〈전설의 고향-구미호〉 (2008)	궁금한 것은 못 참고, 학문 탐구에 열심인 탓에 무엇이든 직접 체득하고 해결하기를 즐긴다. 구미호가 된 뒤에 언니에 대한 복수를 망설임 없이 행동에 옮긴다.
〈전설의 고향-구미호〉 (2009)	인내심 강하고 순종적이고 헌신적인 전통적 여인상의 구미호. 마지막 순간까지 자신을 희생하려 한다.
〈구미호: 여우누이뎐〉 (2010)	인간 이상으로 인간생활에 능숙하다. 성실하고 인내하는 유형. 이상적인 여성상과 인간상을 보여 준다. 그러나 자식에 대한 모성애가 강해 자식의 안전을 위해서라면 자신의 본 모습과 본능으로 돌아간다. 순종과 인내, 공격성과 단호함의 양면을 함께 보여준다. 주어진 환경 내에서 스스로의 삶을 개척하고 계획해 나간다.
〈내 여자 친구는 구미호〉 (2010)	생기발랄, 순진무구 그 자체. 인간의 말을 그대로 신뢰하고 약속을 지키려 노력하는 구미호. 어린아이와 같은 맑은 기운을 지니고 있다. 그 누구에게도 해를 끼치지 않는, 기존의 구미호와는 다른 유형.

3.4. 드라마의 결말

〈전설의 고향 – 구미호〉 (2008)	가족에 대한 마지막 정리를 끊지 못하고 스스로 사라져 간다.
〈전설의 고향 – 구미호〉 (2009)	믿었던 남편의 배신으로 인한 인간되기의 실패와 탐욕으로 가득찬 남편이 자초한 죽음. 인간에 대한 실망과 원망을 안고 여우의 생활로 되돌아간다.
〈구미호: 여우누이뎐〉 (2010)	자신의 딸에 대한 애정이 원수의 딸에 대한 애정으로 발전한다. 원수의 딸에게 목숨을 내맡기고 원망과 한도 없이 죽어간다.
〈내 여자 친구는 구미호〉 (2010)	인간되기에는 실패하나, 인간 세상에서 사랑하는 사람과 함께 살아갈 수 있는 기회를 얻고 행복한 미래를 꿈꾼다.

4. '구미호'의 변화에 따른 가치관의 전환

3장의 분석을 토대로 구미호 유형과 드라마 내용의 변화를 다음과 같이 드라마 제작 시기별로 구분해 보았다.

① 1970~1990년대까지 드라마에 등장한 구미호들은 무서운 형상에 가공할만한 능력을 가진 초능력자였다. 게다가 사람이나 동물의 간을 탐하고 심지어는 무덤을 파헤치기도 한다. 그러나 이러한 강한 능력의 소유자가 남편 또는 정인의 배신 혹은 약속 불이행으로 '인간되기'라는 목적 달성에 실패하며 아무런 위협이나 가해 없이, 인간이 되지 못했다는 한을 안고 여우의 세계로 되돌아가거나 죽는다. 그들이 마지막으로 남긴 말은 "더러운 게 정이라더니……." 또는 "그놈의 정이 뭐길래……."와 같은 인간적인 멘트로 마무리된다. 당시의 '구미호'라는 프로그램은 누구나 아는 빤한 이야기에 빤한 결말을 가진 빤한 드라마였다. 그럼에도 불구하고 '구미호'는 한여름이면 많은 사람들이 기다

리던 단골 공포 드라마였다.

이명현은 전설의 고향에 나타나는 구미호의 한(恨)이 중심에서 벗어난 사람들이 지니는 좌절과 상실을 연상하게 했고 90년대 이전 사회적 약자에 대한 차별 의식이 아직 공고할 때 많은 이들의 공감을 얻을 수 있는 요소였을 것으로 파악하고 있다.[40]

또한 정덕현은 한 남자의 아내로서 사람 행세를 하기 위해 긴 세월을 참으며 살아가는 구미호의 모습이 가부장적 세계관에서 억눌려온 우리네 며느리들을 대변하였고, 아내로서 또 사람으로서 살려 했던 구미호가 결국은 그것을 포기하고 다시 여우로 떠나간다는 설정에서 시집살이하던 당대의 며느리들이 간접적으로 억압의 탈출을 경험한다고 하였다. 또한 뒤늦게 떠나간 구미호를 그리워하며 아쉬워하는 남편의 뒤늦은 후회는 구미호가 인간이 되기 위해(며느리가 사람대접을 받기 위해) 겪은 힘겨운 시집살이에 대한 소극적인 위안이 되었다고 하였다.[41]

그런데 당시의 "구미호에 대한 이야기들은 인간이 되고 싶은 구미호만을 다룰 뿐이지 구미호들의 정체성에 대한 고민은 나타나지 않는다."[42]

② 하지만 1999년에 〈전설의 고향-구미호〉가 제작, 방영된 후, 9년만에 등장한 2008년 '구미호'는 새로운 기대를 모았다. 드디어 1977년에 처음 스토리가 가미된 드라마용 '구미호' 설화가 새로운 스토리의

40 이명현, 앞의 논문, 159쪽.
41 정덕현, 「시대의 옷 갈아입은 구미호의 변신」, 『시사저널』 1083호, 2010.7.21.
42 이명현, 앞의 논문, 159쪽.

변신을 시도한 해이기 때문이다. 2008년 '구미호'에 등장하는 구미호는 호기심이 넘치는 꿈 많은 소녀로 등장한다. 인간이 되기를 갈구하는 여우가 아니라 당당한 인간의 모습으로 인간이 당연히 누려야 할 모든 것을 누리며 생활하고 있다. 그러나 짐승만도 못한 인간들의 행동에 실망하고 분노하며 내재된 마성(魔性)을 드러내고, 스스로 사라져 간다. 여기서 이전보다 인간 세상에 한층 깊이 접근한 구미호를 발견할 수 있다. 이전과 달리 여우와 인간의 세계가 따로 구획되고 경계 지어져 있는 것이 아니고 인간다움과 짐승다움이 혼재되어 있는 세상을 이야기하고 있다. 또한 탐욕이 깊어지는 현 시대를 풍자하며 욕망에 가득찬 인간들을 비난하고 있다.

③ 2009년 '구미호'의 전체적인 스토리 전개는 초기 '구미호'의 틀을 벗어나지 않고 있으나, 구미호가 인간이 되고자 하는 이유는 이전의 구미호가 가졌던 인간이 되고 싶다는 바람 때문이 아니라, 생명을 위협하는 인간의 추적을 피하기 위해서, 경멸하고 있던 인간 집단으로 들어 올 수밖에 없는 상황으로 설정되어 있다. 그런데 2009년의 '구미호'는 초기의 '구미호'에서처럼 마음으로부터의 배신이 아닌 약속 위반으로 인한 신뢰의 부서짐이 아니라, 육체적이고 정신적인 배신으로 인한 고통으로 인간 세상을 떠나간다. 이제 구미호에게 인간 세계는 더이상 동경의 대상이 아니다. 잔혹하고 탐욕에 물든 물질을 쫓는 군상들의 세상인 것이다.

④ 2010년에는 이전과는 확연히 차별되는 구미호 소재 드라마 두 편이 제작되었다. 〈구미호: 여우누이뎐〉과 〈내 여자 친구는 구미호〉이다. 지금까지의 구미호와는 다르게 〈구미호: 여우누이뎐〉의 구미호이

야기는 남편의 약속 위반으로 인한 인간 세상과의 이별에서 시작한다. 그리고 지금까지와는 다르게 인간과의 사이에서 딸아이를 낳아 기르고 있다. 자신을 위한 모험이 아니라 자식을 위한 어머니로서의 모험이 시작된 것이다. 인간이 되기 위한 모험이 아니라 온전한 여우가 되기 위한 모험이다. 여우는 자신의 혈육을 지키기 위해 그리고 다시 숲으로 돌아가기 위해 몸을 인간 세계에 위탁할 수밖에 없다. 그러나 이제 인간이 더욱 잔인하고 잔혹한 짐승이 되어 버렸다. 정덕현은 윤두수와 구미호가 이 과정에서 묘한 관계를 형성하였다고 말한다. "서로 욕망하면서도 한편으로는 자신들의 딸을 살리기 위해 대립하는 존재. 이 애증이 교차하는 대결 구도는 새롭게 해석된 〈구미호: 여우누이뎐〉이 현대인들과 다시 만나는 지점이고, 구미호의 이 시선은 현대의 서민들이 상류층을 바라보는 '선망과 증오'가 뒤섞인 시선과 그다지 다르지 않다."[43]는 것이다. 그는 '구미호'로 대변되는 우리의 귀신들을 보면서 무섭기보다는 정이 가고 '구미호'라는 인간이 되지 못한 반인반수의 존재에 공감하는 이유가 드라마 속의 '구미호'도 모두 시대에 의해 억압되고 핍박받는 존재들이며, 그 한에 의해 탄생한 존재들이기 때문이라고 해석한다. '그저 인간다운 대우를 받고 싶다'라는 소박한 그들의 소망이 당 시대가 갖고 있는 차별과 억압을 그대로 드러낸다는 것이다.

그런데 2010년의 구미호들은 다른 행동 유형을 보이고 있다. 여우 즉 구미호가 사람들이 사는 세상의 언저리를 배회함에 머무르지 않고 그 안으로 깊숙이 들어온 것이다. 이제 그들은 인간을 이해하고 인간과 함께 하려는 시도를—비록 실패로 끝난다 할지라도— 하고 있다. 이

---

43 정덕현, 앞의 글.

미 오래전부터 그들은 인간과의 화해와 공존을 원했는지도 모른다. 인간이 정해놓은 선과 벽으로 인해 그들은 들어오는 길을 잃었을 것이다. 2000년대의 '구미호 이야기'는 한발 한발 인간의 세상으로 발을 들여 놓고 있는 다른 어떤 것에 관한 이야기를 풀어 오고 있었다. 그런데 한 구미호가 온전히 우리 세상으로 들어왔다. 〈내 여자 친구는 구미호〉의 '구미호'이다. 우리가 사는 현대를 배경으로 흰 소복을 벗어 버리고, 깜찍하고 긴 머리에 예쁜 원피스를 나부끼며 플랫슈즈를 신고, 소고기와 뽀글이(사이다)를 즐기는 구미호가 나타났다. 게다가 그녀는 사랑도 얻었다. 인간되기에 실패한 여우, 여우의 변형이었던 구미호에서 꼬리가 하나 달린 '일미호(一尾狐)', 즉 정상적인 여우의 모습으로.

이러한 '구미호'의 변화는 우리가 자연과 다른 존재들을 바라보는 인식의 변화를 대변하고 있다.

우선, 인간 중심적 세계관의 탈피이다. 인간이 되고 싶다는 소망의 좌절에 모든 의지와 희망을 포기하고 숲으로 사라지는 1990년대 이전의 '구미호'는 이 세상과는 어떤 관련도 인연도 없는 낯선 세계, 타지의 존재로 그저 사라짐에 연민을 보내주는 정도의 소재였다. 그러나 2000년대 특히 2010년의 구미호는 이 세상에 함께 하는 존재로 그려진다. 소망의 좌절에도 인간 세상과의 중개자가 되어 주는 딸이 있고, 그 딸을 온전히 지키기 위해 인간 속에 남겠다는 ─당연하지만─ 용감한 선택을 한다. 현대판 구미호는 아예 인간 세상에 눌러 앉았다. 이 세상은 더이상 인간만의 소유물이 아니다. 식물, 동물, 사람이 서로 영향을 주고받으며 살아가는 공동의 영역이다. 그러나 인간은 '소유'를 지속적으로 주장해왔다. 이러한 "인간 중심적 세계관에 바탕을 두고 지금까지 발전해온 문명이 환경 위기를 몰아오고 있고, 문명만이 아니라 인류의 생물학적 존속까지 위협하는 상황에 이르렀다"[44] 임재해는 '먹이사슬의 논리'가 아닌 '생명그물의 논리'에서 세상을 바라보자는 주장을 한다. 동물은 인간보다 선하다는 것이다. 인간보다 나은 생명을 덜 죽이고 생태계를 덜 파괴한다. 따라서 동물관련 신화나 설화는 "인간과 동물의 관계가, 인간과 인간의 관계보다 생태학적으로 더 긴요한 관계 곧 생명을 서로 살려주는 '살림의 관계'를 이룬다고 주장한다.[45] 인간 중심적인 독점 논리의 세계관에서 자연 중심적인 생명그물 논리의 생태학적 공생원리를 바탕으로 하는 새로운 세계관이 세워지고 있다.

또한, 자연관과 환경관의 개념 확장이다.

많은 이들이 자연 보호의 중요성, 환경의 중요성을 주창하고 있다. 그런데 그들이 부르짖는 구호의 중심에는 '인간'이 자리하고 있다. "과거나 현재에 있어서나 일반사람들은 물론 최근 나타난 생태주의자들이나 환경운동가들도 일부 심층 생태주의자를 제외한 대부분의 사람들은 알게 모르게, 의도적이든 아니든 인간 중심주의를 자명하게 옳은 세계관으로 전제하고 있으며, 인간 중심적 환경관을 고집하고 있다.[46] "환경은 어떤 생물학적 주체가 자신의 목적을 달성키 위해 도구적으로 취급한 상황에서의 사물현상을 지칭한다. 그리고 자연은 인류 이외의 모든 존재의 총칭으로 볼 수 있다. 그러나 "자연은 인간이라는

---

44 박이문, 『환경철학』, 미다스북스, 2002, 117쪽.

45 임재해, 「동물보은담에 갈무리된 공생적 동물인식과 생태학적 자연관」, 『구비문학연구』 제18집, 한국구비문학회, 231쪽.

46 박이문, 앞의 책, 96쪽.

생물체를 포함한 우주 전체를 포괄적으로 지칭하기도 한다."47) 인간
의 탄생 이래로 인류가 이루어 놓은 문명과 기술은 −인간의 입장에서
볼 때− 인간이 모든 생물종 중 가장 뛰어난 존재임을 입증하고 있다.
그러나 가장 뛰어난 존재가 가장 필요하고 중요한 존재라는 의미는 아
니다. 가장 뛰어난 존재의 삶이 가장 가치가 있음을 의미하는 것은 더
더욱 아니다. 자연은 여우에게도, 다른 어떤 생명체에게도 아름답고
소중한 것이다. 여우를 비롯한 모든 생명체가 살아갈 수 있는 환경의
보존이 필요하다. 2000년대의 드라마 '구미호'는 여우와 사람의 영역
과 환경을 구분 짓지 않으려 한다. 반인반수라는 어린 여우의 딸을 통
해 숲과 마을 모두 그들이 살아가고 머물러야 할 공간임을 보여주고
있다. 산신각에서 도시로 들어온 구미호를 통해 여우의 도시 적응과정
과 훌륭히 적응해 나가는 모습을 보여주고 있다.

끝으로, '우리'의 확대이다.
　인간은 "우리"라는 용어를 사용한다. 다른 것, 다른 부류와의 한계
를 설정하는 용어인 '우리'의 영역이 넓어지고 있다. 이는 우리가 자
연을 바라보는 시각, 자연에 속해 있는 다른 생물체에 대한 인식의 변
화를 의미하기도 한다. 인간의 역사가 시작된 시기의 사람들은 자연
속의 모든 것이 인간과 평등하다고 느꼈다. 이는 생명 유지를 위해 동
물을 잡고 식물을 채취하던 사람들의 의례를 통해 짐작할 수 있다. 그
러나 인간의 기본적인 욕구가 탐욕으로 바뀌며 인간은 자신만을 위한
더 많은 것을 더 넓은 것을 원했고, 이는 '우리'라는 테두리에 자신들
의 가족, 부족, 지역, 국가 나아가 인간만을 포함하는 결과를 가져왔

---

47 박이문, 위의 책, 73~75쪽.

다. 인간 중심의 사고는 이 세상의 동등한 구성원의 위치에 있던 다른 동물들을 인간을 위해 이용해야 하는 대상으로 이해하게 되었다. 심지어 자연을 그 안에서 조화를 이루며 살아가야 하는 의지처가 아닌 인간이 조종할 수 있는 이용 대상으로 인식하게 되었다. 그런데 다른 곳에서 다른 모습으로 살던 여우(구미호)가 '우리'라는 영역 안으로 들어 왔다. 이를 현재 대한민국에서 살아가고 있는 많은 외국인과 다문화 가정의 사람, 그들의 생활, 그들에 대한 인식으로 투영해 볼 수도 있다. 단일 민족이라는 벽을 허물고 더 다양한 사람들이 들어올, 더 넓은 '우리'라는 울타리가 필요한 것이다. 아니 이젠 아예 울타리가 필요 없을지도 모르겠다.

5. '여우와 구미호' 콘텐츠의 활용 가능성 모색

현재 전국의 지방자치단체뿐만 아니라 작은 단위의 지역주민들도 자신이 속한 지역의 활성화를 위해 무엇인가 해야 한다는 열망을 불러일으키고 있다. 따라서 지역자원을 찾아 활용하는 방안에 많은 관심을 기울이고 있고, 이를 위한 많은 노력을 하고 있다. 이는 각 지역의 지역자원 확보라는 움직임을 이끌어내는 계기가 되어 각 지방자치단체뿐만 아니라 개인적으로도 자신이 살고 있는 지역에 대한 교육과 연구가 활발히 진행되고 있다. 실제로 지역자원을 축제, 관광, 생산품의 다양화와 홍보, 마케팅을 위하여 사용하고 있다. 또한 이를 활용한 스토리텔링을 통하여 지역 자체, 지역문화와 지역상품에 대한 이미지 각인 작업과 브랜드화가 이루어지고 있다.

그러나 부정적인 이미지의 자원들은 관심 밖으로 제외되어 이들과 관련된 콘텐츠나 원천자원을 활용할 조짐도 전혀 보이지 않는다. 그

예가 '각시바위'나 '여우고개', '여우골'과 같은 자원들이다. 보통 각시바위는 신랑바위와 함께 구성된다. 그러나 신랑바위가 긍정적인 인식으로 육안으로 그 모습을 확인할 수 있는 것과 대조적으로 각시바위는 나무를 빽빽이 심어 바위의 모습을 감추고 있다. 바위가 드러날 경우 '마을 여자들이 바람이 난다'는 속설 때문이다. 여우고개나 여우골이라는 지역도 그곳은 음산하고 좋지 않은 기운이 있다고 여겨 지역콘텐츠 개발 시에 처음부터 개발대상에서 제외되고 있다. 그러나 이제 여성에 대한 개념과 인식이 긍정적인 방향으로 선회하고 있다. 충남 서산시의 도예공방 '도적골'에서 한 예를 볼 수 있다. 이곳에서는 공방 주변에 위치하는 각시바위를 선녀와 관계된 콘텐츠로 활용하여 많은 호응을 얻고 있다.[48] 여성의 사회적 역할이 중요하다는 인식의 변화와 그 비중의 증가가 각시바위의 긍정적 활용을 가능하게 했을 것이다.

대한민국의 각 지역 곳곳에는 "여수고개, 여시고개, 엽시고개 등 우리나라에 '여우'라는 글자가 들어간 지명이 1,240여 개"[49]에 달한다. 여우와 관계된 전설도 곳곳에 산재해 있다. 그런데 여우 관련 자원이 활용되는 예는 전무하다. 초기의 여우와 구미호는 우월한 능력과 상서로운 이미지의 긍정적인 캐릭터였다. 이후 부정적 요소가 개입되며 많은 여우와 구미호 자원이 사장되었다.

'여우와 구미호'는 다양하게 활용될 수 있는 많은 이야깃거리를 가지고 있는 원천자원이다. 그러나 여우와 구미호가 문화콘텐츠로서 활용되기 위해서는 긍정적 인식으로의 전환이 우선되어야 한다. 이를 위

---

48 필자 조사, 2011.6.14, 오후 2~4시. 대상: 장경희, 김영자 외, 장소: 서산시농업기술센터.
49 http://cafe.daum.net/ycdongboo21/1igL/1340

해 "구미호의 한, 인간의 불신과 파국이라는 진부한 내러티브를 극복하여 인간과 구미호가 화합하는 새로운 구미호를 창조해야 한다."[50] 2010년 〈구미호: 여우누이뎐〉의 구미호는 적대적 관계를 형성했던 인간의 딸에 대한 애정을 간직하며 죽어 갔고, 인간의 딸은 구미호를 향해 '어머니'라 부르며 구미호에 대한 그리움을 간직한 채 울부짖고 있었다. 〈내 여자 친구는 구미호〉의 구미호는 인간이 되지는 못했지만, 사랑을 얻고 인간 구성원으로 이곳에 남아 행복한 미래를 꿈꾼다. 전자는 인간과 여우의 화합의 가능성을 보여주며 끝을 맺었고 후자는 이를 실현시켰다. 2010년 드라마에서 찾아 볼 수 있는 여우에 대한 인식의 긍정적인 변화와 전환이 '여우와 구미호' 콘텐츠를 문화콘텐츠산업에 활용에 기여할 수 있는 시작점이 될 수 있을 것이다.

6. 결론

구미호를 포함한 '여우'는 때로는 박식함과 영리함, 신성함으로 찬사를 받았고, 때로는 교활함과 사악함, 잔혹함으로 미움을 받았다. 그러나 긍정적 판단보다는 부정적 편견이 훨씬 큰 비중을 차지하며 사람들의 기억에 자리잡았다. 따라서 여우와 구미호를 폄하하고 두려워하는 속담과 이야기들이 만들어졌고 설화가 만들어져 전승되었다.

이와 같은 부정적인 인식을 근간으로 하여, 1977년에 처음 내러티브 구조를 갖게 된 '구미호'는 1990년대까지 스토리의 큰 변화 없이 여름 납량물의 단골 소재로 활용되었다. 당시의 구미호 관련 드라마는 인간이길 소망하는 구미호에 초점이 맞추어져 있었고 인간의 편에서 타자

---

50 이명현, 앞의 논문, 140쪽.

로서 경계 밖에 위치한 구미호에 대한 이야기만이 이어졌다. 그런데 2000년대에 제작된 '구미호'는 재구성된 스토리와 이전과는 다른 성향의 구미호와 함께 새로운 모습으로 돌아왔다. 2008년 '구미호'의 구미호는 이전 구미호의 틀을 벗어나지 않았으나, 2009년 '구미호'에 등장하는 구미호는 호기심이 넘치는 꿈 많은 소녀로 인간이 누리는 모든 것을 누리는 인간의 모습으로 재탄생되었다. 2010년에 제작된 〈구미호: 여우누이뎐〉과 〈내 여자 친구는 구미호〉의 그들은 인간 세상에 한층 더 깊이 들어왔고 우리의 삶 속에 동화되어 버렸다. 〈구미호: 여우누이뎐〉에서는 지극한 모성애를 가진 어머니와 귀여운 딸의 모습으로, 〈내 여자 친구는 구미호〉에서는 예쁘고 귀여운 그리고 안아주고 싶은 여자 친구의 모습으로 돌아왔다.

1990년대 이전의 구미호가 그들에 대한 인간의 차별과 억압에서 벗어나기 위해 인간이 되기를 바라던 구미호였다. 그러나 2000년대의 〈구미호: 여우누이뎐〉에서의 구미호는 인간 세상을 향한 갈망에서 벗어나 자식과 함께 하는 삶을 원하며 자신의 영역으로 들어가고자 하는 주체적인 여우로 변화했다. 〈내 여자 친구는 구미호〉의 '구미호'는 현시대의 젊은이들처럼 삶을 향유하기를 원한다. 이러한 구미호의 변화에서 자연과 다른 존재들을 바라보는 우리의 인식의 변화를 찾아 볼 수 있다.

우선, 인간 중심적 세계관의 탈피이다. 다음, 자연관과 환경관의 개념 확대이다. 끝으로 '우리' 영역의 확장이다. 이를 현재 대한민국에서 함께 살아가는 피부가 다르고 조상의 국적이 다른 이들을 한 울타리 안으로 포용할 수 있는 사고의 변화로 보는 것은 무리일까?

이러한 변화로 '여우와 구미호' 콘텐츠의 활성화 가능성도 모색할 수 있게 되었다.

‘여우(구미호)’는 많은 설화와 이야기 속에서 다양한 모습으로 그려지고 있다. 그러나 대부분 여우에 대한 부정적인 인식으로 ‘여우와 구미호’ 콘텐츠의 사용을 꺼리고 있다. 현재 많은 지역단체와 마을들이 지역과 마을의 문화콘텐츠화를 위한 노력으로 지역자원을 찾아 활용하는 방안에 많은 관심을 기울이고 있다. 또한 이를 각 지역의 축제, 관광, 생산품의 다양화와 스토리텔링을 통한 브랜드화 등으로 발전시키려는 시도로 나타나고 있다. 그런데 여우와 구미호에 대한 부정적인 인식으로 인해 여우와 관련된 콘텐츠나 원천자원의 활용은 전무한 상태이다. ‘여우’와 관계가 있거나 이를 의미하는 지명이 전국적으로 1,240여 개에 달하고 있으나 이 모든 자원은 개발대상에서 제외되고 있다. 따라서 2010년 드라마 〈구미호: 여우누이뎐〉과 〈내 여자 친구는 구미호〉에서 찾아볼 수 있는 여우에 대한 인식의 긍정적 변화가 시금석이 되어 ‘여우와 구미호’ 콘텐츠를 문화콘텐츠산업에 활용할 수 있는 계기가 될 수 있기를 바란다.

한·중·일 삼국에서 모두 여우와 구미호에 관한 많은 기록과 설화를 찾아 볼 수 있다. 그러나 본고는, 특히 여우와 구미호에 대한 인식 부분에서 한국의 자료를 중심으로 중국의 자료를 추가하여 작성되었다. 중국 자료 조사의 부족과 일본 자료의 누락은 더욱 폭넓고 깊이 있는 논의를 펼치지 못한 원인이 되었다. 물론 한국 자료에 대한 연구도 더욱 치밀하게 진행되어야 한다. 그러나 이후에는 한국의 자료는 물론이고, 중국과 일본의 자료를 탐구하고 보충하여, 좀 더 다양한 시각을 가지고 더욱 깊이 있는 내용의 ‘여우와 구미호’ 콘텐츠에 관한 연구를 지속하도록 하겠다.

참고문헌

1. 논문

강진옥, 「변신설화에 나타난 '여우'의 형상과 의미」, 『고전문학연구』 제9집, 한
　　국고전문학회, 1994.

김종대, 「강감찬의 출생과 安倍晴明의 출생과 성장담을 둘러싼 문화적 교류양
　　상」, 『한국민속학』 36, 2002

김지선, 「한·중·일 여우 이야기에 대한 비교학적 고찰」, 『중국어문논총』 제29
　　집, 중국어문연구회, 2004.

손정혜, 「여우변신설화연구」, 연세대학교 대학원 국어국문학과 석사학위논문,
　　1996.

이명현, 「이물교혼담에 나타난 여자요괴의 양상과 문화콘텐츠로의 변용―구미호
　　이야기를 중심으로」, 『우리문학연구』 제21집, 우리문학연구회, 2007.

임재해, 「동물보은담에 갈무리된 공생적 동물인식과 생태학적 자연관」, 『구비문
　　학연구』 제18집, 한국구비문학회, 2004.

정윤수, 「〈구미호퇴치설화〉의 소설적 수용양상」, 『한림정보산업대학논문집』 제
　　30집, 2000.

최유정, 「문화콘텐츠 소재로서 트릭스터 연구―설화, 영화, 애니메이션에 등장한
　　여우를 중심으로」, 한국외국어대학교 대학원 글로벌문화콘텐츠학과 석사
　　학위논문, 2010.

2. 단행본

김연수, 『사라져가는 한국의 야생동물을 찾아서』, 당대, 2003.

김동욱, 『東稗洛誦(동패락송)』, 아세아문화사, 1996.

김종대, 『우리문화의 상징세계』, 다른세상, 2001.

동아대학교 석당학술원, 『고려사』, 경인문화사, 2008.

박이문, 『환경철학』, 미다스북스, 2002.

박종익, 『한국구전설화집』 3, 민속원, 2000

김부식 지음, 신호열 옮김, 『삼국사기』, 동서문화사, 2007.

간보 엮음, 임동석 옮김, 『수신기(搜神記)』 3권, 동서문화사, 2011.

김학주, 『시경(詩經)』, 명문당, 2002.

심우장 · 김경희 · 정숙영 · 이홍우 · 조선영, 『설화 속 인간을 말하다』, 책과함
께, 2008.

일연 지음, 김원중 옮김, 『삼국유사』, 을유문화사, 2003.

예태일 · 전발평 지음, 서경호 · 김영지 옮김, 『산해경(山海經)』, 안티쿠스, 2008.

최운식 · 김정헌 · 배성진 · 한구, 『한국구전설화집』 6 홍성편, 민속원, 2000.

한국문화상징사전편찬위원회, 『한국문화상징사전』, 동아출판사, 1992.

한국정신문화연구원, 『한국구비문학대계』 5-6, 6-3, 7-2, 7-8, 7-13, 1980.

__________________, 『한국민족문화대백과사전』 15권, 1993.

3. 인터넷 사이트

http://www.sisapress.com/:정덕현, "시대의 옷 갈아입은 구미호의 변신", 『시사저널』
1083호, 2010년 07월 21일

http://www.kbs.co.kr/

http://www.sbs.co.kr/

http://cafe.daum.net/ycdongboo21/1igL/1340

• 핵심어 : 여우, 구미호, 드라마, 자연관, 환경관, 콘텐츠

• Abstract

The study of the image of Foxes and nine-tailed foxes, Gumiho

— Focusing on the Television drama titled 'Gumiho'

Ryu, HyunJoo

There are numerous instances of Foxes and nine-tailed foxes, Gumiho characters as subjects in many myths, legends and folktales. Foxes and Gumiho are described as very crafty, wicked and cruel animals in most of those tales. But in other view, they used to be regarded as a sacred, wise and miraculous animal. The stories and tales highlighting the good points of foxes were wide-spread, and we can see traces of that in the tales of The Joseon Dynasty through the story of a fox having helped to build the new capital city, HanYang. However the negative understanding of fox has been prevalent until now.

On the basis of those misconceptions and prejudices, A Television drama titled The Place of Legend 'Gumiho' was first produced in 1977. From then on, the popular drama continued and the 'The Gumiho' with the same characteristics and storyline from 1977 were set. In those dramas, the nine-tailed fox went back to the forest or died because of the man's(usually husband) breaking their promise of secrecy.

But the dramas about 'Gumiho' of the 2000s was differently made, so we can recognize more human-like and positive attributes of foxes and the story lines were from the viewpoints of the fox. In such a shifting of our concept of Gumiho, we can realize our way of thinking about other beings was also changed.

Firstly, we have to slough off a human-oriented view of the world.

secondly, foster the extension of an outlook encompassing nature and the environment.

Thirdly, the expansion of the concept of 'WE'.

Owing to these kinds of changes, it opened up the possibilities of effectively using Foxes and nine-tailed foxes, Gumiho characters.

Now a lot of local organizations and villagers are trying to find out the local sources of tales and practically use them in a cultural context in a way to culturally develop industries around their villages. And it is bringing forward efforts to develop their own festivals, tours and products in various fields and branding through storytelling. In spite of these good opportunities, there haven't yet been any practical uses of the content or sources concerned with Foxes and Gumiho.

Fortunately in the Television dramas of 2010, ⟨Gumiho: sister in the shape of fox⟩ and ⟨My girl friend is a Gumiho⟩ there was cultivated a positive prism in which to view Foxes and Gumiho. And that showed us the possibility of how to use the content concerning 'Foxes and Gumiho' in regards to the cultural industry.

• Key words : fox, Gumiho, nine-tailed fox, drama, a view of nature, a view of environment, content

낭만적 사랑(Romantic Love) 신화의 현대적 해석

『트리스탄과 이졸데(Tristan und Isolde)』를 중심으로

김 공 숙

방송구성작가

낭만적 사랑(Romantic Love) 신화의 현대적 해석

『트리스탄과 이졸데(Tristan und Isolde)』를 중심으로

김 공 숙

• 국문초록

우리가 흔히 대하는 영화, 드라마, 대중가요 등 많은 대중문화의 매체들은 로맨스 없이는 존재하기 어렵다. 낭만적 사랑은 사랑의 한 형태이지만, 누군가를 사랑한다는 것을 넘어서 '사랑에 빠져 있는' 아주 특별한 심리적 현상이다.

본 논문은 오늘날 남녀의 모든 사랑하는 관계에서 가장 강력한 영향을 발휘하는 낭만적 사랑의 본질을 알아보고자 한다. 이를 위해 낭만적 사랑 신화의 원형적 요소를 가진 중세의 『트리스탄과 이졸데』를 융(Carl Jung)의 심리학의 관점에서 분석했다.

낭만적 사랑은 중세 기사와 귀부인의 '궁정연애'에서 유래했다. 낭만적 사랑은 남성(또는 여성)이 지닌 내면의 반대 성인 아니마(또는 아니무스)의 투사 때문에 발생한다. 아니마의 투사를 통해서 일어나는 낭만적 사랑은 종교적 체험과 흡사하다. 낭만적 사랑은 항상 자신이

투사하는 것, 자신의 기대와 환상을 향해 있기 때문에 결국 다른 사람을 향한 사랑이 아니라 자신을 향한 사랑이다.

낭만적 사랑 신화는 오늘날 현대인의 연애와 결혼에 매우 강력한 영향력을 미치고 있다. 그러나 투사가 거두어졌을 때 발생하는 부작용- 높은 이혼율- 또한 만만치 않다. 이는 낭만적 사랑의 특성을 알지 못해서 일어나는 불행이다. 우리가 낭만적 사랑의 실체를 안다면 낭만적 사랑을 보다 차원 높은 인간적인 사랑으로 진화시킬 수 있을 것이다. 낭만적 사랑은 상대방에 대한 사랑이 아닌 자신의 내면에 대한 사랑이라는 한계를 분명히 알아야 한다. 개개인이 가지고 태어난 원형적 잠재력을 온전히 성취하기 위해서 진정으로 자신이 누군가를 발견하는 자기실현, 즉 그 과정으로써 '개성화'가 필요하다. 낭만적 사랑에 빠져 있다면 그것이 끝나는 순간이 바로 상대를 진정으로 사랑하기 시작할 수 있는 때임을 깨달아야 한다.

1. 서론

대중가수 이상우가 부른 〈그녀를 만나기 100미터 전〉이라는 노래에는 사랑하는 여성을 만나러 가는 설렘을 "하늘의 구름은 솜사탕이 아닐까 어디 한번 뛰어올라 볼까"라는 가사로 표현한다. 사랑하는 이를 만나러 가는 발걸음은 가볍고 마음은 풍선처럼 부풀어 오른다. 사랑은 이렇게 우리의 일상을 깨끗하게 만들고 인간 본래의 순수함과 다시 만나게 한다.

심리학자인 로버트 A. 존슨은 낭만적 사랑(romantic love)[1]은 사랑의

---

1 로버트 존슨이 사용한 "로맨틱 러브"를 역자인 고혜경은 우리말 표현이 아닌 "로맨틱

한 형태이지만 단지 누군가를 사랑한다는 것을 넘어 '사랑에 빠져 있는' 아주 특별한 심리적 현상이며, 신념·이상·기대·태도가 전부 결합돼 있는 심리학적인 요소들의 뭉치라고 정의했다. 그에 따르면 "현대의 신화 중 단일한 것으로 로맨틱 러브만한 에너지를 품고 있는 것이 없다."[2] 실제로 우리가 흔히 접하는 영화, 드라마, 가요 등 수많은 대중문화의 매체들은 로맨스(romance)[3] 없이는 존재하기 어렵다. 바로 지금 이 순간에도 어디서인가 수많은 로맨스 이야기가 만들어지고 소화되고 있다.

본 논문은 오늘날 서구 사회뿐 아니라 우리나라를 비롯해 서구화된 동양 사회에서 혼인이나 모든 사랑하는 관계에서 가장 강력한 영향을

러브"라는 용어 그대로 사용했다(로버트 존슨, 고혜경 역, 『We』, 동연, 2008). 아르놀트 하우저는 같은 개념으로 "연애", "낭만적 주제로서의 연애", "낭만적 연애관"이라는 말을 사용했다(아르놀트 하우저, 백낙청 역, 『문학과 예술의 사회사 1』, 창작과비평사, 1999). 본 논문은 "낭만적 사랑"이라는 우리말 표현을 사용하기로 한다.

2 로버트 존슨, 『We』, 326쪽.

3 로맨스(romance)는 일본식 발음에 따라 한자로 "浪漫"이라 적는다. 이는 원래 로마적인 것을 뜻했으나, 역사적인 과정을 거쳐 '정서적이고 감정적인', '사랑에 관련된', '비현실적이고 환상적인, 공상적인'이라는 의미를 갖게 되었다.
문학형식으로는 12세기 중엽 프랑스에서 나타난 주로 기사도를 다룬 문학을 말한다. 12세기 중엽부터 13세기까지 프랑스를 중심으로 중세 유럽에서 성행했으며, 유럽 소설의 바탕이 되었다. 기본 주제는 기사들의 모험이다. 연애 이야기와 종교적 우화가 이 소재와 얽혀 있다. 기사도 정신은 기사가 명예와 용기, 무엇보다도 충성심을 가지고 행동할 것을 요구했다. 기사는 신과 왕, 사랑하는 여인에게 충성을 다해야 했다.
로맨스는 18~19세기 계몽주의에 반대하고 산업혁명에 힘입어 나타난 낭만주의(Romanticism)의 기원이 되는 단어이기도 하다. 낭만주의는 그 기원에서 알 수 있듯이 비현실적인, 지나치게 환상적이라는 어원을 가지고 있으며 이성과 합리적, 절대적인 것에 대해 거부한 사조였다. 그러나 낭만적이다, 로맨틱하다는 말은 낭만주의와는 차이가 있다. 강력한 감정적 경험으로서의 로맨스라는 말은 중세적 개념이지만 낭만주의는 18, 19세기에 등장한 개념이다.

발휘하는 낭만적 사랑의 신화를 탐구해보고자 한다. 로버트 존슨은 낭
만적 사랑 신화의 원형적 요소를 가진 이야기로 중세의 『트리스탄과
이졸데』4) 전설을 꼽은 바 있다. 이를 융(Carl Jung, 1865~1961) 심리학
의 관점에서 고찰하고자 한다. 이를 통해 낭만적 사랑 신화가 현대인
에게 어떠한 영향을 미치고 있으며 낭만적 사랑은 어떻게 더 차원 높
은 인간적인 사랑으로 진화해갈 수 있는지를 탐구할 것이다.

　낭만적 사랑에 관해서는 이미 많은 신화 연구자들이 다양한 시각에
서 선행 연구를 하였다. 비얼레인(Bierlein)은 『트리스탄과 이졸데』 신화
는 변화의 동력으로서의 사랑에 관한 것이라고 했다. 그에 따르면 남
녀 간의 정열적인 사랑에 대한 이해는 인간의 본성에 대한 우리의 시
야를 확대시켜주며 연인들은 인간의 실존 속으로 들어와 그것을 영원
으로 변화시키는 사람들이다.5) 조지프 캠벨(Joseph Campbell)에 따르면
낭만적 사랑은 육체적 사랑인 에로스(Eros)나 정신적 사랑인 아가페
(Agape)와는 다르다.6) 이 대립적인 두 사랑과는 전혀 다른 방식인 낭만
적 사랑은 12~13세기 초반 유럽 프로방스의 음유시인들7)이 최초로

4　중세 유럽의 전설. 고대 켈트인의 옛 전설을 바탕으로 트리스탄과 이졸데의 비련(悲
　戀)을 내용으로 하고 있다. 트리스탄 전설은 12세기 서유럽을 중심으로 전파되기 시
　삭하여 근대를 거쳐 현내에 이르기까지 다양한 형태로 변형되어 이야기되고 있다.(예
　를 들어, 13세기 중세 독일의 시인 고트프리트 폰 슈트라스부르크의 장편서사시 『트
　리스탄』, 19세기의 바그너의 오페라 『트리스탄과 이졸데』, 21세기 케빈 레이놀즈의
　영화 『트리스탄 & 이졸데』 등이 그것이다.) 이처럼 트리스탄 소재가 중세부터 현대에
　이르기까지 여러 형태로 이야기되고 있는 까닭은 무엇보다도 그것이 지니는 신화적
　인 속성 때문이라 할 수 있다.
5　J. F. 비얼레인, 배경화 역, 『살아 있는 신화』, 세종서적, 2000, 135~136쪽.
6　조지프 캠벨, 이윤기 역, 『신화의 힘』, 끌리오, 2007, 341쪽.
7　중세 유럽에서 여러 지방을 떠돌아다니면서 시를 읊었던 시인. 각 지역마다 음유시인
　을 부르는 말이 달랐는데, 남프랑스의 트루바두르, 북프랑스의 트루베르, 독일의 미
　네젱거 등이 유명하다.

노래했다. 그는 서양에서 열정적인 사랑에 관한 가장 감동적인 이야기는 단연 『트리스탄과 이졸데』라고 강조하고 있다.[8]

낭만적 사랑에 관한 연구는 여성학의 관점에서는 마야 스토리히(Maja Storch)가 강하고 능력 있는 현대 여성들이 낭만적 사랑의 딜레마에 빠지는 이유를 분석하고 있다.[9] 또한 볼프강 라트(Wolfgang Rath)는 사랑에 대한 시대별 고찰을 통해 사랑 자체가 이미 역사적으로 딜레마를 안고 있음을 서술하고 있다.[10] 그 외 여러 사회학, 커뮤니케이션학의 연구들은 현대 산업사회에서 낭만적 사랑의 신화가 이데올로기가 되어 미디어를 통해 사랑 중독현상을 확산시키고, 여성들의 결혼관·결혼의례에까지 널리 영향을 미치고 있음을 보여주고 있다. 파인스(Pines)는 낭만적 사랑의 치명적인 결과를 피하고자 그것에 대처하는 다양한 방법을 체계적으로 설명해주고 있다.[11] 수잔 피보디(Susan Peabody)는 낭만적 사랑에 대한 오해가 현대사회에 만연되어 있으며 이를 바로 잡아야 한다고 주장하고 있다.[12] 한편 아르놀트 하우저(Arnold Hauser)는 궁정적, 기사적 낭만주의라는 주제 하에서 근대의 낭만적 연애관과 오늘날 낭만적 사랑 양태의 모티프로서의 기사문학의 연애, 기사계급의 연애관 등을 다루고 있다.[13]

국내의 경우 낭만적 사랑에 집중된 본격적인 연구 성과물은 많은 편은 아니다. 윤혜성의 석사학위논문인 「신데렐라 드라마가 미혼 여성들

---

8 조지프 캠벨, 이은희 역, 『신화와 함께 하는 삶』, 한숲, 2004, 191쪽.

9 마야 스토리히, 장혜경 역, 『강한 여자의 낭만적 딜레마』, 푸른숲, 2003, 194·197쪽.

10 볼프강 라트, 장혜경 역, 『사랑, 그 딜레마의 역사』, 끌리오, 1999, 190쪽.

11 A. M. 파인스, 윤영삼 역, 『Love: 사랑에 대해 알아야 할 모든 것』, 다산초당, 2005, 23~27·410쪽.

12 수잔 피보디, 류가미 역, 『사랑 중독 – 너무 지나치게 사랑하는 병』, 북북서, 2010, 82쪽.

13 아르놀트 하우저, 앞의 책, 283~297쪽.

의 낭만적 결혼관 계발에 미치는 영향 연구」가 있고, 현대 서양의 영화 작품을 통해 중세적 사랑을 연구한 이현주의 「〈이웃집 여인〉에 나타난 남녀 간의 사랑 – 중세적 사랑의 모티브의 반복·변용」 등이 있다. 트리스탄과 이졸데에 관한 연구로는 김광요의 고트프리트 폰 슈트라스부르크(Gottfried von Strassburg)의 서사시 「트리스탄과 이졸데」에 관한 연구인 「중세 최고의 연애서사시 「트리스탄과 이졸데」」, 엄선애의 리하르트 바그너(Richard Wagner)의 오페라 〈트리스탄과 이졸데〉에 관한 분석인 「"사랑의 죽음"을 통한 구원」, 천현순의 문화콘텐츠로서의 트리스탄과 이졸데 이야기를 분석한 「문화콘텐츠와 스토리텔링 – 〈트리스탄과 이졸데〉의 매체에 따른 스토리텔링 방식」 등의 연구가 있다.

2. 낭만적 사랑의 개념

2.1. 낭만적 사랑의 기원(起源)

서구인과 서구의 영향을 받은 현대인들은 결혼을 포함해 남녀 간의 모든 사랑하는 관계에서 유일한 형태의 사랑은 낭만적 사랑이라는 믿음 또는 가정(假定)을 지닌 채 살아가는 것 같다. 오로지 낭만적 사랑만이 진정한 사랑이며 자신을 구원해 줄 수 있을 것이라는 막연한 생각을 하며 사는 것이다.

낭만적 사랑에 대한 이상(理想)은 12세기 중세 서양에서 탄생했다.[14]

---

14 드니 드 루즈몽(Denis de Rougemont)은 "사랑이 처음으로 인식되어지고 키울만한 가치가 있는 열정으로 고무된 것은 바로 12세기 중반"이라고 지적했다(Rougement, Denis de. *Love in the Western World*. Trans. Montgomery Belgion. Harcourt: Albert Saifer Publisher, 1940, p.75. 이현주, 「〈이웃집 여인〉에 나타난 남녀 간의 사랑: 중세적 사랑의 모티브의 반복·변용」, 『문학과 영상』, 2004년 봄·여름, 150~151쪽에서 재인용).

궁정연애(宮廷戀愛, courtly love)[15]라고 불리는 이 연애관은 당시 서정시와 로맨스에 많이 표현되었다. 궁정연애는 기사도적(騎士道的)사랑이라고도 부르는데, 사랑을 바치는 남자와 귀부인(군주의 부인)과의 관계는 가신(家臣)과 군주의 관계와 매우 비슷하다. 궁정연애를 하는 남자는 자기의 귀부인을 섬기기 위해 존재했다. 당시의 결혼은 보통 사업적인 이해관계나 권력동맹의 밀약의 결과였기 때문에 그가 바치는 사랑은 관념적으로는 예외 없이 합법적인 혼인관계를 벗어난 부정(不貞)한 것일 수밖에 없었다. 따라서 남자는 자신이 전능한 사랑의 신을 섬기고 성녀(聖女)를 숭배하고 있다고 생각하게 되었고, 궁정연애에서 실제 부정은 가장 치명적인 죄악으로 인식되었다.[16] 궁정연애는 겉으로는 열정을 나타내지만, 자신이 사랑하는 귀부인에 대한 존경심이 가장 핵심이었다. 이렇게 궁정적·기사적 연애에서 볼 수 있는 정신주의적인 요소의 근원은 의심할 여지없이 그리스도교에 있다. 기사도의 귀부인 숭배는 뜨거운 종교적 신앙심 즉 그리스도교의 성자 숭배에 따랐을 가능성이 크다.[17]

---

15 중세 기사들이 이상적인 여인을 자신의 영적인 영감과 완전함과 미의 상징으로 숭배한 사랑의 형태. 낭만적 사랑의 초기 형태라 할 수 있으며, 흠모하는 여인과 영성적 사랑을 추구하였을 뿐 섹스나 혼인은 연루되지 않았다. 궁정의 사랑, 궁정풍 사랑놀음 등이라고도 번역된다.

16 중세 기사가 섬기던 다섯 가지 미덕에는 절제, 용기, 사랑, 충성, 예의바름이 있었다. 궁정연애는 규칙이 있었고 사랑 놀음을 삶과 사회에 조화시키는 규칙, 의무와 권리를 규정하는 규칙 체계가 있었다(조지프 캠벨, 『신화의 힘』, 351쪽).

17 Ed. Wechssler, *Das Kulturproblem*, p.305. 아르놀트 하우저, 앞의 책, 297쪽에서 재인용. 그 반면에 연애의 봉사가 마리아 숭배에서 유래했다는 낭만파 특유의 상상(A. W. Schlegel, *Vorlesungen über dramatische Kunst*, I, p.14. 아르놀트 하우저, 앞의 책, 297쪽에서 재인용)에는 역사적인 근거가 없다. (로버트 존슨도 마리아 숭배로 보고 있다.) 마리아 숭배는 중세 초기에는 거의 형성되어 있지 않았다. 궁정기사도문학의 맹아는

궁정연애는 단순한 사랑이 아니라 사회적·성애적·종교적·철학적 요소 등 여러 가지가 결합되어 생긴 복잡한 개념이다. 이것은 유럽 전역에 급속도로 퍼졌고 유럽의 문학 전체에 스며들었으며 로망스의 주요 요소[18]가 되었다.

궁정연애의 개념은 1210년경 맨 처음으로 고트프리트 폰 슈트라스부르크의 궁정서사시 『트리스탄』으로 서구 문학에 등장하게 된다.[19] 뒤를 이어 음유시인들이 연시(戀詩)나 노래로 발전시켰다. 이들은 사랑의 심리에 관심이 많았고, 현대인들이 사랑을 '개인 대 개인의 관계'라고 생각하듯이 유럽 최초로 사랑을 개인 간의 관계로 생각한 사람들이다.[20]

음유시인들이 발전시킨 궁정연애는 용감한 기사가 아름다운 여성을 통해 고상하고 영성적이며 세련되고 숭고한 정신으로 나아가게 된다는 믿음이자, 상대 여성을 자신의 이상이자 영감, 모든 아름다움과 완

마리아 숭배보다 앞서 있었던 것이다. 따라서 기사계급의 새로운 연애 개념이 마리아 숭배에 의해 고취된 것이 아니라 도리어 마리아 숭배가 궁정적, 기사적 연애의 특색을 이어받고 있는 것이다(아르놀트 하우저, 앞의 책, 297쪽).

18 중세 로맨스는 여성스러움을 높게 평가하는 궁정연애의 전통, 이국적이고 낯설고 초자연적인 것에 대한 취향을 공통적으로 갖고 있었다. 묘사는 지나칠 만큼 상세하고 연애는 대체로 행복한 결과를 맺는다. 그러나 고트프리트 폰 슈트라스부르크가 13세기 초에 쓴 『트리스탄』은 불행하게 결말을 맺는 작품으로 현저한 예외에 속한다.

19 아서왕의 전설을 토대로 한 크레티엥 드 트루아(Chréien de Troyes)의 『랑슬로, 수레의 기사(Lancelot, ou Le Chevalier de la Charrette)』에도 아서왕의 아내 그니에브르와 그의 용감한 기사 랑슬로 사이의 사랑이 그려지고 있지만, 트리스탄 이야기가 이 작품과 다른 점은 바로 사랑의 묘약을 통한 마술적 사랑이 지배적이라는 것이다. 트리스탄과 이졸데의 사랑은 인간의 사고를 통해 의식적으로 일어나는 사건이 아니라, 마술적인 힘에 이끌려 무의식적으로 일어나는 운명적 사건으로 묘사되고 있다(천현순, 「문화콘텐츠와 스토리텔링-〈트리스탄과 이졸데〉의 매체에 따른 스토리텔링 방식을 중심으로」, 『브레히트와 현대 연극』 Vol.24, 2011, 377쪽).

20 조지프 캠벨, 『신화의 힘』, 338쪽.

전함의 상징으로 섬기는 것이었다. 기사는 한 여성을 보고 그녀의 아름다움과 선함에 꼼짝 못하게 된다. 이 순간부터 기사는 그 여성이 자기 내면의 영원한 이상적인 여성이 되고 그녀를 향한 숭고한 열정으로 불타오른다. 그러나 절대 여인의 몸에 손을 대지는 않는다. 남성들에게 이런 여인은 일상에서 만날 수 있는 평범한 인간이 아니라 아주 특별한 여인이다. 그녀는 아름다운 이졸데이고, 프시케이고, 줄리엣이다. 바로 신성을 지닌 원형적 여인인 것이다.[21]

고대 그리스 로마 문학에서도 특히 고전주의 시대가 끝난 후부터는 연애의 모티프가 점점 더 널리 쓰이게 되었다. 그러나 중세의 궁정문학에서와 같은 의미가 연애에 부여된 일은 일찍이 한 번도 없었던 일이다.[22]

중세의 낭만적 사랑은 욕망이나 열정, 혹은 일반적인 종교 감정과는

---

21 로버트 존슨, 『We』, 87쪽.

22 Alfred Körte, *Die bellenistische Dichtung*, 1925, pp.166~167. 아르놀트 하우저, 앞의 책, 283쪽에서 재인용.
예를 들어 『일리아드』, 『오디세이아』에 등장하는 연애 모티프에서 여성은 소유물이자 집안 재산의 일부로 간주되고 있다. 고전주의 시대 이전 및 그 시대의 그리스 서정시가 취급하고 있는 것도 전적으로 육체적인 사랑이다. 그러한 사랑의 기쁨이나 슬픔이 아무리 심각한 것이었다 해도 그것은 그 자체의 영역에 한정된 것이었고 인간의 인격 전체에 무슨 영향을 미치는 것은 아니었다. 연애를 복잡한 줄거리나 극적 갈등의 주요 테마로 만든 최초의 시인은 에우리피데스였다. 그로부터 신·구 희극이 모두 이 효과적인 테마를 계승했다. 이런 경로로 헬레니즘 문학에 전해져 낭만적이고 감상적인 색채를 띠기도 했다. 그러나 이 경우에도 연애는 기껏해야 달콤한 감정이나 거대한 열정으로 나타나 있을 뿐, 궁정 기사계급의 문학에서처럼 가장 깊은 인생체험의 수단은 아니었다. 연애 이야기가 갖는 독특한 매력을 발견한 것은 헬레니즘 시대였고 연애를 취급한 최초의 낭만적인 전원시들이 이 시대에 생겨났다. 에로스와 프시케, 헤로와 레안드로스, 다프니스와 클로에 등의 이야기가 그 유명한 예이다. 그러나 이 시대를 빼면 낭만적인 주제로서의 연애는 기사 시대에 이르기까지 문학에서 아무런 역할도 하지 않았다(아르놀트 하우저, 앞의 책, 283~284쪽).

전혀 다르다. 봉건시대 우리나라의 풍습과도 같이 서양 전통사회의 결혼 풍습 또한 대개의 경우 배우자를 집안이 고르게 되어 있었다. 당연히 중세의 결혼은 교회로부터 축복 받을 수 있어야 했다. 그러므로 음유시인들이 말하는 개인 대 개인의 사랑은 위험한 이단일 뿐 아니라 정신적 간음이었다. 그러나 음유시인들은 열정을 찬양했고 그들이 보기에 열정은 교회의 고해성사나 결혼서약보다 더욱 숭고하였다.[23] 결혼이 사회에 의해 결정되는 풍토에서 음유시인들이 말한 '눈과 눈의 만남에서 오는 사랑'은 매우 높은 정신적 가치를 지니게 되었다.[24]

> *이렇듯 사랑은 눈과 눈을 통하여 마음을 얻는다. 눈과 눈은 마음의 척후병이라서 마음이 무엇을 얻으려 하는가를 샅샅이 염탐하나, 이렇듯 서로 하나가 될 때, 두 눈과 마음이 한 덩어리가 될 때, 두 눈이 본 것을 마음이 좋게 여김으로, 여기에서 온전한 사랑이 태어난다.[25]*

사랑하는 대상은 신성을 지닌 원형적 여인인 동시에 구체적으로 바로 그 여인이며 그녀에 대한 사랑이었다. 음유시인들은 지상의 사랑에 대한 고통을 찬미했는데, 그 고통은 사랑의 결합이 이 지상에서는 완전히 실현될 수 없다는 사실에서 비롯된 것이다. 고트프리트의 표현에 따르면 '쓰디쓴 달콤함과 즐거운 슬픔'이라는 역설이 낭만적 사랑의 본질이다.[26]

> 아일랜드에서 배를 타고 가던 젊은 연인은 모르는 사이에 그 술을 마시고 한동안 자기네 가슴에서 자라고 있던 사랑을 인식한다. 실수로 운명을 가르는 술병을 두고 간 하인 브랑게네는 무서운 경고를 한다. "그 병에 들

---

23 조지프 캠벨, 『신화와 함께 하는 삶』, 193쪽.
24 조지프 캠벨, 『신화의 힘』, 344쪽.
25 귀로 드 보르네이유가 지은 노래(조지프 캠벨, 『신화의 힘』, 339쪽).
26 조지프 캠벨, 『신화와 함께 하는 삶』, 195쪽.

어있는 걸 마시면 두 분 다 죽게 될 것입니다." 이에 트리스탄은 이렇게 대
답한다. "죽든 살든 신의 뜻대로 이루어지겠지. 그 독은 달콤하게 느껴지
니까. 네가 말하는 죽음이 무엇인지 모르겠지만 이 죽음은 마음에 드는구
나. 사랑스러운 이졸데가 계속 이러한 나의 죽음이라면 나는 영원한 죽음
을 맞이할 것이다."27)

2.2. 낭만적 사랑의 특징

2.2.1. 에로스, 아가페와의 차이점

　낭만적 사랑의 개념이 등장하기 이전에는 사랑이란 육체의 성적 욕
망을 야기하는 꼬마 신 에로스(Eros)의 장난에 지나지 않았다. 그러나
음유시인들이 말하는 아모르(Amore)28)적 사랑은 개인적인 경험이다.
　아모르는 비개인적인 사랑인 에로스적 사랑과 아가페(Agape)29)적 사
랑과 구분된다. 에로스적 사랑은 생물학적 충동에서 나온다. 이성(異性)
에 대해 몸으로 충동을 느끼는 사랑이며 개인적 개성적 요소가 들어갈
틈이 없고 충동에 따르기 때문에 개인적 열정과는 다르다. 누구든 에
로스의 화살에 맞으면 누군가에게 사로잡히는 체험을 하게 되며, 육체
적 · 심리적 폭발을 경험한다. 한편 아가페적 사랑은 영적(靈的)인 사랑
이다. 이웃이 누구이든 상관없이 사랑해야 하기 때문에 개인적인 것이

---

27 로버트 존슨, 『We』, 81쪽.

28 아모르(Amour)는 사랑을 부르는 프랑스 말로, 애정의 강렬한 느낌을 뜻한다. 조지프
　캠벨은 중세 음유시인들이 말하는 개인 대 개인의 사랑을 아모르적 사랑이라고 불렀
　다(조지프 캠벨, 『신화의 힘』, 342쪽).

29 신약성서에서 특별한 의미가 부여된 '사랑'이라는 뜻의 그리스어 명사. 신약성서는
　특히 예수 그리스도를 통해 나타난 하느님의 인류에 대한 사랑과 이에 대한 보답으
　로 이루어지는 하느님에 대한 인간의 사랑, 그리고 이 사랑에서 반드시 귀결되는 인
　간 서로 간의 사랑을 가리키는 데 이 낱말을 사용한다.

아니며, 이웃을 내 몸처럼 여기는 사랑으로 자비에 가깝다.

그러나 아모르적 사랑은 순수하게 개인적인 성격을 지니는 사랑으로 사적인 경험이다. 음유시인들이 노래하듯이 눈과 눈이 만나는 데서 싹이 튼다. 그들은 아모르를 가장 고귀한 정신적 경험으로 인식했다.

2.2.2. 낭만적 사랑의 상태

이가 빠진 동그라미가 자신의 한쪽을 찾아 완전한 동그라미가 되었다는 이야기처럼 사랑에 빠져 있을 때 우리는 마치 잃어버린 반쪽을 되찾은 듯 완전해지는 느낌을 받는다. 갑자기 평범한 일상 그 너머의 차원에 사는 듯이 삶이 한층 북돋아지는 느낌을 받는 것이다. 세상 모든 것이 아름답고 강렬하고 초월적이고 장엄하다. 사랑만이 삶의 전부인 것처럼 생각되며 사랑하는 사람 안에서 삶의 궁극적 의미와 충만함을 찾기를 갈망한다. 결국 사랑을 통해 온전한 나를 체험하기를 소망하게 된다.[30] 사랑하는 두 사람은 서로를 끝없이 갈망하며 모든 것을 같이 하기를 원한다.

사랑은 하룻밤 사이에도 일어날 수 있다. 사랑은 끝없이 우리 가슴을 아리게 하는 욕구이며 마법이고 최면이다. 사랑하는 사람을 처음 만나는 순간 우리는 그 사람 눈 속에서 태양이 떠오르는 것을 발견한다. 따라서 낭만적 사랑에 빠진 사람은 그것이 인생에서 가장 중요한 경험이고 꼭 한 번 해볼 만한 가치가 있으며 그 외의 사랑인 플라토닉 러브(platonic love)[31], 가족애, 형제애, 영적인 사랑 등은 결코 이 사랑

---

30 로버트 존슨, 『We』, 96쪽.

31 이상주의적이며 관념론적인 사랑으로, 남녀 간의 관능적·육체적 사랑이 아닌 순수한 정신적 사랑을 말한다.

을 대신할만한 가치가 없다고 느낀다.

이런 위대한 사랑이기 때문에 이로 인해 고통받는 것은 당연하고 오히려 사랑이라는 이름으로 고통당하는 것은 매우 영광스러운 일이다. 죽음으로 끝나는 중세 유럽의 최대 연애담 『트리스탄과 이졸데』, 『로미오와 줄리엣』, 『폭풍의 언덕』의 주인공들을 통해서 알 수 있듯이 낭만적 사랑은 사랑을 위한 순교로 끝날 수도 있지만 그 사랑은 너무도 아름다운 것이다. 수잔 피보디는 그 사랑이 "너무도 아름답기에 사랑하는 사람들은 그 이전의 수많은 비극의 주인공들을 목격했음에도 요행히 자신들만은 그 파국에서 벗어나 해피엔딩이 될 것이라고 믿어 버리며 사랑 중독에 빠진다."[32]고 했다.

2.2.3. 낭만적 사랑의 개념

중세의 궁정연애 개념이 생기기 이전에는 연애라는 것을 심각하게 다룬 시인들조차 연애는 일종의 병이요 사람들의 이성을 빼앗아가고 의지력을 마비시키며 비참과 굴욕을 초래하는 것이라는 오비디우스(Ovidius)의 연애관에 동조하고 있었다.[33]

그러나 기사문학은 연애를 정신화했으며, 대상을 찬미하며, 사랑은 아끼고 가꾸어야 하는 감정이라는 전혀 새로운 개념의 궁정연애를 성립시켰다. 궁정연애는 일체의 더러운 행위, 비열한 감정이 끼어들 수 없는 선하고 아름다운 것이다.[34] 로버트 존슨, 조지프 캠벨이 언급하

---

32 수잔 피보디, 앞의 책, 9쪽.
33 Wilibald Schröter, *Ovid und die Troubadours*, 1908, p.109. 아르놀트 하우저, 앞의 책, 284쪽에서 재인용.
34 아르놀트 하우저, 위의 책, 285쪽.

는 궁정연애의 개념도 이것이며, 바로 오늘날의 낭만적 사랑 신화의 뿌리이다.

예를 들어 한 남자가 그 사랑의 대상인 여성을 생각할 때마다 갖는 경건한 마음, 채워도 채워지지 않는 사모의 정, 사모의 정이 채워지고 안 채워지는 것과는 관계없이 아무리 참담한 실패를 겪더라도 최고의 기쁨으로 남아있는 사랑의 행복, 연모의 대상인 여성이 결코 손에 닿을 수 없는 존재임을 아무 불평 없이 받아들이며 사랑의 쓰라림에 아파하는 것, 이러한 개념은 곧 근대 낭만적 연애관의 근간을 이루는 갖가지 특색이자 모두가 중세의 기사문학에서 새롭게 등장한 것이다.

한마디로 낭만적 사랑이란 마치 마법에 걸린 것처럼 남녀가 무의식적으로 첫눈에 서로에게 반하게 되어 누구도 말릴 수 없는 사랑을 하게 되는 것을 말하며, 이 사랑은 어떠한 다른 조건이 끼어들 수 없는 순수한 사랑35), 열정에 불타오르는 운명적인 사랑이다. 따라서 언제나 슬픔이 뒤따른다. 낭만적 사랑에 빠진 남녀에게는 사랑만이 최고의 가치이다. 마음, 정신이 합일된 '사랑 지상주의' 이것이 곧 낭만적 사랑의 개념인 것이다.

그렇다면 도대체 낭만적 사랑은 인간의 마음에서 어떻게 작용을 하

---

35 개념적으로 볼 때 궁정연애는 그 모토가 순수한 사랑(pure love)이다. 그러나 이들의 사랑에는 육체적이고 관능적 사랑이 포함된다는 점에서 디노미(Denomy)가 주장한 것처럼 기존의 순수한 사랑과는 분명히 다르다.
디노미는 "[투르바두르(음유시인)들에게], 순수한 사랑은 모든 욕망을 부추기고 자극하는 모든 것을 허락하고, 인정하고, 고무한다는 점에서 관능적이고, 육체적이며 이기적이다. 이런 사랑이 의미하는 모든 관능성에도 불구하고 트루바두르들에게 사랑은 육체가 아니라 마음과 정신의 합일을 추구한다는 점에서 정신적인 사랑이었다"(Denomy, A. J. *The Heresy of Courtly Love*, New York: the Delanc X, McMullen, 1947, p.25. 이현주, 앞의 논문, 151쪽에서 재인용).

는 것일까. 낭만적 사랑관을 간직하고 있는 『트리스탄과 이졸데』의 낭
만적 사랑의 신화적 요소는 어떤 것들이 있는 것일까.

3. 낭만적 사랑의 신화적 분석

3.1. 융 심리학 관점에서 본 낭만적 사랑의 신화

3.1.1. 집단무의식과 원형

니체(Friedrich Nietzsche, 1844~1900), 프로이트(Sigmund Freud, 1856~
1939), 융은 신화의 발생요인을 원시 인류의 개인 내면 세계의 창조력
곧 심리학적 측면에서 신화의 발생을 탐구하고 해석한 학자들이다.

융은 시간과 공간이 서로 차이가 있는 민족들 사이에서 서로 유사하
거나 동일한 신화적 모티브가 거듭 발견되는 사실에 주목해 이를 심리
학으로 해석하려고 했다. 융은 "개인적 무의식의 밑바탕에는 집단무의
식(集團無意識, collective unconscious)이 있으며 사람들의 무의식에는 각
자의 삶에서 나온 경험뿐만 아니라 조상들이 겪은 경험까지도 섞여 들
어 있으며 신화 역시 그런 경험의 표출"[36] 이라고 말했다. 융이 프로
이트의 정신분석이론에서 제시한 무의식의 개념에 머물지 않고 이를
더 확장하고 심화시킨 집단무의식의 발견은 심리학사의 획기적인 사
건이다. 즉 개인적 수준의 무의식에 한정하지 않고 인류 역사를 통해
발달해온 정신과 개인이 속한 문화적 영향을 바탕으로 형성된 집단무
의식의 개념을 수립한 것이다.

개인적 무의식의 기저에는 집단무의식이 있다. 인간의 마음은 진화

---

36 캘빈 홀, 김형섭 역, 『융 심리학 입문』, 문예, 2004, 53쪽(Collected Works, Vol 7. p.188).

에 의해서 미리 형성되어 있으며 어렸을 때의 과거뿐 아니라 그보다 중요한 인류의 과거, 나아가서 생물 진화의 먼 과거와도 연결되어 있다. 집단무의식은 '원시적 이미지'라고 부르는 잠재적 이미지의 저장고이다.[37] 이 잠재적 이미지, 원시적 이미지는 세계 속에 부합되는 대상들과 동일시됨으로써 의식적 실재(實在)가 된다. 예를 들어 집단무의식 속에 어머니의 이미지가 존재해 있으면 그 이미지는 어린이가 현실의 어머니를 지각하여 어머니에게 반응함으로써 명확한 모습을 띠게 된다는 식이다.

이처럼 모든 인류의 공통의 기억이나 이미지의 모티브가 된 것을 원형(原型, archetype)이라고 부른다. 집단무의식을 구성하고 있는 것이 바로 원형이다. 원형은 내면심리에 깔려 있는 전형적인 인간 행위의 잠재력이자, 인류가 공통적으로 가지고 있는 인간 정신의 구성요소이다. 인간의 행위 또한 기대된 패턴 곧 원형을 따르게 된다. 낭만적 사랑 또한 그 바탕에는 인류의 집단무의식과 그것을 이루는 원형이 존재한다.

3.1.2. 아니마(Anima)와 아니무스(Animus)

융이 설명한 중요한 원형 가운데 낭만적 사랑과 깊은 관련이 있는 것은 남성이 가진 내면의 여성성인 '아니마'와 여성이 가진 내면의 남성성인 '아니무스'이다.[38] 융 심리학의 특징 중 하나는 남성 안에는 여성성이, 여성 안에는 남성성이 태어날 때부터 내재되어 있으며 이처

---

37 캘빈 홀, 앞의 책, 60쪽.

38 아니마와 아니무스는 개개인의 내면에 존재하는 반대되는 성의 이미지나 원리로, 전인적인 인격이 되기 위해서는 여성성과 남성성이 균형 있게 발달해야 한다.

럼 상반된 성의 원형을 적극적으로 의식화하는 작업이야말로 자기실
현에 이르는 핵심적 절차이다. 융은 세계 어디를 가나 이런 내면의 남
성상과 여성상을 만날 수 있다는 사실을 확인했다. 인간의 정신생활에
막대한 영향을 미칠 수 있는 중요한 원형은 모든 인간의 심리에 내재
한 '반대 성(性)' 이라는 부분이다.[39]

아니마와 아니무스는 정신의 내면 곧 인간 정신의 양면성이며, 아니
마의 핵심적 기능은 개성화(individuation)[40]를 위하여 의식을 주도하는
자아(ego)를, 의식·개인적 무의식·집단적 무의식이라는 인간 정신
전체의 중심인 자기(self)로 인도하는 것이다. 집단적 무의식의 원형들
이 자아의 자기실현에 관련되어 있기는 하지만 그중에서도 아니마는
개성화를 이끄는 가장 중요한 원형으로 여겨진다.[41]

3.1.3 투사(投射, projection)

인간이 스스로 무의식을 알기 위해 노력하지 않고 무의식과의 접촉
을 거부하면 무의식은 투사를 통해 자신의 존재를 드러낸다. 투사란
각자의 내면에 있는 무의식적인 요소를 바깥의 다른 사람이나 사물에
옮겨놓아 자신을 거울처럼 비추어 보게 되는 심리학적 기제이다. 투사
는 자기 내면의 무의식적인 요소를 보게 되는 장점이 있다. 그러나 문
제점은 자신의 일부를 타인이나 다른 사물에 투사하는 한 자신의 것으

---

39 마야 스토리히, 앞의 책, 25~29쪽.

40 개개인이 가지고 태어난 원형적 잠재력을 온전히 성취하는 것을 말한다. 이것은 한
   사람이 진정으로 자신이 누구인가를 발견하는 자기실현이다. 개성화는 사람들의 삶
   을 진정으로 의미 있게 만들어준다.

41 김명희, 「무협영화에 나타난 아니마와 개성화 : 〈와호장룡〉과 〈동방불패〉를 중심으
   로」, 『문학과 영상』, 2004년 봄·여름, 131쪽.

로 수용하기 어렵다는 것이다.[42]

사랑에 빠질 때의 감정 역시 투사와 관련이 있다. 사랑에 빠질 때 남성은 상대 여성에게 자신의 아니마를 투사한다. '제 눈에 안경'은 이런 투사 과정의 결과이다. 결국 남성이 사랑을 느끼는 대상은 한 사람의 여성이 아닌 그 남성 인격의 일부이다. 한편 여성은 사랑에 빠질 때 자신의 아니무스를 상대 남성에게 투사한다. 하지만 백마 탄 왕자로 느껴지는 상대 남성은 왕자가 아니라 실상은 그 여성 자신이다.[43] 로버트 존슨의 말에 따르면 "사랑에 빠진다는 의미는 대부분 자신이 지니고 있는 신의 이미지를 상대방에서 발견할 때의 체험이다. 로맨틱 러브는 질풍노도(疾風怒濤)와 같으며, 그 안에는 우리 존재보다 더 큰 무엇이 존재한다. 사랑에 빠진 상태는 신에 가까워지는 체험"[44]인 것이다.

내가 누군가를 사랑한다고 할 때 실제로는 '내'가 사랑을 하는 것이 아니라 '사랑'이 나를 통해 작동하는 것이다. 즉 사랑은 내가 어떤 행동을 하는가보다는 내가 누구인가와 더 관련된 문제이다. 사랑은 상대방과 동일시를 하며 관계성·유대감을 느끼는 상태로 자신의 의도나 노력과 무관하게 내면에서 저절로 일어난다. 운명적이라는 느낌이 드는 것은 이 때문이다.

따라서 낭만적 사랑은 본래의 특성상 다른 사람을 위한 사랑이 아니라 '자아본위(egotism)'적인 사랑으로 타락할 수밖에 없다.[45] 그 사랑

---

42 프로이트는 자아의 수많은 방어기제 중의 하나로 투사의 개념을 처음 정립했다. 무의식의 수준에서 작용하는 투사는 자기기만의 기제로 자신이 수용하기 싫은 소망이나 반대충동을 표현하는 것이다.

43 마야 스토리히, 앞의 책, 193쪽.

44 로버트 존슨, 고혜경 역, 『당신의 그림자가 울고 있다 – 융 심리학이 밝히는 내 안의 낯선 나』, 에코의 서재, 2007, 79~80쪽.

45 로버트 존슨, 『We』, 311쪽.

은 항상 자신이 투사하는 것, 자신의 기대와 환상을 향해 있기 때문이다. 낭만적 사랑이란 결국 다른 사람을 향한 사랑이 아니라 자신을 향한 사랑이다.

3.2. 『트리스탄과 이졸데』 이야기

3.2.1. 낭만적 사랑의 원형적 이야기로서의 『트리스탄과 이졸데』

고대 켈트인의 전설을 바탕으로 한 『트리스탄과 이졸데』는 중세시대의 전형적인 연애담으로 음유시인들에 의해 널리 전파되었다. 이 이야기는 독일의 고트프리트 폰 슈트라스부르크에 영향을 미쳤다. 그는 1210년경, 이 이야기를 시적이며 예술적으로 독일어로 번역했다. 1857년에는 바그너가 가극으로 만들었고 이 러브스토리는 유럽 작가들에게 큰 영향을 끼친다.

『트리스탄과 이졸데』는 독일뿐 아니라, 영국, 프랑스, 이탈리아, 스페인 등 중세 유럽의 문헌에서 많이 찾아볼 수 있다. 중세 시대의 여행과 통신의 한계를 참작해볼 때 이 이야기가 이토록 널리 퍼져나가 사랑을 받았다는 것은 듣는 이를 매료시키는 엄청난 힘을 갖고 있었다는 것을 입증해준다.[46] 이런 이유로 『트리스탄과 이졸데』는 중세 시대의 이야기임에도 낭만적 사랑 신화의 원형으로 인정되고 있는 것이다.[47]

『트리스탄과 이졸데』의 슬프고도 운명적인 사랑 이야기는 그리스 신화에 등장하는 『헤로와 레안드로스』의 애틋한 사랑, 『피라모스와 티스베』의 처연한 사랑과 같은 불행한 연인들의 이야기와 맥락을 같이 한다.

---

46 J. F. 비얼레인, 앞의 책, p.127.
47 로버트 존슨, 『We』, p.326.

『헤로와 레안드로스』는 이루어질 수 없는 사랑의 전형적인 모습을 취하고 있다.[48] 아비도스의 청년 레안드로스와 세스토스 아프로디테 신전의 사제 헤로는 서로 사랑하게 되었다. 그러나 레안드로스의 부모가 결혼을 반대하자 레안드로스는 밤에 몰래 바다를 건너와 헤로와 밀회를 거듭한다. 그러던 어느 날 레안드로스는 폭풍우를 만나서 죽게 되고, 시신을 멀리서 발견한 헤로 또한 시신이 있는 바다 쪽으로 몸을 던져 죽게 된다.

『피라모스와 티스베』 이야기는 로미오와 줄리엣의 모델이 되었다. 약속장소에서 일어난 우연한 사건으로 티스베가 죽었다고 오해한 피라모스는 스스로 목숨을 끊고, 그의 죽음을 본 티스베도 그를 따라 세상을 떠났다. 이들은 모두 이루어질 수 없어 더 아름다운 사랑을 하며 연인의 죽음으로 비극적인 결말을 맺는다.

이러한 신화들은 『트리스탄과 이졸데』 이야기와 내용상 분명 관련이 있다. 그러나 『트리스탄과 이졸데』야말로 "서양에서 열정적인 사랑에 관한 가장 감동적인 이야기"[49]이자, 낭만적 사랑의 원형적인 형태를 다각도로 보여준다. 『트리스탄과 이졸데』는 사랑의 기쁨에 대한 고통, 그 고통 속에 있는 연인의 기쁨을 찬양한다. 그리고 주인공들은 이 역설적인 신비를 삶의 깊은 의미로 체험한다.

3.2.2. 『트리스탄과 이졸데』의 줄거리

중세 트리스탄 전설은 작품의 성격에 따라 크게 두 가지 판본으로 나누어진다. 판본에 따라 줄거리에 약간씩 차이가 있는데 하나는 일반

---

48 김원익, 『신화, 세상에 답하다』, 바다출판사, 2009, 106~110쪽.
49 조지프 캠벨, 『신화와 함께 하는 삶』, 191쪽.

인들에게 전해져 내려오던 유포본 계통이고, 다른 하나는 주로 궁정사
회에서 읽혀져 왔던 궁정본 계통이다. 유포본 계통을 대표하는 작품
으로는 프랑스의 베룰(Béoul)이 쓴 『트리스탕 이야기(Roman de Tristan)』
가 있고, 궁정본 계통을 대표하는 작품으로는 프랑스의 토마(Thomas)
가 쓴 『트리스탕 이야기』가 있다.[50] 프랑스에서 성립된 같은 제목의
두 가지 트리스탕 이야기는 독일로 넘어오면서 경우에 따라 제목에
이졸데가 첨가되면서 기사 이야기에서 사랑 이야기로 변형된 것으로
보인다.[51]

　　본 논문은 트리스탄 전설의 다양한 판본을 바탕으로 공통화소를 추
출하고, 낭만적 사랑의 모티프 분석에 유용한 화소를 뽑아내어 이야기
뼈대를 정리했다.[52]

50 이 두 작품은 제목이 동일함에도 불구하고 작품의 성격과 이야기 구조에 있어서 약
　간의 차이를 보이고 있다. 베룰의 작품은 본래의 트리스탄 전설에 나오는 사건을 있
　는 그대로 서술하고 있다면, 토마의 작품은 사건의 전개보다 미묘한 연애 심리에 초
　점을 두고 있다는 것이 특징이다(도키 겐지 외, 오근영 역, 『성서 문학과 영웅 서사
　시 ─예수, 베어울프, 아서왕』, 웅진 지식하우스, 2009, 124쪽).
　두 판본은 12세기 후반에 독일 지역으로 전파되었다. 독일 지역에 처음으로 트리스
　탄 전설을 소개한 작가는 아일하르트 폰 오베르크(Eilhart von Oberg)로 전해지는데,
　그는 특히 베룰이 쓴 유포본 계통의 『트리스탕 이야기』를 토대로 하여 『트리스트란
　트(Tristrant)』라는 작품을 집필하였다. 이와 달리 고트프리트 폰 슈트라스부르크는 그
　의 작품의 서두에서 명확히 밝히고 있는 것처럼 토마가 쓴 궁정본 계통의 『트리스탕
　이야기』를 토대로 하여 작품을 집필하였다. 미완으로 종결된 고트프리트의 작품은
　이후 13세기 중반과 후반에 걸쳐 울리히 폰 튀르하임(Ulrich von Tüheim)과 하인리히
　폰 프라이부르크(Heinrich von Freiburg)에 의해 토마의 원전을 토대로 하여 보충되어
　졌다. 이후 많은 작가들에 의해 신고지독일어(현대 독어와 가장 가까운 독어형태)로
　번역되거나 번안되었는데, 이러한 과정에서 경우에 따라 제목에 이졸데가 첨가되어
　사랑이라는 주제를 더욱 부각시킨 것으로 추정된다(천현순, 앞의 논문, 373~375쪽).
51 도키 겐지 외, 앞의 책, 131쪽.
52 작품에서 부수적으로 나타나는 다양한 작은 사건은 단계별 분류에서 배제하였음을
　밝힌다.

* 주요 등장인물: 트리스탄, 이졸데, 모롤트, 브랑게네, 마르크 왕, 흰
  손의 이졸데 등
* 핵심 주제: 트리스탄과 이졸데 사이의 절대적 사랑.

단계	단계별 핵심주제	내용
1	탄생과 성장	트리스탄의 어머니 블랑시플레르는 콘월의 마르크 왕의 누이였으며 브리튼 섬 북서쪽에 위치한 리벌린 영주의 아내였다. 트리스탄이 태어나기도 전에 아버지는 전쟁터에서 숨을 거두었고 어머니는 트리스탄이 태어난지 얼마 안 되어 슬픔에 못 이겨 세상을 떠났다. 그래서 트리스탄은 '슬픈 사람'이라는 뜻의 이름을 가지게 되었다.[53] 트리스탄은 콘월의 궁정에서 외삼촌인 마르크 왕의 시종 대장에 의해 전장의 예술인 병법을 익히며 자라났다.
2	아름다운 이졸데와의 첫 만남	당시 아일랜드의 왕은 처남인 거구의 모롤트 경을 보내 콘월에서 정기적으로 공물을 거둬들이곤 했다. 기사가 된 트리스탄은 모롤트와 싸워 그를 죽이게 된다. 중상을 입은 트리스탄은 상처에 묻은 독의 해독제를 구하기 위해 신분을 속이고 아일랜드로 향한다. 트리스탄은 아일랜드 왕의 딸을 만나고 그녀는 그의 정체를 모른 채 정성 들여 치료를 해준다. 그녀는 이 세상에서 가장 아름다운 여인이었고 이름은 이졸데였다. 그러나 트리스탄이 이졸데의 외삼촌 모롤트를 죽인 원흉이라는 것이 알려지고 그는 아일랜드 궁궐을 떠나야 했다.
3	외삼촌 신붓감인 이졸데와의 항해	콘월에 돌아온 트리스탄은 이졸데의 아름다움과 착함을 칭찬했고 마르크 왕은 아일랜드의 이졸데 공주를 자기 아내로 삼기로 했다. 트리스탄은 왕을 대신해 청혼을 하러 갔고 청혼은 기꺼이 수락되었다. 트리스탄은 외삼촌이 왕비가 될 신붓감을 데리고 콘월로 돌아오는 항해를 시작한다.
4	사랑의 묘약	항해 도중 둘은 시녀 브랑게네의 실수로 마르크 왕과 이졸데가 마셔야 할 사랑의 묘약을 와인인줄 알고 마시게 됨으로써 돌이킬 수 없는 사랑에 빠지고 만다. 그들은 생애 처음 인생 최고의 축복을 맛본다. 마법의 와인을 마신 남녀는 하루만 떨어져 있어도 병이 나고 사흘을 못 만나면 죽는다고 한다. 마법의 효력은 3년이다.
5	밀회	이졸데는 약정된 대로 마르크 왕의 왕비가 되었지만 연인인 트리스탄과 밀회를 계속하고 있었다. 그녀가 진정으로 사랑한 사람은 트리스탄이었기 때문이다.

6	밀회의 발각, 절대적 사랑	결국 마르크 왕이 이런 사실을 알게 되고, 두 사람은 처형을 피해 깊은 숲속으로 도망친 후 절대적 사랑을 나눈다. 그로부터 3년 후 이졸데는 왕과 화해하여 돌아오고 트리스탄은 프랑스의 브르타뉴로 간다.
7	흰 손의 이졸데와 결혼	트리스탄은 이졸데와 만날 수 없을 것이라고 절망하며, 마지못해 동명이인의 여자와 결혼한다. 그녀는 백작의 딸이었으며 '흰 손의 이졸데' 라 불리던 처녀였다.
8	아름다운 이졸데를 데려오게 함	트리스탄은 연인을 잊을 수 없어 깊은 병을 얻게 된다. 죽음의 고통에 신음하면서 아내에게 아일랜드의 이졸데를 데려오라고 시킨다. 만일 이졸데가 그의 간청을 받아들이면 배에 흰돛을 달고, 거부한다면 검은 돛을 달고 올 것이었다.
9	오해로 인한 트리스탄의 죽음	멀리서 흰 돛을 단 배가 다가오고 있었고 그 밑에는 연인과의 재회에 설레고 있는 아름다운 이졸데가 서 있었다. 그러나 흰 손의 이졸데는 남편에게 검은 돛을 달고 온다고 거짓말을 한다. 상심한 트리스탄은 숨을 거두고 만다.
10	이졸데의 죽음	트리스탄이 죽은 직후에 도착한 이졸데는 트리스탄이 없는 세상에서 삶의 의미를 찾을 수 없었다. 그녀는 트리스탄에게 몸을 기대고 함께 저세상으로 간다.

3.3. 『트리스탄과 이졸데』의 낭만적 사랑에 표출된 신화적 요소

본 논문은 로버트 존슨의 낭만적 사랑에 대한 융 심리학적 이해에 바탕을 두고 『트리스탄과 이졸데』의 낭만적 사랑에 드러난 신화적 요소를 분석했다.

---

53 트리스탄이라는 이름은 프랑스어의 'triste' (슬픔, 비애, 비수, 애수의 뜻)에서 유래한 것이며, 이것은 바로 트리스탄의 비극적인 민네(minne, 연애 · 사랑)의 운명을 암시하고 있다(김광요, 「중세 최고의 연애서사시 '트리스탄과 이졸데(Tristan und Isolde)' 분석」, 『서유럽연구』 제3호, 1997, 289쪽).

3.3.1. 여성성의 상실

어머니 블랑시플레르는 트리스탄을 낳다가 죽는다. 그래서 트리스탄의 탄생은 슬픔으로 가득하다. 어머니의 죽음은 트리스탄을 슬프고도 왜곡된 세계에 빠뜨리며 그에게서 여성성의 흔적을 모두 앗아가버린다. 블랑시플레르의 존재는 그 이전 오랜 기간 동안 인류에게 살아 있었던 여성성의 가치를 상징하며,[54] 트리스탄이 지닌 내면의 여성성이라고 볼 수 있다. 그녀가 죽었다는 것은 개개인의 심리에서 뿐만 아니라 인류의 문화에서 여성성이 완전히 사라지게 되었음을 뜻한다. 즉 어머니의 죽음으로 트리스탄의 삶에서 여성성을 대변하는 사랑 · 정서적인 관계 · 내면화 · 직관 · 서정적인 경험은 소멸되었다.

인간은 예외 없이 여성성과 남성성을 간직하고 있으며 인간의 정신은 상호보완적인 남성성과 여성성의 연합이다. 모든 남성과 모든 여성은 양면의 풍요로움, 특질, 가능성, 힘을 가진 온전한 심리학적 구조를 타고난다. 따라서 인간이 자신의 정신에 담긴 반대 성(性)의 일부를 알아채고 그것을 일상생활이나 일상 행동에 편입시키는 것은 한 인간의 인격 발달에서 아주 중요한 과정이다.[55] 전인적인 인격이 되기 위해서

---

54 로버트 존슨, 『We』, 44~45쪽.

55 만약 남성이 자기 내면에 있는 여성성의 힘을 계발한다면 이것은 실질적으로 자신의 남성성을 완성시키는 길이 된다. 힘 있는 남성은 저녁에 집에 돌아오면 자녀에게 진실한 사랑을 표현하고, 낮 시간에는 자신의 일터에서 치열하게 싸움을 한다. 한 남성이, 관계를 맺고 자신의 애정과 감정을 표현하는 여성성을 계발하고 수용할 때 오히려 남자의 남성성은 강화되고 조화를 이루게 된다는 것이다.
온전성 또는 전일성, 전체성(Wholeness)은 각자의 내면에 잠재된 가능성과 창의력을 온전히 개발한 인간의 궁극적인 목표이자 도달하고자 하는 이상이다. 전일성이란 상호 모순되는 두 대극적인 요소가 갈등과 반목이 아닌 새로운 통합을 이루어 공존하는 상태이며 이는 결코 쉽지 않은 여정이다.

는 여성성과 남성성이 균형 있게 발달해야 한다.

그러나 트리스탄은 어머니의 죽음으로 여성성이 사라진 ‘슬픔의 아들’이 되고 말았다. 트리스탄처럼 여성성은 사라지고 남성성만이 남을 때 인간은 온전성을 잃어버리게 된다. 기사로서 남성적인 측면만을 과도하게 강조하는 훈련을 받아 남성성만으로 구축된 외로운 성(城)인 트리스탄의 마음, 그 안으로 들어갈 수 있는 것은 별로 없다. 그러나 유일하게 취약한 곳이 있으니, 바로 영혼의 무장을 뚫고 들어올 수 있는 낭만적 사랑이다. 온전성을 향한 인간의 본능을 사랑의 대상에 투사한 것이 바로 낭만적 사랑인 것이다.[56]

궁정연애로부터 시작된 낭만적 사랑은 여성성의 가치를 혁명적인 시각으로 바라보도록 만들었다. 관계 지향적이고 품위 있는 감정, 헌신, 영성적인 경험, 아름다움의 추구 등으로 대변되는 이런 혁명적인 변화는 이후 낭만주의로 성장해가게 된다.[57] 이 혁명의 과정에서 남성들은 모든 여성을 순수하고 신성하고 온전함의 체현(體現)으로 보기 시작했다. 융의 ‘나의 연인, 영혼(My Lady Soul)’이라는 표현 같은 것이 그것이다.[58]

3.3.2. 의지를 넘어서는 낭만적 사랑의 도취와 종교성

시녀의 실수로 트리스탄은 사랑의 묘약을 마시게 된다. 그리고 나서 눈앞의 여인인 이졸데를 사랑하게 된다. 그러나 트리스탄이 응시하는

---

56 로버트 존슨, 『We』, 109쪽.

57 사랑하고 애태우며 단념해야 하는 남자 주인공, 상대의 응답이나 사랑의 성취와 관계없이 바로 그 부정적 성격에 의해 더욱 타오르는 사랑, 손에 잡히는 대상이나 심지어 분명히 규정할 수 있는 대상조차 가지지 않는 이른바 ‘먼 것에 대한 사랑’ 이러한 것들과 더불어 근대문학사의 막이 열리는 것이다(아르놀트 하우저, 앞의 책, 286쪽).

58 융, 『Aion』, 24쪽. 로버트 존슨, 『We』, 115쪽에서 재인용.

것은 실상 이졸데라는 여성이 아닌 상징적인 신(神)적, 우주적, 초월적인 것을 지니고 있는 여인이다. 사랑의 묘약을 마신 트리스탄은 어머니 블랑시플레르가 떠났을 때의 상실감을 아름다운 이졸데의 등장으로 다시 회복하고 싶어한다.[59] 상대 여성인 이졸데는 트리스탄의 불멸의 연인이자 여왕이 된다.

만약 사랑의 묘약이 아니었다면 둘은 그렇게 뜨겁게 사랑하지 않았을 것이다. 사랑의 묘약은 트리스탄과 이졸데에게 이전과는 전혀 다른 새로운 차원의 삶을 경험하게 한다. 이들의 세계 전체는 완전히 뒤집어진다. 사랑의 묘약은 옳고 그름을 판단하는 감각까지 지워버린다. 삶을 유지하게 해주는 충성과 언약과 신의도 저버리게 만든다. 삼촌인 마르크 왕의 아내가 될 여성과의 의지를 넘어서는 사랑의 도취, 기사로서 지녀야 할 사회 규범을 파괴하는 욕망, 그것이 트리스탄과 이졸데의 사랑이다. 이처럼 사랑의 묘약은 계산이나 인간의 의지를 따르지 않는다. 두 사람은 사랑의 묘약을 마심으로써 마법에 걸린 듯 서로에게 끌렸다. 고트프리트는 이것을 '아교로 붙여놓은 마음'이라고 표현했다.[60] 인간은 숭고함과 아가페를 지나치게 추구하다보면 사랑을 느끼지 못한다. 그래서 실수가 필요했는지 모른다. 실수로 마신 사랑의 묘약을 통해 통제력이 힘을 발휘하지 못하는 순간 비로소 영혼은 열정적으로 또 다른 자신의 영혼을 찾아 나설 수 있게 되는 것이다.

사랑의 묘약에는 어떤 마법이 걸려 있었을까. 그것을 마신 트리스탄과 이졸데는 최면에 빠져 있는 듯 신비적인 비전[61]과 사랑에 빠져있

---

59 로버트 존슨, 『We』, 85~89쪽.
60 볼프강 라트, 앞의 책, 70~75쪽.
61 무의식에서 주어지는 이미지이다. 꿈, 백일몽, 기도나 명상 중에 떠오르는 이미지 모두를 포함하는 포괄적인 개념으로 이해할 수 있다(로버트 존슨, 『We』, 80쪽).

다. 그들은 마법적이고 초자연적인 사랑 속에서 각자의 의지와는 상관없이 서로에게 완전히 포로가 되어 있다. '사랑과 사랑에 빠져 있다'고 하는 바로 그것이다.

사랑에 빠진 두 사람이 의식을 구성하는 자아의 세계보다 더 큰 무엇인가를 찾아 헤매며, 완전함에 대한 비전, 내면의 온전함, 통합을 추구하는 것은 종교적인 체험과 흡사하다. 전술한 바 있듯이 낭만적 사랑은 종교적인 영감과 연결되어 있다. 궁정연애 초기에는 낭만적 사랑을 종교적인 영감으로 간주했다. 종교적 갈증은 삶의 전체성 곧 온전한 자기를 찾고 싶은 갈망을 뜻한다. 낭만적 사랑에 대한 추구는 종교적 갈증과 매우 유사하다.

트리스탄이 바라보는 것은 이졸데가 아니라 초월의 세계이다. 트리스탄과 이졸데뿐 아니라 그 이후 낭만주의 시대부터 지금까지 만들어지고 있는 수많은 러브스토리에서 사랑에 빠진 남성은 상대 여성을 영원하고 초월적인 존재로 바라본다. 상대 여성은 남성 자신으로 하여금 자신이 누구인지 깨달을 것 같은 느낌을 준다. "당신은 언제나 내 존재의 이유였습니다. 당신을 흠모하는 것이 내게는 종교였습니다."62)와 같은 표현은 사랑에 빠진 사람이 이미 신의 이미지나 상징을 사랑하는 사람에게서 보고 있음을 말해준다.

3.3.3. 남성 내면의 아니마의 투사

아름다운 이졸데는 트리스탄의 정신 안에 살고 있는 여신으로서 내면 세계에 존재하는 영원한 여성성의 상징이다. 남성에게 삶의 의미를

---

62 칼로스 알마란(Carlos Almaran), 「사랑 이야기(Historia de un amor)」(로버트 존슨, 『We』, 93쪽).

깨닫게 하는 아름다움과 완전함의 이미지를 체현하고 있는 존재인 것이다. 융은 이것을 아니마라고 했는데 이는 '영혼'을 뜻하는 라틴어이다. 사랑의 묘약을 마시는 그 순간부터 트리스탄은 이졸데를 자신의 일부로 바라보게 된다. 아니마를 통해 삶의 의미를 찾고 완전함과 동시에 황홀경을 체험할 수 있게 되는 것이다.

남성 내면의 여성성의 특징은 무엇보다 '관계'에 대한 것이다. 아니마는 내적인 무의식의 세계와 관계를 맺게 해준다. 낭만적 사랑에 빠졌을 때 남녀는 항상 영혼의 이미지를 서로에게 투사한다. 남성은 사랑의 묘약을 마실 때 눈앞의 여성에게 겹쳐져 보이는 것이 자신의 영혼인 아니마라는 것을 알아야 하며, 여성은 사랑에 빠질 때 앞에 있는 남성에게 자신의 아니무스가 투사되고 있다는 사실을 인식해야 한다.[63]

마법의 와인을 마시자 트리스탄은 전혀 다른 눈으로 세상을 바라보게 된다. 눈앞의 여성인 이졸데를 보기보다는 자신의 무의식 속에 숨어 있다가 갑자기 마술같이 인간의 몸으로 옮겨와 있는 자신의 영혼, 내면에서 빛을 발하고 있던 여신의 비전을 이졸데에게서 보는 것이다. 그러나 이 순간 실제의 세계는 엉망진창이 된다. 왕에 대한 의무, 기사의 임무, 도덕, 충성은 전부 의미 없는 것이 돼버린다. 트리스탄과 이졸데가 선택한 반역의 길은 둘을 파괴의 길로 인도할 것이지만 그런 것쯤은 대수롭지 않다. 오히려 '그렇다면 죽음이여 오라!'고 외친다.[64]

---

63 로버트 존슨, 『We』, 113~121쪽.

64 이러한 아니마는 대표적인 부정적 아니마의 작용 때문이다. 부정적인 아니마는 자기 실현을 방해함으로써 종종 주인공을 파멸로 이끈다. 융의 제자 폰 프란츠(M. L. Von Franz)는 부정적 아니마를 "살인적 아니마(killing anima)"라고 불렀는데 흔히 말하는 팜므파탈은 부정적 아니마를 상징한다. 한 여성에게 사로잡혀서 그녀의 영향력을 벗어나지 못하고 정신적인 포로가 되어 스스로를 구속하는 경우가 있는데, 이 때 그 여성은 남성의 부정적 아니마가 투사된 것으로 볼 수 있다. 반면 긍정적 아니마의 상징

아니마가 한 여자에게 투사되면 그것은 곧 그녀의 특질들로 보일 수 있다. 누군가를 처음 보는 순간 갑자기 사랑에 빠지며 이 여자가 바로 '그 여자'라는 것을 즉시 알게 되는 것은 아니마의 존재 때문이다. 이런 상황에서 남자는 마치 계속 그 여자를 친밀하게 알아왔던 것처럼 느낀다. 남자는 그 여자에게 너무나 무력하게 홀딱 반하기 때문에 다른 사람들에게는 완전히 미친 사람으로 보인다. 세간의 떠도는 '사랑은 일시적인 정신병'이라는 말은 이런 면에서 어느 정도 타당하다.

트리스탄 이야기의 모든 갈등과 혼란, 고통의 근원은 하나이다. 트리스탄이 이졸데를 자기 혼자 소유하려고 하기 때문이다. 투사를 통해 아니마를 내면 세계의 여왕 자리에서 끌어내려서 외부에 존재하는 육체적인 여성의 존재 즉, 개인적인 차원으로 아니마를 경험하려 드는 것이다. 그러나 아니마의 자리는 남성의 내면 세계 안에 존재하며 그곳에서 남성에게 영감을 제공한다. 아니마를 육체를 지닌 여성으로 제한하면 아니마를 여성으로, 여성을 아니마라고 믿게 된다. 현실의 사랑하는 여성을 한 '인간'으로 대하는 것이 아니라 '여왕'으로 간주하는 것이다.

트리스탄의 가장 깊은 심연에서 그는 이졸데가 항상 여왕이어야 한다는 사실을 알고 있다. 그래서 트리스탄은 이졸데와 일상적인 평범한 혼인을 시도하지 않는다. 그는 개인적이고 육체적인 방식으로 이졸데를 소유할 수 없다는 사실을 알고 있다. 그럼에도 자신만의 소유로 붙잡으려고 애쓴다. 이졸데를 왕에게 돌려보내면 그는 이졸데를 언제나 자기의 내면의 여왕으로 가까이 둘 수도 있고 본래의 모습인 여신으로

은 남성을 위험에서 구해주거나 어떤 문제에 직면했을 때 창의적인 해결책을 제시해 주는 여인이다(김명희, 앞의 논문, 131~132쪽).

이졸데를 경험할 수도 있었을 것이다. 외부 세계에서는 다른 여인과 자유롭게 인간적인 사랑을 경험하고, 내면의 여왕은 자신의 권리로써 열렬히 사랑할 수 있었을 것이다.[65] 그러나 트리스탄은 내면의 여신인 이졸데를 현실에서 붙잡고 있다.

3.3.4. 투사 철회의 기회

사랑의 묘약은 3년만 효력이 지속된다.[66] 숲으로 도망친 트리스탄과 이졸데는 짐승처럼 산다. 그래도 이들은 사랑의 묘약으로 인해 고통을 느끼지 못한다.[67] 짐승과 풀뿌리로 연명하며 살면서도 둘에게는

---

65 로버트 존슨, 『We』, 162~165쪽.

66 트리스탄 소재는 중세와 근대로 넘어오면서 대략 100개가 넘는 변형된 이야기로 발전하였다고 전해진다(Gottfried von Straßburg, 『Tristan』, S. 8. 천현순, 앞의 논문, 375쪽에서 재인용).

로버트 존슨은 베디어(Bedier)의 채록본을 토대로 묘약의 유효기간을 3년으로 정리했다. 베룰의 유포본을 토대로 쓰여진 아일하르트의 작품에서는 묘약의 유효기간이 4년으로 돼 있다. 아일하르트의 작품에는 사랑의 묘약이 효과가 지속되는 동안에만 숲속에서 도피생활을 하는 것으로 돼 있고, 트리스탄과 이졸데는 숲속에서 생활하면서 추위와 배고픔에 시달리는 것으로 묘사되어 있다. 둘의 사랑은 극한 현실과 맞서 싸워야 하는 시련의 과정으로 묘사돼 있다(천현순, 앞의 논문, 377~378쪽).

67 아일하르드의 작품과는 달리 고트프리트의 작품은 묘약의 유효기간에 대한 언급은 전혀 없으며, 아일하르트의 작품과 비교해 볼 때 사랑을 절대적 가치로 승화시키고 있다는 특징이 있다(도키 겐지 외, 앞의 책, 132쪽 이하). 트리스탄과 이졸데가 은신처로 삼고 있는 사랑의 동굴은 절대적 사랑이 존재하는 지상낙원으로 그려져 있다. 이 둘에게 필요한 것은 오직 사랑 밖에 없다. 사랑은 그 자체로서 절대적 가치를 지니는 지순한 사랑으로 묘사되고 있다. 사랑의 동굴에서 지내는 이들의 절대적 사랑은 마르크 왕이 개입함으로써 중단되는 것으로 묘사되어 있다.

두 작품이 이런 차이를 보이는 것은 아일하르트 작품의 토대인 베룰의 판본이 본래의 트리스탄 전설에 가까운 내용을 담고 있으며, 심리묘사보다는 사건을 있는 그대로 서술하고 있는 반면, 고트프리트가 토대로 삼은 토마의 판본은 당시 궁정사회에서 유행하던 기사 이야기에 맞게 내용을 변형하였으며, 사건보다는 미묘한 연애 심

지상천국이 따로 없다. 그러나 트리스탄이 함께 살고 있는 사람은 이 졸데가 아니라 자신이 추구하는 아니마이다.

주술이 풀리면 꿈에서 깨어난다. 이 순간은 정확하게 투사를 철회할 기회이다. 사랑의 묘약이 지닌 힘에서 벗어나면 남성은 자기가 실제 사랑하는 여인과 또 그녀에게 투사한 아니마는 다른 두 실체라는 것을 알아챌 수 있다. 투사한 것이 사실은 자신의 일부라는 사실을 배울 수 있는 것이다. 투사한 부분은 남성의 내면의 잠재력이다. 이것은 언제나 다른 여성을 통해서만 얻으려 했기 때문에 이전에는 전혀 알 수 없었던 자기 자신의 일부이다. 투사를 거두고 여인을 존재 그 자체로 바로 보게 되는 그 순간 비로소 한 여성과 진실한 관계를 맺을 수 있다. 여성이 지닌 진정한 가치를 볼 수 있는 힘이 생기는 것이다. 그러나 대다수의 남성들은 주술이 깨지는 순간을 큰 불행처럼 생각한다. 투사를 거두며 눈에 씐 콩깍지가 벗겨지는 그 순간이 바로 진화의 결정적인 때임을 알지 못하는 것이다.

여성 입장에서도 마찬가지다. 여성은 아니무스를 투사한 결과 사랑에 빠졌다고 느끼며 관계가 시작될 무렵에는 사랑하는 남자가 멋지고 근사하게 보인다. 하지만 사랑의 감정은 오래가지 않고 시간이 갈수록 그의 행동이 눈에 거슬리고 오로지 비난거리가 없나 찾게 된다. 이를 '아니마 투사의 철회' 라고 부른다.[68]

리에 초점을 두고 있기 때문이다. 김광요에 따르면 고트프리트 폰 슈트라스부르크의 창작 분야는 민네상(minnesang, 연애서사시)으로써 이 장르에서의 그의 천재적 창작 능력은 타의 추종을 불허한다. 특히 대표작 『트리스탄』은 그 세대의 민네를 신비주의적 영역까지 끌어 올린 최고의 민네문학이라고 할 수 있으며 이 연애문학은 그 다음에 이어질 모든 독일 연애문학의 모범이 되었다고 한다(김광요, 앞의 논문, 282쪽).

68 마야 스토리히, 앞의 책, 197쪽.

이제 트리스탄과 이졸데는 함께 도망친 숲에서 3년을 보내고, 트리스탄은 이졸데를 왕에게 돌려보낸다.[69] 그러나 트리스탄은 이졸데를 잃는 것도 아니고 아니마를 잃는 것도 아니다. 자기 영혼을 어떻게 자신의 것으로 회복할 수 있을 것인가를 결정할 수 있는 절호의 기회를 맞은 것이다.

3.3.5. 지상의 여인

이졸데와 헤어져 절망 속에 있던 트리스탄은 우연한 기회에 또 다른 이졸데와 결혼하게 된다. '흰 손의 이졸데'라고 불리는 이 여성은 지상에 존재하는 이졸데이다. 트리스탄이 흰 손의 이졸데를 처음 만났을 때 그녀는 수(繡)를 놓고 있었다. 이 말은 일상의 일을 하며 살아가는 지상의 단순하고 평범한 여성이라는 의미이다. 그녀는 물질적인 세계와 물질적인 삶, 평범한 인간다움에 담긴 아름다움·가치·신성을, 남성이 자신의 내면에서 찾을 수 있게 하는 능력을 가지고 있다. 그녀의 사랑은 육신을 지닌 남녀가 관계하는 인간적인 것이다. 이러한 사랑은 연인들로 하여금 인간적인 면과 일상적 삶을 확인하게 한다.

흰 손의 이졸데의 관심은 오로지 '관계'이다.[70] 트리스탄은 아름다운 이졸데에게 '우리는 함께 죽음의 잔을 마셨다'고 말했디. 그러나 흰 손의 이졸데는 죽음 대신 삶에 관심을 둔다. 자신이 그렇듯이 상대방 남성도 자신을 사랑하고 돌보고 자양분을 얻을 수 있는 지상에서 평범

---

69 이로써 두 사람은 사랑의 죽음 대신 이별로 인한 정신적인 죽음이 들어선다. 낭만적 사랑에 빠진 두 사람이 떨어져 살아야 한다는 것은 죽음과도 같다(엄선애, 「R. Wagner의 'Tristan und Isolde' "사랑의 죽음"과 구원」, 『경성대학교 논문집』 제17권 1호, 1996, 112쪽).

70 로버트 존슨, 『We』, 225쪽.

한 사랑을 이루기를 바란다. 그녀는 남편인 트리스탄도 역시 같은 마음으로 그녀를 사랑해주면서 함께 살기를 원한다. 그러나 트리스탄은 흰 손의 이졸데와 형식상 결혼은 하지만 실상은 그 결혼을 거부한다. 아름다운 이졸데에 대한 단 하나의 사랑만을 간직하고자 아내인 흰 손의 이졸데를 처녀로 남겨 놓는 것이다. 이는 부부의 의무를 포기하는 것이다. 트리스탄은 흰 손의 이졸데를 거부함으로써 낭만적 사랑을 인간적인 사랑으로 진화시킬 수 있는 또 한 번의 기회를 잃어버린다.

트리스탄과 아름다운 이졸데의 사랑은 매우 자기중심적이다. 결과적으로 보면 트리스탄은 아름다운 이졸데가 고통스럽기를 바라고 불행한 자신의 삶에 동참하기를 원한다. 관심은 오로지 아름다운 이졸데를 향한 자기 투사와 자기 열정에 집중돼 있을 뿐이다. 스턴버그(Sternberg)는 "낭만적 사랑은 열정과 친밀함은 있지만 헌신은 없는 관계"[71]라고 했다. 반면 완전한 사랑은 이 세 가지를 모두 갖춰야 한다. 그래서 심리학자 어니스트 베커(Ernest Becker)는 "낭만적 사랑은 영웅적인 감정을 느끼고 싶어 하는 욕구, 거대한 우주적 구도 속에서 우리 삶의 중요성을 느끼고 싶어 하는 욕구, 우리 자신보다 더욱 높은 것에 완전히 흡수, 동화되는 듯한 감정을 느끼고 싶어 하는 욕구를 만족시키는 방법"[72]이라고 했는지 모른다.

트리스탄은 두 번의 결혼을 했어야 했다.[73] 첫 번째는 자신의 영혼 곧 아름다운 이졸데와 내면의 결혼을 하는 것이고 두 번째는 흰 손의 이졸데와 실제의 결혼을 하는 것이다. 지상의 여인과의 결혼은 다른

---

71 A. M. 파인스, 앞의 책, 23쪽.
72 A. M. 파인스, 위의 책, 27쪽.
73 로버트 존슨, 『We』, 235쪽.

존재와의 화합을 뜻하며 타인을 인간 그 자체로 받아들인다는 의미이다. 이러한 사랑은 우정을 가꾸어 나가는 것처럼 타인을 있는 그대로 수용하는 관계를 말한다. 그러나 트리스탄은 삶에는 두 가지 사랑이 있고 두 가지 다른 관계가 존재한다는 사실을 발견할 기회를 놓치고 말았다.

3.3.6. 지상에서의 신의 세계 경험

트리스탄과 이졸데의 사랑은 암울하고 우울했다. 격렬했지만 짓눌려 우울하고 고통에 차 있었다.[74] 낭만적 사랑과 열정은 불가분의 관계에 있다. 열정(passion)이라는 단어는 본래 '고통을 받다'라는 뜻이다. 트리스탄과 이졸데로부터 로미오와 줄리엣, 현대의 로맨스에 이르기까지 낭만적인 이야기들은 하나같이 죽음과 고통으로 뒤범벅이 돼 있다. 이런 현상을 보면 마치 낭만적 사랑을 통해 고통을 즐기는 것이 아닌가 하는 생각이 들 정도이다.

트리스탄은 아름다운 이졸데를 그리워하며 시름시름 앓다가 죽음을 눈앞에 두고 그녀를 부른다. 그러나 결국 아름다운 이졸데를 만나보지 못하고 죽는다. 그 뒤를 아름다운 이졸데가 따라서 죽는다. 둘의 아니마와 아니무스는 결국 서로의 영혼을 잇지 못한 채 죽음으로 생을 마감하고 만다.

선사시대부터 인류는 죽음으로써 시공간적으로 제한된 물질 세계에서 벗어나 무한하고 측량할 길 없는 영원한 영의 세계인 우주의 공간으로 들어간다고 믿었다.[75] 중세의 음유시인들은 오로지 열정적인 사

---

74 볼프강 라트 , 앞의 책, 78쪽.
75 A. M. 파인스, 앞의 책, 247쪽.

랑과 죽음을 통해 영원한 세계로 들어가고자 시도했다. 낭만적 사랑은 신성한 세계를 맛볼 수 있는 초자연적인 강렬함이 주는 절정과, 고통을 향한 열정이기에 낭만적 사랑을 통해 지상에서 미리 황홀한 신의 세계를 경험할 수 있다고 여겼다.

『트리스탄과 이졸데』는 죽음을 초월한 사랑과 열정의 상징이다. 그들의 사랑에 대해 프랑스의 작가 드니 드 루즈몽(Denis de Rougemont)은 "그들은 서로 사랑한 것이 아니었다. 그들이 사랑한 것은 바로 사랑이다. 그러니까 사랑을 한다는 사실 그 자체이다. … 트리스탄은 사랑한다고 느끼는 사실을 사랑했지만, 이졸데를 사랑하지는 않았다. 이졸데 또한 열정적인 사랑과 꿈으로도 충분했다. … 사랑 그 자체를 사랑한다는 것은 바로 고통을 사랑하고 고통을 찾는 일이다."[76]라고 말한 바 있다.

『트리스탄과 이졸데』 이야기는 낭만적 사랑의 끝이 닿는 곳은 어디인지를 보여준다. 신성을 다른 인간에게 투사할 때 빠질 수 있는 함정에 대해서도 일러준다. 뿐만 아니라 이러한 사실을 인간의 삶으로 끌어들일 때 발생할 수 있는 혼돈을 알 수 있게 해준다.[77]

3.4. 『트리스탄과 이졸데』의 의의

융은 인간의 정신은 언제나 전일성(Wholeness)을 향해 매진하고 의식을 더 크게 확장하고 이를 완성하려 한다는 사실을 관찰했다. 무의식은 그 안에 담긴 내용물들을 의식으로 이동시키기를 추구하는데 의식에서 훨씬 안전하고 의식적인 개성으로 동화됨으로써 실질적이 될 수

76 송병선, 『사랑 그 32가지 빛깔』, 창공사, 1997, 200쪽.
77 로버트 존슨, 『당신의 그림자가 울고 있다—융 심리학이 밝히는 내 안의 낯선 나』, 86쪽.

있기 때문이다. 개개인의 정신은 무의식의 내용을 통합하고 성장하려는 진화적인 충동을 선천적으로 지니고 있다. 진화에서 자아(ego)의 역할이란, 의식이 진정으로 온전한 자기(self)를 반영할 때까지 점점 더 많은 무의식을 의식으로 통합하는 것이다.[78]

『트리스탄과 이졸데』는 서구인의 정신에 관한 깊고 오묘한 표현이다. 낭만적 사랑 신화의 원형으로 인정되는 이 이야기는 아니마와 아니무스가 낭만적 사랑에 빠지는 상황에서 어떤 모습으로 드러나게 되는지를 극적인 스토리와 다양한 상징으로 잘 보여주고 있다. 또한 중세 이래 지금까지 현대인의 무의식에 작용하는 심리학적 힘인 낭만적 사랑에 관한 전망을 생생하게 보여준다. 왜 낭만적 사랑이 현대인의 문화에 유입될 수밖에 없었는지, 낭만적 사랑은 무엇인지, 그리고 낭만적 사랑은 왜 잘 성사되지 않는지를 보여준다.

『트리스탄과 이졸데』는 서구인들의 정신이 진화하기 위해서 필연적으로 낭만적 사랑이 필요하다는 사실도 보여준다. 인간은 불완전한 존재이지만 온전한 자기를 완성하기 위해서 분투한다. 이를 위해 영혼은 신과 영적인 세계를 갈망한다. 그러나 현대인에게 이러한 신의 세계는 거리가 멀어진지 오래이다. 대신 자신의 아니마와 아니무스를 상대 여성 또는 남성에게 투사함으로써 신성을 찾고 싶어 한다. 죽음과도 같은 고통은 오히려 달콤하게 여겨지고 드디어 내면의 여신을 만나게 됐다고 기뻐한다. 그러나 투사는 말 그대로 거울에 비친 자신의 영혼이 비친 모습에 불과하다. 한 여성, 한 남성을 진정으로 만난다는 것은 자기 내면의 아니마와 아니무스를 인식하고 그것을 의식으로 끌어올리며, 이상의 세계를 벗어나 현실에서 인간적인 사랑을 나눌 때 가능하

---

78 로버트 존슨, 『We』, 23~26쪽.

다. 이때야말로 진정한 자기의 통합이 이루어질 수 있는 순간이다.

만약 현대인이 의식적으로 낭만적 사랑을 다룰 수 있는 방법을 배울
수 있다면 상대방과의 관계뿐만이 아니라 자기 자신과의 관계도 포함
해서 새로운 가능성을 찾을 수 있게 될 것이다. 낭만적 사랑에 그저 휩
쓸리는 것이 아니라 의식적으로 살아내는 법을 배울 때 우리는 의식
진화의 한 단계로 넘어가게 될 것이고 온전성을 획득하게 될 것이다.
가장 머리 아픈 낭만적 사랑이 어쩌면 우리의 의식을 가장 도약시킬
수 있는 최고로 풍요로운 기회가 될 수있다.[79]

4. 낭만적 사랑 신화의 현대적 해석

4.1. 현대인의 낭만적 사랑 신화

현대를 살아가는 사람들은 누구나 일생에 한 번쯤 낭만적 사랑을 기
대하거나 관심을 가지고 있다. 낭만적 사랑은 예측할 수 없이 어느 날
찾아오는 신비스러운 것으로 생각한다.[80] 그것은 자신이 완전히 통제
할 수 없는 삶의 영역이며, 개개인들이 느낀 감정의 체험은 자신들에
게만 특별한 개인적 일처럼 여겨진다. 낭만적 사랑의 이런 측면은 현
대인에게 분명히 신화로 존재한다.

낭만적 사랑은 서구 역사에서 뿐 아니라 현대인에게도 압도적인 심
리학적 현상 중 하나이다. 인간의 집단 심리를 지배해왔고 세상을 보
는 시각을 바꾸어 놓았다. 누군가와 사랑에 빠져서 황홀감에서 헤어나

---

79 로버트 존슨, 『We』, 23~24쪽.
80 김영란, 「젠더화된 사랑-낭만적 사랑, 모성애-과 보살핌노동: 여성복지정책적 함
    의」, 『사회복지정책』 제18집, 2004. 4, 200쪽.

지 못하는 엄청난 마법의 순간을 사랑에 '빠진다' 라고 묘사한다. 무엇에 '빠져 있다', '중독되어 있다' 는 말은 심리적으로 자아의 통제가 불가능한 무의식이 지배하는 상태라는 의미이다.

트리스탄과 다를 바 없는 현대 남성들도 낭만적 사랑을 통해 자기탐색과 비전을 상대 여성에게서 찾으려고 자기 자신을 투사한다. 현대인은 종교와 점점 멀리하게 되면서 자신의 종교 본능을 다른 곳으로 드러낼 길이 없다. 그러다보니 이것이 허용되는 곳인 낭만적 사랑으로 그 열정을 옮긴다.81) 사랑에 빠져있을 때를 제외하고는 삶이 온전하게 느껴지지 않는 이유는 바로 이 때문이 아닐까.

현대의 대중문화는 대중의 기호를 충족시키기 위해 낭만적 사랑에 대한 관심을 지속적으로 확대 재생산한다. 이로써 현대인은 무의식적이며 엄청난 낭만적 사랑이라는 환상의 늪에 빠져 허우적댄다. 낭만적 사랑의 환상은 그 사랑을 지속되는 인간관계로 전환·발전시키기 보다는 아주 빈번하게 비극으로 끝나게 만들어 소외감과 외로움만 가중시켜 왔다.

오늘날 우리가 구애나 결혼을 할 때 그 바탕에 공통으로 깔고 있는 이상이 바로 낭만적 사랑이다. 그러나 이러한 이상은 절대 찾을 수 없는 완전한 사랑에 목숨을 걸게 만들고, 신기루처럼 결코 가서 닿을 수 없는 세계를 염원하게 해 끊임없는 불만족 상태를 만든다. 이러한 태도는 지금 서 있는 이 자리에서 얻을 수 있는 기쁨과 아름다움을 영원히 놓치게 한다. 죽음이든 황홀경이든 사랑하는 사람들의 공통점은 서로에 대한 만족이 없다는 것이다. 낭만적 사랑의 풀리지 않는 딜레마는 성(性)적이든 정신적이든 보다 많은 것을 원하며 항상 갈증에 시달

---

81 로버트 존슨, 「We」, 101~102쪽.

린다는 것이다. 사랑하는 이들은 그들 내부에 자신의 의지보다 강한 것이 자리하고 있다는 것을 경험한다. 자신도 알 수 없는 이것은 항상 신성한 것으로 추앙받아왔다.[82]

서양의 대부분 그리고 서양의 영향을 받은 우리 사회의 남녀 간의 사랑과 결혼은 낭만적 사랑의 신화가 걸어온 길을 그대로 걷고 있다. 낭만적 사랑은 순수한 '연애'라는 용어와 동일시되며, '연애한다', '연애결혼했다'는 말은 어떤 사회적·경제적 조건을 따지지 않는 오로지 한 눈에 반한 순수한 사랑을 한다는 것을 의미하는 것으로 이해한다.

연애는 아니마와 아니무스의 투사에서 비롯된다. 투사에서 비롯된 남녀 간의 사랑은 그래서 반드시 환상이 깨지고 콩깍지가 벗겨지는 시기를 겪는다. 그러나 남녀의 사랑이 인간적인 사랑으로 끌어올려지지 못한 채 계속해서 자신의 연인이나 배우자에게 신의 이미지를 투사하는 것은 자신의 그림자인 두려움이나 근심거리를 투사하는 것만큼 위험하다.[83] 상대방에게서 창의력의 원천을 찾고, 상대방이 신의 영감을 부여해주기를 원하며, 나의 삶을 바꿔주기를 원한다면 이것은 분명 과거 신에게 갈구하던 영적인 가르침을 사랑하는 사람이 대신해주기를 바라는 것이다. 공전의 인기를 얻었던 드라마 〈가을동화〉 속에 등장한 '너의 죄를 사하노라'라는 유명한 대사는 바로 사랑하는 사람이 우리 자신을 새롭게 하고, 영혼을 구원하는 신의 역할을 해주기를 바란다는 의미로 사용됐다고 본다.

82 볼프강 라트, 앞의 책, 21쪽.
83 로버트 존슨, 『당신의 그림자가 울고 있다 – 융 심리학이 밝히는 내 안의 낯선 나』, 83쪽.

4.2. 낭만적 사랑 신화와 결혼

사랑에 빠진 상태를 영원히 붙들고 싶은 욕망은 동거나 결혼제도와 같은 관습화된 사랑의 형태를 낳았다. 18세기 근대에 들어와 인간은 사랑과 결혼을 함께 묶어 생각하게 된다. 이 시대만큼 연애결혼을 찬미한 시대는 없을 것이다.[84] 낭만적 사랑에 대한 이상은 인간을 천상으로 올려놓는다. 사실 '너와 나, 내 앞에 있는 너의 모습은 마치 인간으로 변신한 내 영혼과 같다!' 는 상상을 하면서 일생을 한 사람과 보내기를 소망한다.

역사적으로 봤을 때 결혼과 무관한 정열적인 낭만적 사랑은 반(反)규범적 상태에서 시작해 서서히 가장 관습적인 형태인 결혼으로 길들여졌다. 정열적인 사랑은 결혼과 가족생활로 향하는 한에서만 받아들일 수 있는 수단으로 정착했다. 첫눈에 반해 사랑에 빠지고, 오직 그 사랑만이 삶의 의미가 되며 사랑을 위해서라면 무엇이든지 하겠다는 불타는 사랑, 반규범적이고 반사회적인 사랑은 산업사회가 정착하면서 결혼과 무관한 것이 아니라 오히려 결혼으로 이어지는 전 단계로 자리 잡았다.[85]

살스비(Sarsby)에 따르면, 낭만적 사랑의 시작으로써 중세의 기사가 귀부인에게 보냈던 연정의 방식은 개인주의적 사회경제질서로 재편된 산업사회로 들어와서는 오히려 사랑에 대한 여성들의 적극적인 욕망과 감정으로 이동하였으며, 동시에 사랑은 결혼과 점차 일치하게 되었다.[86]

---

84 볼프강 라트, 앞의 책, 15쪽.

85 조주현 외, 『결혼이라는 이데올로기』, 현실 문화 연구, 1993, 13쪽.

86 J. 살스비, 박찬길 역, 『낭만적 사랑과 사회』, 민음사, 1985, 19쪽.

그러나 역설적이게도 현대의 사랑은 누구라도 영원한 행복과 이별할 마음의 자세가 되어 있다. 한 인간과의 사랑 곧 연애결혼의 종말은 사회적으로 확인된 현상이다.[87] 이는 낭만적 사랑이 지니는 본질이자 근본적인 딜레마에서 기인한 것이다.

시간이 흐르면 그렇게 열렬히 사랑했던 그 남자, 그 여자는 어디로 가버렸는지 의아하다. 그래서 투사가 지속되도록 엄청난 시간과 에너지를 투자한다. '결혼생활에서 로맨스를 유지하는 기술', '배우자의 사랑을 확인하는 기술' 등 여성잡지의 수많은 기사들은 부부관계의 유일한 토대는 투사라는 전제가 깔려 있다. 이는 역설적으로 투사가 거두어지면 결혼은 사라질 것이라는 사실을 말해준다. 그러나 결혼을 지키기 위해 자신의 마음을 가리고 투사를 조작하고 지속하는 기술에는 한계가 있다. 아무리 노력해도 어느 날 투사는 사라진다. 인간 정신은 온전성을 추구하는 것이지 계속해서 투사의 상태에 머무르도록 하지 않기 때문이다.

트리스탄의 투사를 현대 남성에게 적용해보자. 여성성을 상실한 가부장적인 현대인들은 영혼을 잃어버렸다. 그러나 남성 내면의 영혼이 그를 세상으로 끌어내어 상실된 영혼을 찾아보게 한다. 바로 낭만적 사랑이 그 역할을 한다. 그러나 낭만적 사랑에 빠진 남자들은 자기 아내나 여자 친구가 여신이 되기를 기대한다. 여성이 바로 자신의 영혼이므로 영속적으로 완전함이나 황홀경의 비전을 제공해주기를 요구한다. 남성은 자신의 아니마가 웅크리고 있는 내면 세계를 들여다보는 대신, 바깥 세계나 외부 환경에서 자기 영혼을 위한 자리를 찾는다. 남성은 내면 세계의 이상형을 상대 여성에게 투사하느라 바빠서 실제 자

---

87 볼프강 라트, 앞의 책, 15쪽.

기와 함께 하는 여성의 진정한 아름다움이나 가치는 보지 못한다.

그러던 어느 날 투사하던 것이 사라지고 더 이상 로맨틱한 사랑에 빠져 있을 수 없게 되면 갈등이 일어난다. 투사를 거두지 못한 남성은 더이상 사랑이 없다며 아내와 헤어지기를 고려할 수도 있다. 이럴 경우 대개는 투사가 다른 여성에게 옮겨 간다. 스스로의 내면의 문제를 인식하지 않고 새롭게 자기 문제를 해결해주고 삶을 완전하게 만들어줄 여성을 찾아 나서는 것이다. 만약 기혼 남자에게 이렇게 갑작스럽고 정열적인 아니마 투사가 일어난다면 그의 결혼생활은 크게 흔들리게 된다. 삼각관계를 비롯해 수많은 어려움에 처할 수 있다. 이런 갈등 상황을 해결하는 유일한 방법은 아니마를 자신의 내적인 힘으로 인정하는 것이다. 무의식은 남자로 하여금 무의식의 더 많은 부분을 의식으로 끌어올려 통합한 후 그것을 현실생활로 가져오게 함으로써, 자신의 존재를 새롭게 인식하고 성숙할 수 있도록 만든다.[88] 남성은 영혼의 상징인 여성의 이미지가 바로 자기 자신이고, 자신의 내면에 속한다는 사실을 깨달아야 한다. 그럴 때만이 낭만적 사랑을 통해 의식을 확장하고 성숙해지는 첫걸음을 내딛을 수 있다. 트리스탄의 내면에서도 인간 세계의 의리라는 가치와 영혼의 투사가 극심한 갈등을 일으켰다. 그러나 이러한 모든 가치의 충돌은 개인의 발전과 진화를 위한 힘이 된다.

한편 여성 입장에서는 남성들이 여성에게 아니마를 투사하면 그녀는 남성의 이상을 투사하는 거울이 된다. 사회는 그렇게 하도록 훈련을 시키고 여성은 그 거울의 역할에 매달려야 한다. 젊은 여배우처럼, 어린 신부처럼 남성의 판타지를 체현하는 존재가 되는 것이다. 대다수

---

88 C. G. Jung 편, 정영목 역, 『사람과 상징』, 도서출판 까치, 1995, 218쪽.

여성은 이런 역할에 익숙해져서 한 인간이기보다는 남성을 위한 여신 역할을 기꺼이 하려고 든다. 그러나 자신을 여신으로 보는 남자는 한 인간으로서는 관계를 맺을 수는 없다. 만약 남성의 투사가 철회되거나 다른 여성에게 투사가 옮겨갈 때는 여신에 대한 숭배나 흠모도 함께 옮겨간다.[89]

또한 남성이 옮겨가듯이 여성도 옮겨간다. 결혼 전에는 백마 탄 기사로써 여성을 여왕 대접을 하던 남성은 시간이 흐르면 투사를 거두게 된다. 필연적으로 깨지는 투사에 의해 남성은 한 '인간'으로서 여성을, 여성은 남성을 사랑해야 하는데 투사를 거두지 못하면 둘 다 또 다른 투사의 대상을 찾아 나설 수밖에 없는 것이다. 현대 사회의 높아지는 이혼율은 이러한 현실을 대변해준다. 조지프 캠벨은 낭만적 사랑과 결혼에 대해 다음과 같이 말했다.

> 낭만적 사랑은 쾌락을 겨냥한 관계이며 쾌락이 끝나면 사랑도 끝난다. 그러나 결혼은 평생의 약속이며 개인보다 더 귀한 것에 자신을 복속시키는 것이다. 진정한 연애, 진정한 결혼은 바로 이러한 관계 안에 있으며 남편이 아내에게 헌신한다면 그것은 아내에게 헌신하는 것이 아니라 남편이 아내가 이루고 있는 '관계'에 헌신하는 것이다.[90]

4.3. 낭만적 사랑 신화의 현대적 양상

현대의 낭만적 사랑은 본래의 의미에서 많이 동떨어지게 되었다. 순수한 사랑을 의미했던 '로맨틱한 관계'란 오늘날에는 이미 한 쌍의 남녀가 성적으로 연관되어 있을 때를 뜻하는 말이 되어버렸다. 서로 사

---

89 로버트 존슨, 「We」, 183~186쪽.
90 조지프 캠벨, 「신화의 힘」, 365~336쪽.

랑해서 결혼하려는 커플에게는 이들의 관계가 낭만적 사랑이 아닌 단순한 사랑일 수 있음에도 '로맨스'라는 말을 붙인다. '로맨틱한 남편'이라고 말할 때의 로맨틱은 애정표현을 더 적극적으로 해주기를 바랄 때 하는 말이다.

그럼에도 현대인은 낭만적 사랑만이 진정한 사랑이라는 관념에 사로잡혀 있다. 이것만이 진정한 사랑이기 때문에 사회적 규범인 결혼을 벗어난 외도(外道) 또한 로맨틱 러브로 포장이 된다. '내가 하면 로맨스, 남이 하면 스캔들'이라는 속된 표현에서 알 수 있듯이 소위 불륜이라고 할지라도 아름다운 사랑이라는 말로써 면죄부가 되고 있는 것이다.[91]

말하자면 현대의 낭만적 사랑은 초기 궁정연애가 가지고 있는 영성적인 사랑의 의미, 성애(sex)와 결혼이 허용되지 않는 본래의 의미는 사라지고 성애, 결혼, 외도 등이 모두 뒤섞인 개념으로 변해 버렸다.

현대의 낭만적 사랑 신화는 미디어에 의해 확대 재생산되고 있다는 연구도 주목할 만하다. 갈리시안(Galician)은 남녀가 미리 운명 지어진 이상적인 짝을 만나서 영원히 행복하게 잘 살았다는 식의 이상적인 사랑과 결혼에 대한 미디어의 묘사를 접하면서 사람들은 관계에 대한 스테레오 타입(stereo type)[92]을 구성하게 된다고 지적했다. 결국은 이러한 미디어의 비현실적인 사랑 묘사가 현실의 파트너를 불신하고 관계에 불만족하게 만든다는 것이다.[93] 세린과 나비(Segirn & Nabi)는 미국 사

---

91 윤혜성, 「신데렐라 드라마가 미혼 여성들의 낭만적 결혼관 계발에 미치는 영향 연구」, 서울대 대학원 석사학위논문, 2007, 15쪽.

92 어떤 특정한 대상이나 집단에 대하여 많은 사람이 공통으로 가지는 비교적 고정된 견해와 사고, 고정관념.

93 Galician, Mary-Lou, *Sex, love, and romance in the mass media: Analysis and criticism of unrealistic portrayals and their influence*, Mahwah. NJ : Lawrence Erlbaum Associates, Inc, 2004. 윤혜성, 앞의 논문, 8~9쪽에서 재인용.

회에서 결혼에 대한 이상적인 기대가 이혼율을 증가시키는 원인 중 하나라고 하면서 결혼에 대한 이상적인 기대는 미디어의 비현실적인 사랑 묘사와 관련이 있다고 입증했다.[94]

4.4. 낭만적 사랑의 진화를 위한 모색

낭만적 사랑 그 자체는 고유하고 본질적이다. 긴장을 요하며 끊임없이 새롭게 발견해야 하는 것이며, 인생에서 만나기 힘든 보석의 섬광이다.[95] 그러나 낭만적 사랑에 대한 과장과 흥분으로 인해 정작 인간적인 사랑은 주목받지 못하고 있는 것이 현실이다.

낭만적 사랑은 다른 사람을 위한 사랑이 아니다. 늘 우리 자신이 투사하는 것, 우리 자신의 기대와 환상을 향해 있는 사랑이라는 것을 알아야 한다. 무의식적으로 일어난 투사를 이해하고 낭만적인 이상을 존중할 때 우리의 총체적인 자기(self)는 내면의 다른 존재들을 추구하며 한 차원 높은 사랑으로 진화할 수 있다. 낭만적 사랑 자체에 문제가 있기보다는 그것을 하는 방식이 문제이다. 투사 뒤에 숨겨져 있는 실체를 파악하고 자기에 대한 사랑을 어떻게 해야 할지 알아야 한다. 낭만적 사랑은 상대를 드라마의 주인공으로 바라본다. 상대가 자신이 바라는대로 되어주기를 바람으로써 자신의 아니마와 동일해지기를 기대한다. 주술이 사라지면 상대 여성이 다시 예전의 모습으로 돌아오기만을 고대한다. 그러나 세상의 모든 충성과 언약과 의무를 저버리고 열정이

---

94 Segirn, C & Nabi, R.L. *Does television viewing cultivate unrealistic expectation about marriage?*, Journal of Communication, 52(2), 2002, pp.247~263. 윤혜성, 앞의 논문, 8~9쪽에서 재인용.
95 볼프강 라트, 앞의 책, 18쪽.

세상의 전부라고 믿는 낭만적 사랑은 언젠가는 반드시 식게 돼 있다. 아무리 계속해서 열정을 찾으려고 애쓰고 영원한 사랑을 갈구하지만 식어버린 열정은 다른 매력적인 사람에게 옮겨간다. 이전의 관계를 깨 뜨리든 말든, 그것이 상처를 주든 것이든 말든, 무의식적으로 열정을 가장 좋은 최선이라고 판단하고 열정을 삶의 주요한 목표로 삼는다. 삶의 모든 가치는 열정 앞에서 희생된다. 그러나 열정만을 추구한다면 각자의 진정한 존엄은 있을 수 없다.[96]

반면 인간적인 사랑은 상대방을 독립된 개인으로 보고 상대와 인간 대 인간의 관계를 맺으며, 상대 여성이 완전하고 독립적인 삶을 살기 를 바라고 진정으로 그 여성 자신이 되도록 격려한다. 상대를 있는 그 대로 받아들이고 그 사람에게 우리가 바라거나 투사하는 모습대로 되 라고 요구하지 않는다. 진정한 사랑은 우리가 보지 못하던 상대의 아 름다움과 가치와 품성, 긍정적·부정적인 면 모두를 받아들이도록 해 준다. 상대의 총체성을 받아들이는 것이다.[97] 이러한 사랑으로 인해 사랑하는 상대가 온전하고 충만하게 삶을 살고 생의 기쁨을 누리는 것 이 나 자신의 욕구보다 더 중요해질 수 있다. 단순하고 평범한 일상을 함께 나누고 그곳에서 관계를 맺으며 가치와 아름다움을 찾는다. 우주 적인 드라마와 강렬함을 찾아 헤매지도 않으며, 소박하고 평범한 일상 에서 신성을 찾는다.[98]

인간적인 사랑은 당연히 우정을 포함한다. 우정은 자기중심적인 태 도와 불가능한 것에 대한 기대를 하지 않으며 인간적이고 실질적인 관

---

96 로버트 존슨, 『We』, 172쪽.
97 로버트 존슨, 『We』, 309쪽.
98 로버트 존슨, 『We』, 315쪽.

계를 만든다. 남녀가 진정한 친구가 될 때 둘은 연인이자 이웃이 된다. 그러나 낭만적 사랑은 우정과 반대편에 있다. 낭만적 사랑은 친구들과 같이 있을 때는 너그럽지만 둘이 있을 때는 모든 분노, 적의, 변덕, 좌절감을 상대에게 쏟아 붇는다. 대부분의 사람들은 사랑에 빠져있는 것이 그냥 친구인 상태보다 훨씬 더 친밀하고 의미 있는 관계라고 믿는다. 로맨스 지상주의, 로맨스 예찬론 때문이다. 그러나 상대에게 자신을 행복하게 해주고, 자신의 삶을 완전하게 만들어주며, 변덕의 희생양이 되어달라고 끝없이 괴롭힌다. 어떤 것이 과연 진정한 사랑일까.

인간관계는 우정이나 헌신과 분리될 수 없다. 사랑의 핵심은 나의 행복을 위해 타인을 이용하는 것이 아니라 사랑하는 사람에게 봉사하고 긍정하는 것이다. 그것은 사랑을 받는 것보다는 사랑을 하는 것이다. 우리도 마찬가지지만 동양 전통에서는 얼굴도 보지 못한 채 집안이 골라준 배우자와 혼인식을 치르고 평생을 같이 사는 결혼 방식이 있다. 열정적으로 불타오르는 사랑이 없어도 따뜻한 안정감과 헌신을 간직하며 깊은 애정을 가지고 살아가는 사랑이다. 그러나 이러한 사랑 방식은 현대인들의 낭만적 취향에는 맞지 않는다.

크리스티안 슐트는 낭만적 사랑이 아무리 매력적일지라도 21세기에는 새로운 사랑 모델이 필요하다고 한다. 그는 지극히 현실적인 새로운 사랑 모델의 대안을 제시했다.[99] 그 다섯 가지는 첫째, 극적인 희생보다 일상의 충실함에서 현실적으로 사랑하기, 둘째, 둘이 만나 완전히 하나가 될 수 있다는 환상을 버리고 일정한 거리를 유지하기, 이를 위해서는 독립적인 자아가 필수적이다. 셋째, 갈등의 논리 파악하기,

---

99 크리스티안 슐트, 장혜경 역, 『낭만적이고 전략적인 사랑의 코드』, 푸른숲, 2008, 316~320쪽.

사랑하는 관계에서 갈등은 지속적인 상호 관찰의 편집증적 상태 때문에 일어난다. 규칙을 지켜가며 갈등의 논리를 파악할 필요가 있다는 것이고 넷째, 낭만 연출하기, 낭만을 잘 연출해서 식어버린 사랑에 마법을 걸자는 것이다. 다섯째, 백미러로 자기 모습 관찰하기, 자기 관찰은 열정적인 감정을 강화시키며 사랑의 과식을 막아준다는 것 등이다.

또한 사랑을 말할 때 흔히 '뿌리와 날개'라는 은유를 한다. 뿌리는 친밀성, 공존, 안정, 헌신, 날개는 개체성, 자아실현, 자기표현을 상징한다. 파인스는 "사랑이 뿌리와 날개관계를 맺는다면 처음 느꼈던 낭만적 흥분을 영원히 간직할 수도 있지 않을까"100)라고 말한다.

현대인의 믿음처럼 누구에게나 낭만적 사랑은 찾아올 수 있다. 그러나 그것만이 유일하고 진실한 사랑이고 운명적이라는 오해는 불식해야 한다. 만약 낭만적 사랑에 빠져 있다면 그것이 끝나는 순간이 상대를 진정으로 사랑하기 시작할 수 있는 때임을 깨닫고 현실적인 사랑을 위한 노력을 해야 할 필요가 있다.

5. 결론

오늘날 서구 사회뿐 아니리 우리나라를 비롯해 서구화된 동양 사회에서 혼인이나 모든 사랑하는 남녀관계에서 가장 강력한 영향을 발휘하는 낭만적 사랑의 연원을 탐구해 보았다.

낭만적 사랑은 마치 마법에 걸린 것처럼 남녀가 무의식적으로 첫눈에 서로에게 반하게 되어 누구도 말릴 수 없는 사랑을 하게 되는 것을 말한다. 이 사랑은 어떠한 다른 조건이 끼어들 수 없는 순수한 사랑이

---

100 A. M. 파인스, 앞의 책, 410쪽.

며 열정에 불타오르는 운명적인 사랑이다. 낭만적 사랑에 빠진 남녀에게는 사랑만이 최고의 가치이며, 두 사람의 마음과 정신이 합일되어 '사랑 지상주의'를 추구한다.

서양 중세, 기사가 귀부인에게 보내는 고귀한 사랑인 궁정연애로 시작된 낭만적 사랑은 본래 종교적인 성격을 띠고 있었다. 융 심리학의 관점에서 볼 때 낭만적 사랑은 남성 내면의 아니마(여성의 경우 아니무스)의 투사 작용으로 인해 일어난다. 낭만적 사랑 신화의 원형적 요소를 담고 있는 『트리스탄과 이졸데』는 인간이 내면의 의식을 확장하기 위해 낭만적 사랑에 빠질 수밖에 없으며 낭만적 사랑은 본질적으로 자아본위적 사랑의 특성을 가진다는 것을 보여준다. 또한 『트리스탄과 이졸데』가 지닌 신화적 요소들은 현대인에게 낭만적 사랑 신화가 어떻게 계승되고 있는지도 잘 보여준다.

낭만적 신화는 현대인의 연애와 결혼에 지대한 영향을 끼치고 있다. 그러나 역설적이게도 현대인의 낭만적 사랑은 누구라도 이별할 마음의 자세가 되어 있다. 투사를 거두지 않는 한 낭만적 사랑의 상대와의 이별은 쉬운 것이다. 이혼율은 점점 높아지고 있다. 또한 낭만적 사랑의 본래 의미와는 다르게 외도와 성애주의를 포장하는 데 이용되고 있기도 하다.

낭만적 사랑은 본래 신을 향한 충동과 인간적인 사랑, 천상과 지상이 뒤죽박죽 엉켜 만들어진 사랑의 칵테일이다.[101] 따라서 그 분명한 한계를 알아야 할 필요가 있다. 낭만적 사랑의 환상에만 빠져 있게 되면 안정감, 헌신, 배려, 우정이 있는 인간적 사랑의 행복은 요원하다. 낭만적 사랑은 현대인에게 필요한 것이지만 그것의 진화를 위해서는

---

101 고혜경, 「역자 후기」, 로버트 존슨, 『We』, 329쪽.

천상적인 것과 지상적인 것을 분리하여 각각 본래 자리로 되돌려 줘야한다. 내면의 신적인 이미지는 내면 세계로 보내 영혼을 위한 자리를마련해주고, 외부 세계에서 만나는 연인은 존재 그 자체로 사랑할 수있어야 한다. 낭만적 사랑은 그 자체로 엄청난 힘을 가지고 있지만 개개인이 가지고 태어난 원형적 잠재력을 온전히 성취하기 위해서는 진정으로 자신이 누군가를 발견하는 자기실현의 과정인 개성화(individuation)가 필요하다. 내면적인 사랑인 낭만적 사랑의 한계를 안다면 인간적인 사랑으로 진화하는 데 큰 도움을 얻을 수 있다.

대중가수 김종서는 〈아름다운 구속〉이라는 곡에서 "나를 사랑했던나에게 또 다른 내가 온 거야"라고 사랑을 노래한 바 있다. 이처럼 낭만적 사랑의 본질은 상대방에 대한 사랑이 아니라 '나에 대한 사랑' 임을 다시 한 번 인식할 필요성이 있다.

본고는 향후 연구를 위해 두 가지 제언을 하고자 한다.

첫째, 현대의 낭만적 사랑의 양태는 그 기원인 중세 궁정연애와 비교해 많은 변화가 있었다. '낭만적' 사랑이 시대에 따라 어떻게 변화가되어 왔는지 연구할 필요성이 있다.

둘째, 오늘날에도 맹위를 떨치고 있는 낭만적 사랑의 신화는 다양한미디어를 통해 확대 재생산 중이며 대량 소비되고 있다. 본 논문은 낭만적 사랑 신화의 원형으로 트리스탄과 이졸데를 분석하는 데 그쳤지만 이를 토대로 원형 신화와 현대 미디어의 생산물(드라마, 영화, 만화, 가요 등)에서 어떻게 낭만적 사랑의 신화적 요소가 표출되고 있는지 연구할 필요가 있다.

최근 50%에 가까운 시청률을 올리며 큰 성공을 거둔 드라마 〈해를품은 달〉(이하 〈해품달〉)이 있었다. 드라마 평론가 윤석진은 〈해품달〉이 일본의 한류 열풍을 주도했던 로맨틱 드라마 〈겨울연가〉의 사극 버

전이며, 순수한 사랑에 대한 갈망, 첫사랑이 가지고 있는 순수함과 낭
만에 대한 요즘 사람들의 열망을 꽃미남 왕이 해소해주었다고 봤다.
즉 현대의 낭만적 사랑의 신화가 이제 사극으로 포장을 달리한 새로운
버전으로 인기를 끌고 있는 것이다. 그는 "판타지를 완벽하게 입힐 주
인공으로 가상의 왕이 선택된 거죠. 사랑을 지키는 데 목숨을 건 사랑
지상주의 남성이 왕으로 대체된 것뿐입니다."[102]라고 말했다.

　이처럼 현대 대중의 마음을 사로잡는 대중문화의 여러 장르는 여전
히 낭만적 사랑 신화를 바탕으로 하지 않은 것이 없다. 중세 궁정연애
에 뿌리를 둔 낭만적 사랑의 신화가 앞으로 어떻게 더 새롭게 변형된
형태로 재생산, 소비될지 궁금하다.

---

102 「사랑에 빠진 王, 재벌 2세 물럿거라!」, 『조선일보』, 2012.03.18.

∷ 참고문헌

1. 단행본

아르놀트 하우저 저, 백낙청 역, 『개정판 문학과 예술의 사회사 1』, 창작과 비평사, 1999.

조지프 캠벨 저, 이은희 역, 『신화와 함께 하는 삶』, 한숲, 2004.

___________, 이윤기 역, 『신화의 힘』, 끌리오, 2007.

J. F. 비얼레인 저, 배경화 역, 『살아 있는 신화』, 세종서적, 2000.

로버트 존슨 저, 고혜경 역, 『당신의 그림자가 울고 있다 – 융 심리학이 밝히는 내 안의 낯선 나』, 에코의 서재, 2007.

___________, 고혜경 역, 『We』, 동연, 2008.

C. G. 융 편저, 정영목 역, 『사람과 상징』, 도서출판 까치, 1995.

수잔 피보디 저, 류가미 역, 『사랑 중독 – 너무 지나치게 사랑하는 병』, 북북서, 2010.

볼프강 라트 저, 장혜경 역, 『사랑, 그 딜레마의 역사』, 끌리오, 1999.

크리스티안 슐트 저, 장혜경 역, 『낭만적이고 전략적인 사랑의 코드』, 푸른숲, 2008.

마야 스토리히 저, 장혜경 역, 『강한 여자의 낭만적 딜레마』, 푸른숲, 2003.

A. M. 파인스 저, 윤영삼 역, 『Love: 사랑에 내해 알아아힐 모든 것』, 디산호당, 2005.

J. 살스비 저, 박찬길 역, 『낭만적 사랑과 사회』, 민음사, 1985.

캘빈 홀 저, 김형섭 역, 『융 심리학 입문』, 문예, 2004.

도키 겐지 외 저, 오근영 역, 『성서 문학과 영웅 서사시 –예수, 베어울프, 아서왕』, 웅진 지식하우스, 2009.

기든스 저, 황정미 역, 『현대 사회의 성, 사랑, 에로티시즘–친밀성의 구조변동』, 새물결, 1996.

조주현 외 저, 『결혼이라는 이데올로기』, 현실 문화 연구, 1993.

김원익 저, 『신화, 세상에 답하다』, 바다출판사, 2009.

송병선 저, 『사랑 그 32가지 빛깔』, 창공사, 1997.

Rougement, Denis de. *Love in the Western World.* Trans. Montgomery Belgion. Harcourt: Albert Saifer Publisher, 1940,

Ed. Wechssler, *Das Kulturproblem*

A.W.Schlegel, *Vorlesungen über dramatische Kunst,* Ⅰ.

Alfred Körte, *Die bellenistische Dichtung,* 1925.

Wilibald Schröter, *Ovid und die Troubadours,* 1908.

Denomy, A. J. *The Heresy of Courtly Love,* New York: the Delanc X, McMullen, 1947.

Gottfried von Straßburg, *Tristan,* S. 8.

Galician, Mary-Lou, *Sex, love, and romance in the mass media: Analysis and criticism of unrealistic portrayals and their influence,* Mahwah. NJ : Lawrence Erlbaum Associates, Inc, 2004.

Segirn, C & Nabi, R.L. *Does television viewing cultivate unrealistic expectation about marriage?,* Journal of Communication, 52(2), 2002.

2. 논문 (학위논문 및 학술지)

윤혜성, 「신데렐라 드라마가 미혼 여성들의 낭만적 결혼관 계발에 미치는 영향 연구」, 서울대 대학원 석사학위논문, 2007.

김영란, 「젠더화된 사랑-낭만적 사랑, 모성애-과 보살핌노동: 여성복지정책적 함의」, 『사회복지정책』 제18집, 2004. 4.

이현주, 「〈이웃집 여인〉에 나타난 남녀 간의 사랑: 중세적 사랑의 모티브의 반복·변용」, 『문학과 영상』, 2004년 봄·여름.

김명희, 「무협영화에 나타난 아니마와 개성화 : 〈와호장룡〉과 〈동방불패〉를 중심으로」, 『문학과 영상』, 2004년 봄·여름.

천현순, 「문화콘텐츠와 스토리텔링-〈트리스탄과 이졸데〉의 매체에 따른 스토리텔링 방식을 중심으로」, 『브레히트와 현대 연극』 Vol. 24, 2011.

김광요, 「중세 최고의 연애서사시 '트리스탄과 이졸데 Tristan und Isolde' 분석」, 『서유럽연구』 제3호, 1997.

엄선애, 「R. Wagner의 'Tristan und Isolde' "사랑의 죽음"과 구원」, 『경성대학교 논

문집」 제17권 1호, 1996.

3. 신문

「사랑에 빠진 王, 재벌 2세 물럿거라!」, 『조선일보』, 2012.03.18.

* 핵심어 : 신화, 낭만적 사랑, 로맨스, 궁정연애, 트리스탄과 이졸데, 칼 융, 아니마, 투사, 개성화, 결혼

• Abstract

Modern Interpretation of a Myth of Romantic Love: the case of Tristan und Isolde

Kim, GongSook

Popular culture that involves films, dramas and pop songs to which the public is usually exposed is hardly appealing to them without having romance in it. Romantic love is a sort of love and a quite special psychological phenomenon that is 'falling in love,' not merely loving someone.

The purpose of this study was to examine the nature of romantic love that had the most powerful impact among different kinds of love between man and woman. It's specifically meant to analyze the work of the Middle Ages titled 'Tristan und Isolde' from the perspective of Carl Jung's psychology. This work includes the archetype of a myth of romantic love.

Romantic love originated from courtly love between knights and noble women in the Middle Ages. That is generated by the projection of anima(or animus) that is the internal opposite sex of man or woman. Romantic love that stems from the projection of anima is very similar to religious experience. Romantic love is toward someone whom one projects, and is built on his or her own expectation and fantasy. So that is love for oneself, not for someone else.

Nowadays, myths of romantic love exert a very strong influence on modern people's love and marriage, but it produces great side effects — a high rate of divorce — when the projection is withdrawn. That is unhappiness that happens due to ignorance of the characteristics of romantic love. If modern people know the substance of romantic love, they will be able to sublime it into lofty, humanistic love. They must clearly be aware of the limitation of romantic love, which is that it is love for their own inside, not for those whom they think they love. They should achieve self-realization to exert their native archetypal potentials, and they are in need of 'individuation' to make it happen. If one is in romantic love, he or she should realize that he or she cannot truly love the object of his or her love until the romantic love comes to an end.

• Key words : myth, romantic love, romance, courtly-love, Tristan und Isolde, Carl Jung, anima, projection, individuation, marriage

내포문화 발전 기본전략

박 상 언

(재)대전문화재단 대표이사

내포문화 발전 기본전략

박 상 언

• 국문초록

지속가능한 지역발전을 위한 가장 중요한 자원이 지역문화이면서도 지역문화의 발전을 통해서만 지역개발이 가능하다.

보령, 서산, 홍성, 예산, 태안, 당진, 서천 등 충남 서쪽의 7개 시·군 지역을 이르는 내포(內浦)는 1990년대 세계화와 지방화의 동시적 흐름, 2001년 서해안고속도로의 완전 개통, 2004년 중앙정부의 '내포문화권 특정지역 지정' 계획에 따라 지역개발의 한 중심에 서게 된다.

내포문화 발전을 위해서는 먼저, 외생적 요인에 의존하지 않는, 내포의, 내포에 의한, 내포를 위한 내발적(內發的) 통합발전계획을 수립해야 한다. 또한 점점 강화되고 있는 중앙정부의 지역문화정책과 함께 그 기본전략이 수립·추진되고, 21세기 문화를 포괄하는 '창조적 생태도시'를 지향해야 할 것이다.

내포문화 발전전략은 지난 세기의 물질적·유형적 개발전략과는 다른 패러다임 위에서 논의돼야 한다. 결론적으로 내포문화 발전을 위한 두 패러다임은 '지역 간 협력·상생을 통한 동반 발전'과 '내포 신도시의 역할 정립'이어야 하며, 그 기본전략으로서 '내발적 통합발전계획의 지향', '국가 지역문화정책과의 연계', '창조적 생태도시로의 이행'을 제시한다.

1. 들어가며 : 지역문화와 지역발전

지역문화는 시간, 공간, 인간의 삼간(三間)[1]이 만나면서 이루어진다. 문화란 오랜 시간의 켜를 간직하게 되는데, 그 중 일정한 공간을 중심으로 유형적·무형적으로 양식화한 것이 바로 지역문화이다. 그러므로 지역문화는 일정 지역에 살고 있는 사람들에 의하여 습득된 지식, 신앙, 예술, 윤리도덕, 관습 등의 모든 능력과 습관을 포함하는 총체로서 주민자치의 기초단위인 일상생활의 권역에서 가꾸어진 기층문화(풀뿌리문화)이며, 공간적 개성(지역성)과 사회적 공동체성(연대성)을 지닌 문화[2]이다. 이 지역문화는 지역민의 일상적 삶의 근간과 그 질을 결정하는 가장 중요한 요소이다.

1995년 자치단체장 민선 이후 지역문화는 더욱 강조되어 왔지만, 많은 문화행사와 시장들은 여전히 중앙, 곧 서울 중심으로 형성되었다. 영화는 충무로, 연극은 대학로, 화방은 인사동 하는 식이었다. 전국 주

---

1 시간, 공간, 인간을 아우르는 의미로서의 삼간은, 이들 삼간의 거리감을 줄이거나 없애는 것이 문화정책이 해야 할 몫이라면서 이흥재가 처음 사용한 단어이다(이흥재(2005), 『문화예술정책론』, 박영사, '펼치는 말' vi-vii 참조.). 그러나 필자는 이와 달리, 문화 또는 지역문화의 개념을 확인할 목적으로 사용하는 것임을 밝힌다.

2 류정아 외, 『지역문화진흥 중장기 발전방안 연구』, 한국문화관광연구원, 2009, 11쪽.

요 도시에서 월드컵경기장 공사가 한창일 때인 2000년 당시 문화관광부는 2001년을 '지역문화의 해'로 지정하여 지역문화 살리기에 나서기도 하지만 이 '지역문화의 해'에 거둔 가시적인 수확물은 별로 없었다. 자금이 중앙에서 지방으로 내려가고, 사람이 중앙에서 지방으로 파견되는 방식으로는 지역문화 살리기가 실효를 거둘 수 없었음이 확인되었을 뿐이다.

지방자치제 실시 이후 각 자치단체는 지역의 문화예술을 지역발전의 중요한 자원으로 인식하였다. 지역주민의 문화적 삶에 관심을 갖기 시작함으로써 지역문화 활성화의 문이 열린 것이다. 이에 따라 각종 문화시설과 문화향수권이 확대되었으며, 지역축제로 대표되는 지역문화의 산업화도 촉진되었다. 그러나 전문성 결여, 예산 부족, 제도적인 역할의 혼선 등 때문에 시설은 있으나 프로그램이 없는 전시행정의 한계를 드러냈다. 지역마다 시행되고 있는 축제의 경우 그 수가 폭발적으로 증가3)하지만, 지역 특성을 고려하지 않은 연례적인 행사 이상의 것을 보여주지 못함으로써 예산 낭비 등 부정적인 결과를 낳는 경우가 적지 않았다. 그러면서 지역문화의 발전이 지역의 발전을 담보한다는 인식은 더욱 확고해졌다.

지역발전을 위한 문화의 역할을 정리4)하면 다음과 같다. 첫째, 문화는 지역사회의 물리적 환경을 조성한다. 문화는 그 자체가 서비스 경제를 구성하는 하나의 산업이며, 지역민의 소비패턴이나 생활양식을

---

3 『한국 지역축제 조사평가 및 개선방안 연구』(한국문화관광정책연구원, 2007)에 따르면 2006년 현재 전국의 지역축제는 총 1,176개인데, 그중 1994년 이전에 생긴 것은 287개에 불과하다. 민선 단체장들이 들어선 1995년 한 해에만 100여 개가 늘었으며, 그 뒤 10년 동안 752개의 축제가 새로 생겨났다.

4 이흥재, 『문화예술정책론』, 박영사, 2005, 82~84쪽 참조. 필자가 재정리 후 보완하였다.

순화하고 이끌어 가는 근본 뿌리이다. 둘째, 사람을 모이게 하여 지속적으로 살게 하는 정주 가치를 높여 결국 기업의 입지선정이나 상업지구의 조성에 영향을 미친다. 셋째, 문화예술의 창의성과 상상력은 소비기술의 증진을 통해 삶의 질을 제고할 뿐 아니라 생산기술의 향상을 통해 인간의 다른 모든 분야에 영향을 미친다. 넷째, 생활문화가 보편화하는 시대적 추세에 맞춰 지역문화정책이 다른 지역발전 정책들을 두루 포함하는 '종합정책'의 성격을 갖게 하였다.

지역의 문화는 지역 이미지를 품격화하고 사람들의 관심을 단시간에 집중시킬 수 있는 최적의 매개체[5]이다. 그러므로 특성화된 지역문화자원을 콘텐츠화하여 지역의 정체성을 강화하는 것은 지역문화의 경쟁력 강화는 물론 지역민의 자부심 증대에 크게 기여한다.[6] 지역발전의 핵심가치가 지역문화이므로 지역발전과 지역문화 발전의 의미망은 서로 크게 다르지 않다. 지속가능한 지역발전을 위한 가장 중요한 자원이 지역문화이며, 또한 역으로 지역문화의 발전을 통해서만 지역개발이 가능하다는 점은 확고하다. 이제 지역의 발전을 문화적인 관점에서 계획하고 접근해야 한다는 데는 어떠한 이견도 찾을 수 없다.

내포(內浦)[7]는 조선시대 물류의 중요기지였으나 근대화 과정에서 그 명성과 중요성을 급격히 상실하게 된 고장이다. 그런 내포가 1990년대 들어 세계화와 지방화의 동시적 흐름, 2001년 서해안고속도로의 완전 개통 등으로 새로이 주목 받더니, 2004년 중앙정부의 '내포문화

내포문화 발전 기본전략 박상언

---

5 김효정 외, 『문화를 통한 지역개발 사례 연구』, 한국문화관광연구원, 2007, 4쪽.

6 류정아 외, 앞의 책, 18쪽.

7 내포는 충남 서쪽의 7개 시·군 지역을 이르며, 뒤에서 보다 상세히 다룰 예정이다.

권 특정지역 지정' 계획에 따라 지역개발의 한 중심에 서게 된다. 그러나 예산 부족 등으로 주요 사업들이 우선순위에서 밀리면서 한동안 지지부진8)하였다. 2010년 개발계획이 일부 변경9)되는 속에서도 충청남도는 다시 수정계획을 세우고10) 중앙정부에 승인 요청한 상태이다. 이러한 배경하에서 내포문화 발전을 위한 기본전략을 제시함이 이 글의 목적이다.

2. 지역정체성과 내포문화

2.1. 지역정체성의 개념과 의의

정체성이란 차별성과 동일성의 복합물이다. 여기서 차별성은 다른 존재와의 상이성, 즉 존재물들 안에서 홀로 구별되는 유일성을 뜻하며, 동일성은 다른 존재와의 동질성, 즉 함께 속한 존재물들과의 내적 일체성을 뜻한다. 그리하여 정체성은 공통된 역사적·문화적 배경을 가진 개인이나 집단이 타자와 시·공간적으로 구별되면서도 아울러 동질적으로 귀속되는 심리적 상태를 이른다. 따라서 지역정체

---

8 충북일보의 2011년 12월 14일 자 보도에 따르면, 2005년부터 2014년까지 완료해야 하는 이 개발 사업은 2010년까지 총예산(1조 474억 원)의 약 20%(2,084억 원)가 투입되었다.

9 국토해양부, 「내포문화권 특정지역 개발계획 변경고시」, 국토해양부 고시 제2010-545호, 2010.8.12.

10 이 수정계획의 골자는 다음 두 가지다. 1. 내포문화권 개발사업 활성화를 위해 개발대상면적을 현재의 995.1㎢에서 1,548.5㎢로 55.6% 확대하고, 대상사업도 60개에서 71개(중고제 명창 종합전수교육관·송림생태관광지 조성 등 신규사업 11개)로 늘릴 필요가 있다. 2. 사업대상이 늘어난 만큼 사업 완료 시점을 당초 예정된 2014년에서 2020년으로 늦춰야 한다.

성은 한 지역공동체가 다른 지역과 비교되는 가운데 갖게 되는 정체성이다.

그러나 개인이든 집단이든 그 정체성이 무엇인지 판단하는 기준은 쉽지 않다. 탁석산은 정체성을 판단하는 기준으로 현재성, 대중성, 주체성을 꼽는다. 지금 일어나고 있는 현상이 얼마나 의미가 있고 또 중요성을 갖는지(현재성), 많은 사람이 얼마나 공감하고 있는지(대중성), 그리고 한 현상에 대한 표면적 태도가 아닌 이면적 태도는 어떠한지(주체성)를 고찰해야 정체성을 제대로 판단할 수 있다는 것이다.[11] 정체성은 흔히 '~적인 것' 또는 '~다운 것'으로 풀이할 수 있을 것이며, 이에 지역정체성은 '지역적인 것', 또는 '지역다운 것'이라고 해도 무방할 것이다.

"사회는 동일성에 기초하여 차별성을 수용하도록 작동한다. 지역의 정체성이 확립되어 있지 않다면 그만큼 사회가 작동하지 않을 가능성이 높아지는 이유다. 특히 사회안전망은 지역을 관리하는 목적에 해당한다. 인류의 생태적 위협은 환경적 지속가능성에 달려 있지만, 인류사회의 안전망은 사회적 지속가능성에 달려 있다."[12] 이 사회적 지속가능성을 최대화하여 주는 것이 문화이며, 이 문화는 지역정체성의 확립을 위한 핵심 기제가 된다.

"21세기 도시행정의 화두가 여전히 '지속가능한 발전'으로부터 출발할 것이라는 예상은 그리 어려운 일이 아니다. 그러나 정작 지속가

---

11 탁석산, 『한국의 정체성』, 책세상, 2000, 103~114쪽 참조. 정체성을 판단하는 이들 세 가지 기준은 개인이나 집단의 정체성은 물론 이 글의 대상이 되는 내포 등 일정 지역의 정체성을 분석하는 데도 유용한 관점을 제공한다.

12 소진광·박철희, 『충남의 정체성 연구』, 충남발전연구원, 2010, 9쪽.

능한 발전의 표상에 대해서는 논의가 적었다. 그런 점에서 유네스코가 1995년 착수한 사회변동관리 프로그램[13]은 사회적 지속가능성의 필요성을 인식한 계기가 되었다. 사회적 지속가능성은 동일성의 주체를 확인하고 차별성의 수용 범위를 정의하는 단계로부터 인식된다. 따라서 사회변동관리 프로그램은 지역정체성을 활용하는 대표적 도시경영전략을 도출하는 데 그 의의가 있다."[14]

"지역정체성의 두 가지 중요 성분은 역사인식으로 표현되는 시간 축과 다른 지역과 차별화되는 지리적 특성으로 표현되는 공간 축으로 이루어져 있다. (중략) 지역정체성의 공간함수와 시간함수를 구성하는 개별 독립변수들은 지역 내부의 결속을 유지하기 위한 동일성과 다른 지역과의 연계기반을 구축하기 위해 필요한 차별성을 도출하는 근거에 속한다. 특정 지역의 정체성은 시간함수와 공간함수의 결합에 의해 표출된다. 그러나 대체로 특정 지역의 시간함수는 구성원들의 결속을 강화하는 데 기여하고 공간함수는 다른 지역과의 차별적 경쟁우위를 확보하는 데 기여한다. 이러한 차별적 경제우위는 지역과 국가 전체적으로 자원의 낭비를 방지하고, 상호 연계의 필요성을 인식하게 하여 보다 효율적인 공간 활용 방식을 가능하게 한다."[15]

정체성은 결코 고정되어 있는 존재가 아니라 사회적, 문화적, 역사적 차원에서 지속적으로 구성되는 존재이며, 궁극적으로 사회 내부에서 끊임없이 순환하는 문화적 의미의 순환에 관여하는 정치적 과정 그

---

13 영문 명칭은 'Management of Social Transformation(MOST)'이며, 사회과학과 정책 사이의 간극을 줄임으로써 건설적이고 실행 가능한 정책을 구현하고자 하는 유네스코의 한 프로그램이다.

14 소진광 · 박철희, 앞의 책, 10쪽.

15 위의 책, 11~12쪽.

자체이다.[16] 지역정체성도 지역문화와 마찬가지로 시간, 공간, 인간의 삼간이 만나면서 형성된다. 이 지역정체성은 지역사적으로 일관성, 지속성, 가변성을 띠면서 지역사회 구성원들에게 심리적 안정감을 주고, 이를 통해 지역사회를 통합하는 기능을 수행한다.

2.2. 내포와 내포문화의 정체성

내포는 보령, 서산, 홍성, 예산, 태안, 당진, 서천 등 충남 서쪽의 7개 시·군 지역을 이르며, 금북정맥에 의해 공주 등지와의 육로는 차단되었지만 조선시대 때는 아산만과 경기만의 수로를 통해 한양과 쉽게 교류할 수 있었던 고장이다. 그러나 일제의 강제 합병과 한국전쟁을 거치면서 철도와 신작로 등 육로가 발달하고 한강 수운이 막히면서 지리상으로는 서울에서 가까우면서도 막상 접근하기는 어려운 벽지로 변하고 말았다.

조선시대 지리서인 『택리지(擇里志)』(이중한)는, 내포는 가야산의 앞뒤에 있는 열 개의 고을을 이르는데 그 지세가 한 모퉁이에 멀리 떨어져 있는 데다 큰 길목이 아니므로 임진(壬辰)과 병자(丙子)의 두 차례 난리도 미치지 않았다고 기록하고 있다. 또한 땅이 기름지고 평평하며 생선과 소금이 매우 흔하므로 부자가 낳고 여러 대를 이이 시는 사대부 집이 많았으며, 여러 읍과 이웃하고 뱃길이 편리하여 서울과 가까운 까닭에 서울 사대부 집은 모두 이곳을 통하여 재화를 운수하는 이익을 얻는다고 하였다. 비록 깊은 산과 큰 골짜기는 없으나 바다 모퉁이의 궁벽한 지역이므로 난리가 들지 않아 최고의 복지(福地)라 일컫는

---

16 임병조, 『지역정체성과 제도화』, 한울아카데미, 2009, 51쪽.

다는 것이다.17)

　내포는 해로와 강로를 고려할 경우 고립된 지역이 아니라 오히려 개방된 지역이다. 여기에 서해안고속도로라는 육로마저 활짝 열림으로써 '서해안 시대'는 곧 '내포 시대'라고 해도 과언일 수 없다. 중앙정부 또는 지방정부의 권역별 발전계획의 일환인 서해안관광벨트는 내포문화권의 중요한 일부일 뿐이다. 내포는 역사의 굴곡과 함께 여러 위상을 획득해왔는데, 삼남(三南)의 세곡(稅穀)이 모두 운송되는 길목, 해산물과 육지 산물의 교차점인 포구의 밀집지, 그 발달한 포구를 통한 연장된 한양 근교, 중국과의 교섭을 위해 바다로 열린 지세, 가장 접근성이 좋은 해양 관광지, 서해안 시대의 중심지 등이 그것들이다. 이들 시간함수와 공간함수의 결합은 내포와 내포문화의 정체성을 표출하는 중요한 요소이다.

　그러나 무엇보다 내포와 내포문화의 가장 확고한 정체성은 '내포'라는 명칭에서부터 나온다. 이 내포는 영동(嶺東), 영서(嶺西), 영남(嶺南), 호서(湖西), 호남(湖南) 등과 달리 지나치게 넓지도 좁지도 않은 특정한 공간적 범위를 분명하게 이른다. 이들은 모두 큰 고개나 큰 강을 경계로 그 방향에 따라 지어진 이름18)인 까닭에 '가름'의 의미를 먼저 띠는 반면, 내포는 그 이름에서부터 이미 충청도 지역 중 서해안 포구를 끼고 있다는 문자적인 의미를 가지고 있어 '안음'을 먼저 떠오

17　오석민, 「내포문화권 개발의 역사·문화적 의의」에서 참조하여 재정리하였다. 『내포문화권 특정지역 개발 활성화를 위한 심포지움』, 충남발전연구원·충청남도역사문화원, 2005 참조.

18　영동과 영서의 '영'은 대관령을, 영남의 '영'은 조령을, 호서와 호남의 '호'는 금강을 이른다.

르게 한다.[19] 처음부터 지역과 지역을 서로 가르고자 붙인 대부분의
다른 지명들과 달리 '내포'는 그 언어적 함의부터 포용적이며, 이는 내
포와 내포문화의 독특한 정체성 중 하나라고 할 수 있다.

3. 내포문화 발전 패러다임

정부의 권역별 개발계획은 초광역개발권, 5+2광역경제권, 기초생활
권 등으로 나뉘고 있으나, 이러한 구분은 지역 간 균형 발전을 추구하
는 국가 전체의 종합개발계획으로서 지역 주도적 발전체계로까지 그
대로 이어지는 것은 아니다. 따라서 새로운 관점의 지역문화 발전정책
이 요구되며, 그 첫 번째 패러다임으로 '지역 간 협력·상생을 통한 동
반 발전'을 들 수 있다. 현재의 인구, 산업 측면에서 볼 때 내포를 구성
하는 7개 시·군 각각은 자생적·자립적 동력이 절대 부족한 것이 사
실이므로, 이들 시·군에는 협력·상생을 통한 동반 발전 패러다임이
필수적이다.

이런 의미에서 중앙정부의 '내포문화권 특정지역 지정'은 시대적 요
구에 부응한다. 실제로도 내포문화 발전전략은 어느 한 시·군이 아닌
충남도 차원에서 종합적으로 강구되고 있다. 이는 2014년 예산과 홍성
일대에 조성되는 '내포 신도시'에 충남도청 이전을 결정한 것만으로도
일단 확인된다. 그러나 오히려 2개 시 5개 군에 걸쳐 있는 내포문화권
내에서 오랫동안 내포의 중심임을 주장해온 다른 일부 시·군과 '내포

---

19 해안을 끼고 있지 않은 예산군의 경우 내포의 다른 6개 시·도와 일견 같지 않다고
할 수 있으나, 오래전부터 이 지역을 아울러 내포라 불러 왔으므로 그 의미가 약화되
는 것은 아니다.

신도시' 사이에 불협화음이 생길 수 있으며, 따라서 '내포 신도시' 스스로가 새롭게 중앙집권화할지 모를 일이다. 그러므로 '내포 신도시'의 역할 정립을 내포문화 발전을 위한 또 다른 패러다임으로 설정해야 할 것이다. '내포 신도시'가 내포문화권 전체를 아우르는 전략중심기지로서의 바람직한 역할을 수행하기 위해서는 남다른 슬기와 각고의 노력이 필요하다.

다른 지역과 비교될 때 드러나는 여러 구성 요소들이나 조건들을 통합하여 그 정체성을 확립하는 핵심 기제가 문화이므로 내포지역의 발전을 도모하는 일은 내포의 정체성을 기반으로 한 내포문화의 발전전략을 구상하는 일과 크게 다르지 않다. 이 시대의 문화가 우리 환경과 생활을 총체적으로 나타내는 언명이므로 중앙정부의 '내포문화권 특정지역 지정', '내포 신도시'의 조성과 충남도청의 이전 계획 등 내포의 발전전략은 곧 내포문화의 발전전략으로 그대로 이어진다고 할 수 있다.

충남도는 1990년대 말부터 내포문화권의 문화관광 개발을 위한 연구 작업을 진행해왔다. 여러 차례의 학술행사 등을 통해 폭넓은 의견 수렴과 토론 과정을 거쳤으나, 다소 이론적이거나 아니면 반대로 너무 현실 처방적인(prescriptive) 면에 기운 것으로 보인다. 따라서 이 연구는 이들을 통합한 기본전략들을 제시하고자 하며, 여기서 제시되는 내포문화의 발전을 위한 기본전략은 내포의 발전을 위한 전략과 크게 다르지 않다. 지금은 지역의 발전과 그 지역문화의 발전이 거의 100%의 일치율(concordance rate)을 보이는 시대이기 때문이다.

4. 내포문화 발전 기본전략

내포문화 발전의 최종 목표는 내포에 거주하는 지역민의 행복감을 높이는 데 있다. 이의 달성을 위한 기본전략을 모색하는 이 연구는 내포문화의 발전을 이룸으로써 지역의 가치를 높이고, 지역의 가치를 높임으로써 내포 지역민의 행복감을 높일 수 있다는 입장을 견지하고자 한다. 나도삼·백승만의 연구에 따르면, 지역가치는 이용가치, 선택가치, 존재가치의 셋으로 구성된다. 이 중 이용가치는 내부적인 가치로서 지가(地價)에 직접 반영되고, 선택가치는 주민이 인정하는 가치로서 정주성의 정도를 이루며, 존재가치는 외부에서 바라보는 평가로서 지역이미지를 구성한다.[20]

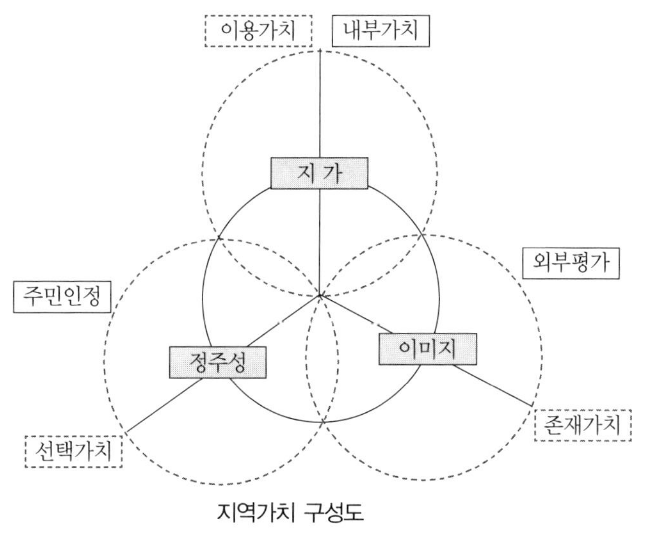

지역가치 구성도

---

20 나도남·백승만, 『문화환경이 지역가치에 미치는 영향 연구』, 서울시정개발연구원, 2006, 98~100쪽 참조.

결국 내포지역의 가치를 높임으로써 내포지역민의 행복감을 높일 수 있으며, 이를 위해서는 내포문화의 발전이 전제되어야 한다. 이에 내포문화 발전을 위한 세 가지 가장 중요한 기본전략으로 〈내발적 통합발전계획의 지향〉, 〈국가 지역문화정책과의 연계〉, 〈창조적 생태도시로의 이행〉을 제시한다.

4.1. 내발적(內發的) 통합발전계획의 지향

2010년 도입된 포괄보조금제도는 지방자치단체 스스로 지역의 발전을 이루려는 취지에서 출발하였다. 과거 중앙정부의 획일적인 지침에 따라 지원되던 지역사업의 개념을 지자체가 직접 세부계획을 세우는 자율적인 사업으로 전환한 것이다. 여기에 유사·중복 사업의 난립까지 예방할 수 있게 됨으로써 이 제도가 보다 창조적·효율적이고 지역 특화적인 발전을 위한 디딤돌 역할을 하게 되었다.[21] 역시 2010년 지방재정 확충을 위해 설립된 지역상생발전기금제도도 지방자치단체가 자율적으로 추진하는 지역특화사업들을 지원 대상으로 한다. 두 제도는 모두 지역의 '자율'과 '특화'를 키워드로 하는 공통점이 있으며, 이들 키워드를 하나로 묶는 가치가 '내발성(內發性)'이다.

이러한 중앙정부의 지방재정 확충을 위한 제도는 지역의 내발성을 강화하고 견인하고자 하는 전략의 일환이다. 따라서 내포문화의 발전을 위한 첫 번째 기본전략을 〈내발적 통합발전계획의 지향〉으로 설정함이 적절할 것으로 생각한다. 중앙정부는 많은 권한을 가지고 있지만 일부 특정지역만을 발전시키기는 어려우며, 이에 지역의 발전 구상은

---

21 지역발전위원회 홈페이지(http://www.region.go.kr/info/development.view.html@board_id=31&id=43721) 참조.

지역 스스로 해야 함이 당연하다. 외부로부터 이입되는 외생적 요인은 단기적으로만 유효한 반면, 내발적 요인은 그 자체로도 오래도록 지속 가능한 발전체계를 구성할 수 있다. 어느 한 시·군 중심이 아닌 범내포권 차원에서 내포의(of), 내포에 의한(by), 내포를 위한(for) 계획이 내발적 통합발전계획이다.

한편 7개 시·군은 '내포문화권 특정지역 지정' 사업 이외에 상록문화제(당진), 내포큰사랑축제(홍성), 해미읍성문화축제(서산) 등 내포 관련 축제들을 독자적으로 수행해오고 있다. 이런 문화·관광 행사의 중복이나 난립은 아직은 전혀 우려할 필요가 없어 보이지만, '내포의 중심'(홍성), '내포문화의 중심지'(당진), '내포문화의 중핵도시'(예산), '내포문화의 중심'(서산) 등 각 시·군의 전략이나 방침, 또는 해당 단체장의 인사말 등에서 보이는 주도권 쟁탈전의 모습은 내포와 내포문화의 발전을 위해서는 득보다는 실이 많을 것이다. 이제 내포지역 7개 시·군의 문화행사나 사업은 '따로 [추진한 뒤] → 함께 [고민하는]' 형식이 아닌 '함께 [고민한 뒤] → 따로 [추진하는]' 순서가 되어야 한다.

이런 의미에서 내포와 관련한 7개 시·군 각각의 비전, 전략, 캐치프레이즈 등은 지금과 같은 거의 동일한 표현을 폐기하고 내포라는 테두리 안에서 통합적으로 함께 논의한 뒤 각각 새로이 설정해야 할 것이다. 내포라는 독특한 품과 울림을 간직한 지역 안에서 이렇게 헤게모니 다툼을 하는 모양새가 지속될 경우 내포의 이미지 실추는 불을 보듯 뻔하다. 충남도의 리더십에 의해서든 7개 시·군의 자발적인 역량에 의해서든 한 테이블에 둘러앉아 각 지역만의 대표적인 역사·문화 자원, 부존자원 등이 두루 고려된 비전, 전략, 캐치프레이즈를 도출해야 한다. 이러한 상호의존성은 내포의 정체성을 극대화하는 우선적이고도 필수적인 전략이다.

내포문화 발전을 위한 기본전략(basic strategy)을 제시하고자 하는 이 연구의 목적에 비추어 즉각적인 실행을 위한 행동계획(action plan)을 논할 필요는 없으나, 굳이 몇 가지 전략 차원의 행동방침을 들자면 다음과 같은 것들이다. 먼저 내포지역 부존자원의 성장동력화, 둘째 내포 연고산업의 고부가가치화, 셋째 내포 역사·문화의 장소 마케팅, 넷째 지역 리더 양성 및 리더십 활성화를 통한 내포 발전 자생력 제고, 마지막으로 내포지역 간 연계·협력체계 구축 등이다. 이들은 모두 지속가능한 내포 발전을 위한 내발적 통합발전계획의 주요 추진방침 또는 실천전략이 될 수 있을 것이다.

4.2. 국가 지역문화정책과의 연계

내포문화 발전을 위한 두 번째 기본전략으로 〈국가의 지역문화 발전정책과의 연계〉를 들고자 한다. 이미 앞에서 기술한 포괄보조금 및 지역상생발전기금이 지역발전을 위한 국가 정책의 일환이고, 이것이 그대로 지역문화 발전정책과 거의 동일하지만, 이 절에서는 문화체육관광부와 한국문화예술위원회 차원에서 다루어지는 협의의 지역문화정책에 국한하고자 한다.

우리나라 지역문화정책은 '지방문예중흥5개년계획'에 따라 문예회관 등 대형 문화시설이 건립되기 시작한 1980년대 중반부터 본격 전개된다. 그러나 중앙집권적인 정책 추진체계, 여전히 모자란 문화시설과 예산, 그리고 태부족인 전문 인력, 빈약한 프로그램으로 인하여 지역문화의 근본적인 발전을 도모하기는 역부족이었다. 1997년 경기문화재단을 필두로 설립된 후 운영 중인 36개의 공공문화재단[22]은 다양한

---

22 2012. 3. 1. 현재, 광역 단위 12개 문화재단, 기초 단위 30개 문화재단이 운영 중이다.

지역문화사업의 직접적인 추진과 함께 지역의 예술가와 문화예술단체
의 활동 등을 지원하고 있다. 또한 지역문화진흥법이 국회 문화체육관
광방송통신위원회에 회부되어 있어[23] 앞으로 지역문화정책은 지속적
으로 확대될 전망이다.

추진체계 및 예산 지원 면에서 점차 강화되고 있는 문화체육관광부[24]
및 한국문화예술위원회의 지역문화정책과 함께 이번 정부에서든 다음
정부에서든 제정될 것으로 예상되는 지역문화진흥법은 지역 간 문화
격차 해소, 지역주민의 문화생활 향상, 지역 고유문화자원 활용을 통
한 지역경쟁력을 제고하는 데 상당 부분 기여할 것으로 보인다. 따라
서 내포문화 발전을 위한 기본전략은 반드시 국가 지역문화정책과의
연계 하에 수립되고 추진되어야 할 것이다.

우리나라는 1970년대까지는 전통문화와 예술을 대상으로 한 지원
정책을 중심에 두었고, 1980년대부터는 지역의 문화시설 확충 등을 골
자로 문화권(文化權)을 확대해나가기 시작하였으며, 1990년대부터는 산
업으로서의 문화를 강조하면서 문화산업을 중시하였다. 그리고 2000
년대부터는 우리의 모든 환경과 생활이 그대로 문화화(文化化)하는 가
장 확대된 개념의 문화정책이 전개되고 있다.

선택 가능한 많은 정책대안 중 이 연구에서 먼저 제시하는 것은 '(가
칭)내포문화재단'의 설립이다. 이를 통하여 내포 주도적, 내포 통합적,

---

23 이 지역문화진흥법은 2006년 국회에 상정된 후 회기 만료로 자동 폐기되었으나, 2008.
  12. 29 김재윤 의원이 다시 발의하였다. 이와는 별도로 이명박 정부 들어 정부·여당
  측에서 독자적으로 재논의하기 시작하여 2011. 5. 25 이병석 의원에 의해 발의되었다.
24 문화체육관광부는 2011년 12월 〈지역문화진흥정책방안〉의 수립을 목표로 '(가칭)지
  역문화진흥센터' 설립, '지역문화 대표브랜드 발굴·육성', '지역문화정책협의회'
  (문화부 1차관, 16개 시·도 문화담당국장) 구성 등을 계획하고 있다(문화체육관광부
  내부문건).

그리고 민관 협치(governance)의 문화행정을 체계적으로 전개할 필요가 있다. 공공문화재단은 지역·지역민의 문화화는 물론 필연적으로 관료적일 수밖에 없는 행정의 문화화에도 기여함으로써 결국 개인과 지역의 정체성을 높이고 지역과 지역민의 삶의 질을 제고하게 된다. 물론 그 어떤 새로운 공공문화재단도 기왕의 다른 재단 운영에 대한 비판적 성찰[25]을 전제로 하여 그 바탕에서부터 출발하여야 한다.

4.3. 창조적 생태도시로의 이행

생태도시(ecological city)[26]는 도시를 하나의 생태계로 파악하여 다양한 활동이 지속가능하게 발전할 수 있도록 하는, 인간과 자연이 공존하는 도시이며, 그 다양한 활동이나 구조가 자연의 생태계가 지니고 있는 안정성, 다양성, 자립성, 순환성에 가깝도록 계획·설계되는 도시[27]이다. 이 생태도시는 1992년 브라질 리우데자네이루에서 개최된 리우 회의 이후, '환경적으로 건전하고 지속가능한 개발(ESSD : Environmentally Sound and Sustainable Development)' 을 전제로 등장한 개념이다. 우리나라에서는 순천만을 생태의 보고로 앞세우면서 '대한민국 생태수도' 를 표방하고 있는 전라남도 순천이 가장 성공적인 모델로 꼽히며, 세계적으로는 쿠리티바(브라질), 취리히(스위스), 데이비스(미

---

25 지자체(장)의 정책의지에 대한 절대적인 의존 및 매년 되풀이되는 예산 확보의 불확실로 인해 중장기적·안정적 사업 추진체계를 갖출 수 없다는 점, 재단 인사 등 조직 운영의 자율성 부족과 지역 문화정책 개발 기능 부재 등으로 가치지향이 부재하다는 점 등은 지금까지의 공공문화재단의 대표적인 한계로 지적된다.

26 유사한 개념들로는 전원도시(garden city), 자족도시(self-sufficient city), 녹색도시(green city), 에코폴리스(ecopolis) 등이 있다

27 김수봉, 『환경과 조경』, 학문사, 2003, 185쪽.

국), 프라이부르크(독일), 기타큐슈(일본) 등이 널리 알려져 있다.

창조도시(creative city)는 도시 구성원인 시민의 적극적이고 활발한 창조활동에 의하여 첨단예술과 풍부한 생활문화가 길러지고, 더 나아가 혁신적인 산업의 발전으로까지 이어지는 창조적인 장소들이 풍부한 도시[28]이다. 또한 창조도시란 문화 활동과 그 사회적 기반에서 생겨나는 혁신의 작용과 능력을 담은 도시[29]이며, 없던 것을 새로 만들어 내는 'new'의 개념이자 '생산성(productivity)'을 초월한 개념[30]이다.[31] 창조도시의 필수 요소인 창조성(creativity)은 문화예술과 산업경제를 이어주는 매개체이다. 우리나라에서도 여러 도시[32]가 창조도시를 내세우지만 성공적인 모델을 찾기가 쉽지 않으며, 세계적으로는 가나자와·요코하마(일본), 게이츠헤드(영국), 볼로냐·피렌체(이탈리아) 등이 유명하다.

이 연구가 내포문화 발전을 위해 제시하는 가장 중요한 기본전략이 〈창조적 생태도시로의 이행〉이다. 이 '창조적 생태도시'는 '창조도시'와 '생태도시'의 합성어로서 우리나라에서 내포지역만큼 이 두 개념을 조화롭게 융합할 수 있는 지역은 없으며, 환경과 생활을 포괄하는 21세기 문화의 개념에도 매우 근접해 있다. 창조도시를 구성하는 으뜸 요소인 창조인력, 즉 창조계급(creative class)[33]의 유인이 시급한 실정이

---

28 임상오 외, 『창조지역 기본구상 연구 최종보고서』, 지역발전위원회, 2009, 22~23쪽.

29 사사키 마사유키 외, 이석현 역, 『창조도시를 디자인하라』, 미세움, 2010, 12쪽.

30 임상오 외, 앞의 책, 23쪽.

31 인구의 90% 이상이 도시에 살고 있는 선진국과 우리나라의 경우 창조도시는 창조지역(creative region)으로 개념을 재정립할 수 있으며, 이 경우 농촌을 포함할 수 있다는 장점이 있다.

32 서울, 부산, 대구, 인천, 대전, 광주, 전주, 이천, 강릉, 영월, 김해, 원주 등을 들 수 있지만 아직은 창조도시라는 깃발만 세우고 있다고 평가된다.

33 예술과 문화의 감성이 풍부한 열린 공간에 모여드는 하이테크산업 종사자, 과학자,

긴 하지만, 당진 등을 중심으로 구성되는 기업체의 집적은 이를 충분
히 기대해볼 만하다.

아울러 내포의 창조도시로의 이행을 위하여 도입해 볼 만한 하위 전
략의 예를 하나 들어보자면, 내포 출신 저명 예술가의 귀향 프로그램
이다. 원주가 고향은 아니지만 소설가 고 박경리 선생이 원주에서 집
필 활동을 하는 것 자체로 연간 11억 원의 긍정적 외부효과(externality),
즉 경제적 가치가 창출된다는 임상오의 연구[34]가 직접 참고할 만한 사
례다. 이는 문화체육관광부가 용역을 의뢰한 연구 과제로서 유명 예술
가 생가 복원과 창조환경 조성을 위한 정책적 · 실천적 근거를 제공하
고 있다.

5. 나오며 : 정책 제언

지금까지 이 연구는 내포문화 발전을 위한 두 패러다임으로 '지역
간 협력 · 상생을 통한 동반 발전'과 '내포 신도시의 역할 정립'을 들
면서, 그 기본전략으로서 '내발적 통합발전계획의 지향', '국가 지역
문화정책과의 연계', '창조적 생태도시로의 이행'을 제시하였다. 이들
기본전략 중 앞엣것 둘은 세 번째 '창조적 생태도시로의 이행'을 위한
수단으로서 기능하게 될 것이다. 그러므로 이 연구는 내포지역의 가치
를 최대화하고 내포지역민의 행복감을 높이기 위한 가장 중요한 방법

예술가, 보건의료관계자, 기술자, 교수, 건축가, 지식정보산업 종사자, 경영인들을
말하며, 이들의 비율이 높은 곳이 소득도, 삶의 질도 높다고 한다(김승환, 『2010 목
요학습 포켓사전』, 충북민예총문화예술연구소, 2010, 176쪽 참조).

34 임상오, 「유명예술가 유치에 따른 가치 평가 분석」, 상지대 경제학과 문화경제연구
실 학술 세미나, 2006.7.26 참조.

론을 '창조적 생태도시로의 이행'이라고 결론짓고자 한다.

내포문화 발전전략은 마땅히 지난 세기의 물질적·유형적 개발전략과는 다른 패러다임 위에서 논의돼야 한다. 21세기 문화는 '환경'이자 '생활'이며, 이를 위해 도입한 개념이 '창조적 생태도시'이다. 폐시설과 유휴공간의 문화적 전환을 통한 지역정체성과 지역이미지 제고, 그리고 정주민과 관광객 증대는 창조적 생태도시로 이행하면서 얻게 되는 가장 소중한 성과들이다. 그러므로 내포와 내포문화의 발전전략을 설계함에 있어서 필자는 '무엇'보다는 '어떻게'를 우선하고, 이를 현실화하는 정책대안으로서 "내포의 창조적 생태도시화"를 제안한다.

:: 참고문헌

1. 논문

오석민, 「내포문화권 개발의 역사·문화적 의의」, 『내포문화권 특정지역 개발 활성화를 위한 심포지움』, 충남발전연구원·충청남도역사문화원, 2005.
임상오, 「유명예술가 유치에 따른 가치 평가 분석」, 상지대 경제학과 문화경제 연구실 학술 세미나, 2006.7.26.
소진광·박철희, 『충남의 정체성 연구』, 충남발전연구원, 2010.
김효정 외, 『문화를 통한 지역개발 사례 연구』, 한국문화관광연구원, 2007.
나도삼·백승만, 『문화환경이 지역가치에 미치는 영향 연구』, 서울시정개발연 구원, 2006.
류정아 외, 『지역문화진흥 중장기 발전방안 연구』, 한국문화관광연구원, 2009.
________, 『한국 지역축제 조사평가 및 개선방안 연구』, 한국문화관광연구원, 2006.

2. 단행본

김수봉, 『환경과 조경』, 학문사, 2003
김승환, 『2010 목요학습 포켓사전』, 충북민예총문화예술연구소광정책연구원, 2010.
사사키 마사유키 외, 이석현 역, 『창조도시를 디자인하라』, 미세움, 2010.
이흥재, 『문화예술정책론』, 박영사, 2005.
임병조, 『지역정체성과 제도화』, 한울아카데미, 2009.
임상오 외, 『창조지역 기본구상 연구 최종보고서』, 지역발전위원회, 2009.
탁석산, 『한국의 정체성』, 책세상, 2000.

3. 기타

국토해양부, 「내포문화권 특정지역 개발계획 변경고시」, 국토해양부 고시 제
　　　2010-545호, 2010.
지역발전위원회 홈페이지, http://www.region.go.kr

　• 핵심어 : 지역문화, 지역발전, 지역정체성, 지역가치, 생태도시,
창조도시

• Abstract

Basic strategies for development of NAEPO culture

Park, SangOn

Local culture is not only the best important resources for the sustainable regional development, but also it is only way to develop the local area.

NAEPO which includes seven cities and counties in western part of Chungnam, such as Boryeong, Seosan, Hongseong, Yesan, Taean, Dangjin, and Seocheon have become at the center of regional development according to the simultaneous flow of globalization and localization in 1990, the full opening of West Coast Highway in 2001, and the central government's plan, 'specifying NAEPO culture-specific region'.

For the development of NAEPO culture, firstly we have to establish the integrated development plan which is of the NAEPO, by the NAEPO, and for the NAEPO, not depending on the exogenous factors. Also, the basic strategies should be established and pushed forward as central government's regional culture policies is getting stronger. We should aim for 'creative ecological city' including 21st century culture.

NAEPO culture development strategies should be discussed on a different paradigm with the past physical, tangible development strategies. In conclusion, 'Win-win advancement by inter-regional cooperation' and 'Establishment of role of NAEPO new town' should be two paradigms for NAEPO culture development. For the basic strategies for these, 'Aiming for inside-out integrated development strategy', 'connecting with government's regional cultural policy' and 'implementing creative ecological city' are suggested.

• Key Words : local culture, regional development, regional identity, regional value, ecological city, creative city

문화콘텐츠의 가치와 나가야 할 길

조 은 주

한국외국어대학교 글로벌문화콘텐츠학과 박사과정

문화콘텐츠의 가치와 나가야 할 길

조은주

● 국문초록

현재를 지구촌 시대라 했을 때 이는 다양한 문화권의 인간들이 '하나'의 지구에서 함께 살아갈 수밖에 없는 운명공동체를 이루고 있다는 말이기도 하다. 그런 점에서 오늘날 문화의 역할과 이를 결정하는 인간의 책임이 중요하다. 우리 시대의 문화와 그 현상에 대해 고민한다는 것은 달리 말해 그 주체인 인간에 대해 고민하는 것이며, 그에 대한 책임에 대한 물음은 어떻게 살아야 하는가에 대한 물음이기도 하다.

본고에서는 이에 대한 대안으로 '문화는 곧 소통'이란 이해를 토대로 하여 문화전략 및 문화콘텐츠 역시 소통, 공감, 나눔이란 관점에서 사례제시와 분석을 시도한다.

이를 통해 우리 시대 문화콘텐츠가 그와 같은 가치를 품었을 때 어떻게 우리 안에 자리매김할 수 있으며, 나아가 어떤 미래적 비전을 가져올 수 있을지에 대해 제시한다.

1. 서론

21세기를 이르러 흔히들 문화의 세기라고 한다. 그래서인지 우리 사회 곳곳에서 문화강국을 강조하는 소리와 더불어 문화콘텐츠, 문화산업에 대한 관심은 그 어느 때보다 높다. 현대사회에서의 문화산업의 비중은 점차 커지고 있으며 그 영향력은 학계는 물론이고 일반 교양 영역으로까지 미치고 있다.

그 한 예로 한국콘텐츠진흥원에서 2011년 3월 발표한 『2010 콘텐츠 교육기관 현황조사』 보고서[1]에 따르면 2010년 전국 대학교 콘텐츠 또는 문화콘텐츠 관련 학과 수는 1.478개로 집계되었다. 뿐만 아니라 전국 전문계 고등학교의 콘텐츠 관련 학과 수도 258개인 것으로 나타났다. 이러한 수치는 문화산업에 대한 사회적 관심 및 요구는 물론이고 우리 사회를 이끌어갈 전국 수많은 학생들이 문화콘텐츠에 관심을 갖고 이 분야에서 자신의 미래를 준비하고자 한다는 것을 보여준다.

이것으로도 우리는 오늘날 우리의 시대가 문화의 세기로 지칭되고 그 중요한 흐름의 하나가 콘텐츠, 문화콘텐츠로 보고 있음을 알 수 있다.

문화산업진흥기본법[2]에서 제시되고 있는 '문화산업'을 살펴보면 문화산업이란 '문화상품의 기획·개발·제작·생산·유통·소비 등과 이에 관련된 서비스를 하는 산업'을 말하며, 여기에는 영화, 비디오, 음악, 게임, 출판, 인쇄, 문화재, 공연, 광고, 애니메이션, 광고, 디지털문화콘텐츠물 등 문화 전반에 관한 것들로 '문화상품'이란 '경제적 부가가치를 창출하는 유형·무형의 재화와 그 서비스 및 이들의 복

---

1 한국콘텐츠진흥원, 『2010 콘텐츠 교육기관 현황조사』, 2011, 27쪽 참조.
2 일부개정 2009. 2. 6. 법률 제9424호, 시행일 2009. 5. 7.

합체'라고 하고 있다. 또한 '콘텐츠'를 부호·문자·음성·음향 및 영상 등의 자료 또는 정보라고 규정하고 있다.

이에 따라 한국콘텐츠진흥원의 전신인 한국문화콘텐츠진흥원이 제시한 콘텐츠의 정의는 다음과 같다. '콘텐츠'란 부호·문자·음성·음향 및 영상 등의 자료 또는 정보를 가리킨다. 미디어 또는 플랫폼에 담기는 내용물의 의미로서 매체와 결합하여 지식정보 유통의 전체적인 체계를 이루는 것―영화, 음악, 애니메이션, 게임, 캐릭터 등의 각종 정보 자료나 도서 저작물 등 사람들의 감각기관에 포착되어 소통되고 유통되는 모든 자원들을 콘텐츠로 분류할 수 있다.

이것은 콘텐츠를 미디어 또는 플랫폼에 담기는 내용물의 의미로서 보고 그러한 내용물이 각종 매체와 결합하여 지식정보 유통의 전체적인 체계를 이루고 있다는 것으로, 콘텐츠를 기술기반을 전제로 내용을 담아내는 미디어 또는 그와 결합된 내용물로서 정의하고 있는 것이다. 그래서 그 내용물의 소재나 사용이 '문화적'인 경우, 그것을 문화콘텐츠라고 규정하고 있다.

한편 최연구[3]는 콘텐츠의 원래의 의미는 책의 내용 및 목차인데 오늘날의 콘텐츠란 어떤 소재나 내용에 여러 가지의 문화적 공정을 통해 가치를 부여하거나 높인 것이라고 설명한다. 그리고 이러한 가치부여와 문화적 공정으로는 기획, 디지털화를 이용한 정보 가공 또는 새로운 아이디어의 결합을 통한 재창조 등이 있다고 정의한다.

최연구의 경우 문화적 공정이라고 하는 과정, 즉 테크놀로지를 전제로 하거나 그와 결합된 내용물을 콘텐츠로 보고 있으며 따라서 콘텐츠는 각종 미디어에 실려 거기서 구현되는 내용물을 가리킨다.

---

3 최연구, 『문화콘텐츠란 무엇인가』, 살림, 2006, 41쪽.

그런가 하면 최혜실은 『문화산업백서』에서와 같이 콘텐츠를 '부호·문자·음성·음향 및 영상 등의 자료 또는 정보'라고 규정하고 그러한 연장선에서 문화콘텐츠란 문화적 요소가 체화되어 경제적 부가가치를 창출하는 콘텐츠[4]라고 정의하고 있다. 즉 문화콘텐츠를 문화산업에서의 재화, 경제적 부가가치를 창출할 수 있는 상품으로 정의할 수 있다는 것이다.

이상으로 살펴본 정의를 보게 되면 콘텐츠를 그 자체의 독립적인 의미를 가진 개념으로서의 이해보다는 기술기반의 정보유통체계를 지칭하고 있음을 알 수 있다. 또한 문화콘텐츠 역시 그와 같은 기술기반이 전제가 된 문화산업으로서의 재화, 경제적 부가가치를 만들어내는 상품으로서의 측면이 강조되고 있음을 알 수 있다. 이는 문화콘텐츠진흥원에서 밝히고 있듯이 21세기 문화가 중요해지면서 문화를 콘텐츠화하는 개념에서 문화콘텐츠가 생겨났다고 하는 데서도 단적으로 드러나는 부분이다. 다시 말해 문화콘텐츠를 국가경쟁력을 위한 산업적 측면으로의 문화산업이라 보고 있는 것이다. 그렇기 때문에 문화콘텐츠를 '콘텐츠를 담는 그릇들이자 다양하게 활용하는 도구들, 예컨대 출판이나 만화, 방송, 영화, 게임, 공연 등 각종 문화산업'이라고 보는 정창권[5]의 정의 또한 그와 같은 관점에서 내리는 것이라고 할 것이다.

그러나 오늘날 콘텐츠란 개념은 '미디어에 담긴 정보나 내용물'이라는 의미에서 한 걸음 더 나아가 '콘텐츠화' 될 수 있는 모든 것에로 확장되어 가는 추세이다. 여행, 축제 등 볼거리는 물론이고 알 거리, 들을 거리, 느낄 거리 등 온갖 즐길 거리를 제공할 수 있는 가능의 것들

---

4 최혜실, 『문화콘텐츠, 스토리텔링을 만나다』, 삼성경제연구소, 2008, 96쪽.
5 정창권, 『문화콘텐츠학 강의』, 커뮤니케이션북스, 2007, 22쪽.

이 모두 콘텐츠에 포함될 수 있다는 인식이 확산되고 있다. 이와 더불어 문화콘텐츠에 대한 이해 역시 '문화콘텐츠가 문화에서 출발하는 것인 만큼 일차적으로 문화가 지닌 원래적인 기능, 즉 개인의 삶의 질을 향상시키는 데 그 존재 이유를 두어야 한다'[6]는 소리가 높아지고 있다. 다시 말해 지금까지 문화와 콘텐츠의 합성어로서의 문화콘텐츠가 기술 및 산업에의 콘텐츠 부분에 비중을 두고 강조되어 왔다고 한다면 이제 그 용어가 가진 본래적 의미로서의 문화적 측면이 부각되고 강조되고 있는 것이다.

문화콘텐츠라는 용어가 한국에서 처음 등장한 것이긴 하지만 아직까지 콘텐츠와 문화콘텐츠에 대한 구분이 명확하지 않고, 또 그에 대한 정의가 정확하게 이루어지지 않은 까닭은 이것을 바라보는 시각에 따라 다양한 시도가 이루어지고 있기 때문이기도 하다. 이런 상황에서 문화적 정체성 및 문화적 가치를 중시하는 유네스코에 의한 문화콘텐츠의 정의[7]는 시사하는 바가 크다고 할 것이다.

문화적 정체성을 통해 자신만의 색과 독특함을 찾고 문화적 가치가 서로 다른 개인 및 문화가 서로 이해와 공감으로 나누며 소통하고 어울리는 것은 오늘날 문화다양성, 문화다원성의 시대가 요구하는 필수적인 조건이기도 한 때문이다.

따라서 본 글에서는 문화콘텐츠 역시 지금의 문화세기, 문화다양성의 시대가 요구하는 그와 같은 문화적 가치로서의 소통과 공감, 관계 나눔의 가치가 포함되어 있어야 한다고 본다.

---

6 위의 책.

7 2005년 10월 20일 프랑스 파리에서 열린 제33차 유네스코 총회에서는 '문화콘텐츠를 문화적 정체성에서 비롯되거나 이를 표현하는 상징적 의미, 예술적 영역, 그리고 문화적 가치를 말한다'고 정의하고 있다.

최근에는 이러한 흐름과 이해를 바탕으로 한 문화콘텐츠의 새로운 개념과 정의에 대한 시도들이 이루어지고 있다.

그 대표적으로 철학자 이기상의 「문화콘텐츠학의 이념과 방향 : 소통과 공감의 학」[8] 논문에서는 문화콘텐츠를 문화적 존재로서의 인간의 행위와 그 산물이라 규정하고, 문화를 통한 소통과 공감이 문화콘텐츠에서 무엇보다 중요하다고 강조한다[9].

이러한 정의는 삶의 방식으로서의 인간의 모든 활동과 그 과정이라고 하는 문화의 기본속성뿐만 아니라 문화적 존재로서 인간이 가져야 할 문화적 가치의 측면까지 포괄하는 개념이라고 할 수 있다.

과거 어느 때보다 나라 간의 관계가 긴밀해지고 가까워져 지구촌 시대라고도 불리는 지금 새삼 문화가 강조되고 문화다양성과 문화적 가치가 전면에 등장하게 된 까닭을 다시 한 번 돌아볼 필요가 있다.

글로벌 의식으로서 공감을 강조한 제러미 리프킨은 '새로운 시대에는 모든 것이 유동적인 만큼 문화집단의 확산이라고 하는 것이 단순히 한 국가라는 틀 안의 제한된 시스템으로서의 '공공영역'이라는 개념이 더이상 유효하지 않을 것'[10]이라고 얘기한다. 공간과 시간이 압축되어 인간 활동이 세계적 흐름으로 변한만큼 다양한 문화권에 의한 접촉,

---

8 이기상, 「문화콘텐츠학의 이념과 방향 : 소통과 공감의 학」, 『인문콘텐츠』 제23호, 2011, 9~40쪽.

9 이기상은 콘텐츠를 '인간이 만들어낸 모든 물건들과 제품들, 사건과 사태들에로 확장될 수 있다고 하고, 그러한 것들이 어떻게, 무엇으로, 무슨 용도로 만들어졌는가가 바로 콘텐츠'라고 보고 있다. 그런 점에서 그는 콘텐츠가 '인간이 자연과 사회 속에서 사람과 사물과 교류하고 소통하며 나누는 온갖 거리'라고 정의하고 그러한 콘텐츠는 본질상 문화콘텐츠일 수밖에 없다고 규정한다. 따라서 문화콘텐츠를 '문화적 존재로서의 인간이 지어내고 꾸며 낸 바(것과 일) 모든 것'이라 정의하고 있다.

10 제러미 리프킨, 이원기 옮김, 『유러피언 드림』, 민음사, 2005, 339쪽.

밀착은 필연적일 수밖에 없고, 그런 만큼 한 국가, 영토, 민족의 차원을 넘어 좀 더 보편적이고 새로운 차원의 인식이 수반되어야 함을 강조하기 위한 말이기도 하다. 그것이 기존의 정치, 경제 논리를 넘어 문화적 가치로서 이해와 배려를 통한 소통과 공감, 함께 어울려 살아가기 위한 나눔이 필요한 이유이다. 그리고 바로 여기가 문화콘텐츠가 출발해야 할 자리여야 할 것이다.

본 논문에서 소통, 공감, 나눔이 문화콘텐츠가 갖춰야 할 문화적 가치라는 기본전제하에 이에 대한 목적을 이루기 위해서 관련 사례분석을 시도한다. 그에 따라 본론에서 첫 번째로 훈데르트 바서의 자연과 인간의 조화, 두 번째로 나눔과 공감으로서의 아름다운 커피와 초콜릿을 분석하고 세 번째로 전통의 재해석을 통한 소통, 숙명가야금연주단을 분석한다. 마지막으로 결론에서 문화적 가치의 중요성과 더불어 문화콘텐츠가 나아가야 할 방향에 대해 제안한다.

이 논문은 문화상품, 부가가치 창출이란 수단의 하나로 문화콘텐츠에 접근하는 기존의 사례분석과 달리 문화적 가치로서의 문화콘텐츠 접근 및 분석이라는 점에서 가치가 있을 것으로 생각된다.

2. 문화적 가치로서 살펴본 문화콘텐츠 사례

볼통은 문화적 다양성을 위해 서로간의 편견을 넘어서야 하며 문화적 공존을 이루어내기 위한 시간과 느림이 필요하다고 하였다. 그리고 이를 위해 우리가 극복해야 할 과제는 타인에게 문을 열면서도 본연의 자신으로 남는 것이라고 하였다[11]. 문화다양성, 문화세기의 문화적 가

---

11 도미니크 볼통, 채종대·김주노·원용옥 옮김, 『불통의 시대 소통을 읽다』, 살림, 2011, 78~79쪽.

치가 함께 공존하고 어울리기 위해서는 무엇보다 서로 다른 문화에서의 차이와 다름을 인정하고 그에 대한 이해와 배려가 선행되어야 한다. 그리고 그러한 토대 위로 상호간의 인정과 신뢰라는 싹을 틔울 수 있어야만 지금의 시대를 넘어 더 나은 미래를 향한 공존과 상생의 노력을 이끌어낼 수 있다. 이해와 배려라는 소통을 통해 공감과 나눔을 이끌어내기까지는 그에 수반될 시간이 필요하며 타 문화에 휩쓸리지 않고 본연의 자신으로 남아 어울리기 위해서는 문화적 정체성을 찾고 지키려는 노력이 필요하다.

지금 시대가 요구하는 문화콘텐츠의 모습 또한 그러해야 할 것으로 생각한다.

2.1. 자연과 인간의 조화 및 소통: 훈데르트 바서

과거 그 어느 때보다도 나라 간의 관계가 긴밀하고 가까워진 지금의 지구촌 시대는 다양한 문화권의 인간들이 하나의 지구에서 함께 살아갈 수밖에 없는 운명 공동체를 이루고 있다. 이제 인간이 직면하게 된 위기와 위험은 어느 특정 나라, 민족, 문화권에 한정된 지역적인 문제가 아니다.[12] 21세기 가장 큰 위험이라고 할 수 있는 것은 지구온난화, 자연 파괴 빛 오염, 오존층 파괴, 생물 다양성의 감소와 같은 생태계 문제이고 이러한 생태계의 문제는 종종 즉각적이며 범위로도 세계적이다. 생태계의 파괴로 인한 문제는 운명공동체로서 살아 갈 모든 인간들에게 생존의 위협으로 다가올 수 있고 그런 점에서 모든 세계인이 풀어야 할 숙제이자 운명적 과제가 되었다.

---

12 엄정식 · 이기상 · 김성곤 · 윤경로 · 이원복 · 손동현, 『문화는 소통이다』, 철학과 현실사, 2012, 16쪽.

생태계의 문제는 넓게 보면 결국 인간의 자연과의 소통의 부재에서 오는 문제[13]라고 할 수 있다. 인간의 삶의 터로서 자연을 배려하지 않고, 다양한 생물종과 함께 어울려 공존하고자 노력하지 않은 인간 이기가 빚어낸 자연과의 불통에서 발생한 문제이고 위험인 것이다. 그런 점에서 자연과 인간의 조화를 꿈꾸고 함께 공존하고자 했던 훈데르트 바서의 사례는 의미가 있을 것이다.

지난 2010년 12월 우리나라에서도 특별 전시회[14]를 가진 바 있는 훈데르트 바서의 회화 및 작품들은 오늘날 우리 시대가 요구하는 소통, 조화, 공존으로서의 가치를 품은 하나의 좋은 문화콘텐츠의 사례라고 할 수 있다. 오스트리아 출신의 화가이자 건축가, 환경운동가로서 그가 남긴 건축, 회화 및 예술작품들과 활동은 더 나은 세상과 미래를 위해 우리가 어떻게 살아가야 할지에 대해 생각할 기회 및 반성을 준다. 넓게 보아 그의 작품 활동과 삶이 곧 자연과의 조화와 소통, 다름을 인정하는 가운데의 공존과 공감을 실천한 문화적 삶이었다고 해도 과언이 아닐 것이기 때문이다.

2.1.1. 훈데르트 바서의 예술 세계

스스로가 한 그루의 나무처럼 살기를 원했을 만큼 훈데르트 바서는 사람과 자연의 조화를 꿈꾸었고, 자연과 닮은 모습을 가장 이상적으로 생각했다. 그렇기에 '자연과 인간의 조화'는 그의 삶과 작품을 관통하는 핵심적 주제가 된다.

"우리는 자연에 초대된 손님입니다. 예의를 지키십시오."라고 쓴

---

13 위의 책, 16쪽 참조.
14 〈훈데르트 바서 한국특별전〉, 2010.12.05~2011.03.15, 예술의 전당 디자인 미술관.

환경포스터 카피[15]는 인간 또한 다른 생물종과 마찬가지로 자연에 의지하며 살아가는 존재이며, 지구 내 운명공동체로서 인간뿐만 아니라 수많은 다른 생명체 역시 함께 공존해야 한다는 인식에서 나온 것이다.

그와 같은 인식에의 흔적은 그 자신의 이름으로 표현되는 정체성으로부터, 다른 작품 곳곳에서도 발견된다.

스스로 '백 개의 강'이라는 뜻의 훈데르트 바서라는 이름을 자신에게 붙인 그는 인간 중심의 정형성, 합리성에 근거한 기술적 사고에 반발하여 관념이나 형식에서 탈피하고자 하였다.

그의 회화 대부분에서 등장하는 직선[16]을 포함하지 않은 나선형의 곡선, 원색을 포함한 다채로운 색상의 사용 등은 그의 그러한 모습들을 단적으로 드러내 보여주는 것이다.

이성과 합리성, 정형성이라는 근대적 허울을 벗은 자리에 다양성과 감성이 중시되는 탈근대의 모습이 있다. 그가 탈피하고자 한 것들이 비워놓은 자리는 그의 손을 거친 작품을 통해 자유롭고 창조적인 다양한 감성들로 빚어진다. 그가 그러한 감성들로 빚어내고자 하는 것은 자연과의 조화로운 삶 속의 더 나은 미래의 모습이다.

유한한 존재로서의 우리 스스로를 되돌아보고, 무분별한 자연 파괴에 따른 인간 이기심을 경고하면서 지구를 살려 살만한 세상을 만들기 위해서는 인식의 전환과 노력이 필요하다는 것, 그것이 그가 작품을 통해 던지는 메시지이다.

---

15 훈데르트 바서 한국 전시회 홈페이지 내용 인용. http://www.hundertwasserkorea.kr/ (2012.02.05).

16 그는 직선을 자연스럽거나 인간적이지 않다는 이유로 싫어했다. 그러한 이유로 그의 회화 및 건축 등 그의 모든 작품에서 직선을 찾아보기 어렵다.

플루서는 인간들에 의해 창조된 것은 아름답고 선도적이고자 하는 의도뿐만 아니라, 그것이 그래야 하는 상태이고자 하는 의도도 가지고 있다[17]고 얘기한다. 여기에는 무엇보다 개인으로서의 나 중심에서 벗어나 다른 이들의 존재 역시 인정하고 관계맺음, 소통이 전제된다. 인간이 스스로 표현해 드러내는 바탕에는 언제나 너를 비롯한 우리가 포함되어 있는 것이다.

건축에 있어 그의 생각과 철학은 독특하다. 그는 집으로서의 공간을 살아있는 생명체라는 관점에서 출발하고 있는 것이다. 집으로서의 공간뿐 아니라 그에게는 모든 공간이 살아있는 생명체로 인식된다. 그 공간은 인간에 의해 만들거나 꾸며질 수 있는 일방적인 수용체로서의 공간이 아니라 함께 반응하고 관계 맺는 대상으로서의 공간인 것이다.

그는 먼저 인간을 보호하는 피부에는 다섯 가지가 있다고 전제한다. 첫 번째 피부는 인간의 생물학적 '피부', 두 번째 피부는 입는 의복, 그리고 인간이 거주하는 공간이 바로 세 번째 피부가 된다. 그리고 그 네 번째, 다섯 번째 피부가 사회와 지구라고 하였다. 그 가운데 첫 번째, 두 번째 피부처럼 세 번째 피부인 거주공간을 통해서 인간은 그 존재성과 창의성을 표현할 수 있어야 한다고 생각했다.[18]

"진정한 건축이란 사람들이 그 공간에 이사 온 순간부터 시작되어야 하며 그런 의미에서 사람이 입주한 순간부터 집은 함께 자란다."고 하는 것은 그의 건축관 및 공간에 대한 시각이 어떤 것인지 잘 보여주는 예이다.

이것은 주거공간, 건축이 단순히 기술적 문제가 아니라 의미부여를

17 빌렘 플루서, 김성재 옮김, 『코뮤니콜로기』, 커뮤니케이션북스, 2006, 276쪽.
18 훈데르트 바서 한국 전시회 홈페이지 내용 참조. http://www.hundertwasserkorea.kr/

통한 정신, 인간과 관계맺음을 통해 또 다른 생명체로 거듭날 수 있다고 보는 것으로 삶의 터로서 공간을 바라보는 새로운 시각을 통해 인간의 삶의 모습, 사는 방법도 달라질 수 있음을 얘기하고 있는 것이다.

'자연과의 조화'라는 그의 핵심주제는 모든 건축물에서도 그대로 드러난다. 건물 옥상을 포함한 곳곳에 나무와 풀을 심어두고 마치 그것들을 키워내는 하나의 생명체처럼 새로운 공간에서의 인간과 더불어 건물 역시 그러한 인간과 삶 속에서 함께 공존한다.

건축을 통해 보여주는 그의 이런 모습은 현재의 인류 의식이 세 번째 단계에 접어들었다고 하는 바필드의 주장에 적절한 하나의 보기가 될 수 있을 것이다. 바필드에 따르면 자연과의 조화 속에 더불어 상생하며 살고자 하는 것은 과거로의 회귀가 아니라 인간 의식의 3단계 중 자유의지로서 자연과 재결합하려는 마지막 3번째 단계에서 이루어지는 일이다.

'생물권(biosphere)'이라고 불리는 그와 같은 단계는 지구가 상호 의존관계로 구성된 살아 있는 유기체이며, 우리가 속한 더 큰 공동체를 잘 관리함으로써 생존하고 번성한다는 개념에 기초한다. 즉 더 나은 삶을 위해 인간 스스로가 인간뿐 아니라 동물과 식물, 나아가 모든 자연의 생물들이 보호될 가치가 있는 생명체로 보게 되었다는 것이다.[19]

그러한 생물권에 기초한 의식은 인간을 포함한 지구 내 모든 생명체가 낱낱이 다른 우주적 존재라는 사실, 나고 살고 번식하며 결국은 죽음을 맞이하는 인간과 다름없이 유한한 삶을 가진 존재들이란 이해와 인식의 확장 없이는 불가능한 일이라고 할 것이다. 자연과 조화를 이루고 함께 상생하는 삶을 살고자 하는 것은 인간의 자만, 이기를 넘어

---

19 제러미 리프킨, 이원기 옮김, 『유러피안 드림』, 민음사, 2005, 482쪽 참조.

다른 생명체에 대한 애정과 존중, 공감을 통한 의식의 확장하에서 가능할 수 있는 일이기 때문이다.

그러기에 그는 그의 건축물에 있어서도 어른들의 그것처럼 세련되거나 날렵하고 빈틈없어 오히려 차갑고 냉정한 그러한 것들보다는 어린이들의 그림책에서나 볼 수 있을 것 같은 순수하고 천진한 꿈의 세계를 보여주고자 한다.

> "교조주의적인 건축 세계는 아이들의 그림이나 동화책 속에서 가장 인간다운 건축을 발견할 수 있다는 사실을 인정하지 않으려 든다. 아이들이 꿈꾸는 것을 구조화된 현실로 바꾸는 일이 그렇듯 어려워서는 안 된다."[20]

건축과 관련하여 남긴 그의 말은 훈데르트 바서의 건축을 이해하는 또 다른 핵심내용이기도 하다.

그의 대표작이라고 할 수 있을 빈의 훈데르트 바서 하우스나 블루마우 온천마을을 포함하여 탁아소, 장애인 시설, 쓰레기 소각장 등의 수많은 그의 건축물들은 주변에 흔히들 볼 수 있는 여느 건축물들과는 확연히 다르다. 그의 말처럼 그의 건축 그 어느 하나도 같거나 비슷한 모양은 찾아볼 수 없다. 그의 모든 건축물 하나하나가 제각각 서로 다른 개성, 서로 다른 색상, 모습을 통해 주변과 그것을 이용하는 인간들 사이에 조화를 이룬다. 문화다양성의 전제가 같지 않은 서로 다른 것들의 조화와 공존이라고 한다면 그의 건축에서 볼 수 있는 세계가 바로 그러한 다양성의 또 다른 모습이다. 그리고 이를 통해 그가 사람들에게 던지는 메시지는 아이들이 상상력을 통해 마음대로 그림을 그리는 것처럼 규격화되어 똑같은 획일적 삶으로서가 아닌 자신만의 색을

문화콘텐츠의 현장

---

20 『Hundertwnsasser(훈데르트 바서)』, 마로니에 북스, 2006, 25쪽 재인용.

가진, 자신만의 독특한 삶을 통해 살아가라고 하는 것이다.

그리고 문화가 그러하듯 자신만의 삶을 살아가는 가운데 또 다른 독특함, 자신의 색을 가진 이들과 동등하게 조화를 이루고 살 수 있음을, 또 그렇게 살아야 함을 얘기하고 있는 것이다.

2.1.2. 다양성과 조화를 통한 미래 비전

이상에서 살펴본 바와 같이 훈데르트 바서의 모든 예술 및 작품의 핵심 주제 및 전달하는 메시지는 자연과 인간의 조화를 통한 공존이다. 그에 따라 회화를 중심으로 한 다양한 활동에서 개방에 의한 자연 파괴의 불행을 경고하고, 인간 이기심에 대한 반성을 촉구한다. 인간을 포함한 다양한 모든 생명체가 지구 내 운명공동체임을 강조하고 생태계 파괴라는 위험에서 벗어나기 위해서 그에 따른 인식의 전환과 실천으로의 노력이 필요함을 강조한다. 아울러 공간을 하나의 생명체로 파악하고, 그러한 삶의 터전으로서의 공간을 새로이 인식하고 관계맺고자 할 때 그 속에서 조화를 이루는 새로운 삶의 모습을 기대할 수 있다고 얘기한다.

> "우리가 혼자서 꿈을 꾸면 오로지 꿈에만 그치게 되지만, 모두가 함께 꿈을 꿀 때 그것은 새로운 세상으로의 시작이 된다."[21]

그의 모든 작품과 삶을 통해 보여주고 들려주고자 했던 것은 새로운 미래로의 기대이고 비전이다. 그가 꿈꾸는 세상, 그것은 자연과 더불어 각기 서로 다른 생명체와 존재들과의 조화와 어울림, 그러한 화음들로 이루어지는 더 나은 모습으로의 미래라고 할 수 있다. 그러한 미

---

21 지식채널 e 〈이상한 창문〉 내용 인용. http://home.ebs.co.kr/jisike/main.jsp (2012.02.05).

〈그림1〉 꿈꾸는 권리

〈그림 2〉 쿤스트하우스빈

래는 인간 역시 모든 생명체와 다름없이 유한한 삶을 가진 우주적 존재라는 자각과 더불어 서로 다른 우리가 함께 어울려 살아가기 위해 노력할 때 비로소 더 나은 삶, 상생의 모습으로 우리 앞에 나타날 수 있는 세상이기도 한 것이다.

2.2. 나눔과 공감을 통한 상생: 아름다운 커피, 정직한 초콜릿

오늘날 기존의 경제, 정치 논리를 넘어 새로운 대안으로서의 문화적 가치의 중요성이 강조되는 이유는 어느 한 국가, 민족의 위기와 위험이 그 지역만의 위기가 아니며 세계가 서로 밀접한 영향을 주고받는 운명공동체라는 인식의 확산에 따른 결과이다.

그런 점에서 문화적 가치로서의 소통, 공감, 함께 더불어 살리고 사는 공생과 상생으로의 사회적 연대는 문화세기가 요구하는 또 다른 세계 비전이자 문화콘텐츠가 나아가야 할 모습이다.

문화콘텐츠가 문화적 존재로서의 인간이 지어내고 꾸며 낸 바(것과 일)의 모든 것이라고 한다면 인간의 마음씨에서 비롯되거나 표현된 모든 것뿐만 아니라 사회적 존재로서의 인간이 공동체 속에서 다른 존재와의 소통을 통해 공존과 조화 속에 더 나은 사회를 만들기 위한 노력과 활동, 그 산물이 곧 문화콘텐츠가 된다.[22] 그런 점에서 타인의 고통과 불행에 동참하고 이를 위해 노력하는 공공의 가치와 선이 의미 부여된 공정거래의 상품 및 그에 따른 활동은 소통과 상생의 문화적 가치를 품은 문화콘텐츠의 하나로 볼 수 있을 것이다.

타자에 대한 이해 및 관용은 모든 소통의 기반이며 소통은 나눔과 연결된다.[23]

2.2.1. 공정무역의 대표적 상품, 커피와 초콜릿

공정무역으로 거래되는 다양한 상품들 중에서 특히 커피와 초콜릿은 공정무역의 대표적 상품이라고 할 수 있다. 우리나라에서도 이들을 판매하는 곳이 있는데 공정무역 사이트인 '아름다운 커피'가 그 대표적인 곳이다.

공정무역 사이트인 '아름다운 커피'는 인터넷 홈페이지를 통해 페루와 네팔, 우간디 등 저개발국에서 생산된 커피를 들여와 국내 소비자들에게 판매하고 있다.

공정무역이란 세계무역과 빈곤의 문제를 가난한 생산자들을 위한 공평하고 지속적인 거래를 통해 해결하려고 하는 세계적 운동으로 경제적으로 소외되고 불리한 저개발국의 생산자들로 하여금 시장에서

---

22 이기상, 앞의 논문, 29쪽.
23 도미니크 볼통, 앞의 책, 30 · 55쪽.

정당한 몫을 얻고 자립할 수 있는 기회를 제공하려는 목적으로 만들어
진 모임 활동이다.[24]

대표적 공정무역 사이트인 '아름다운 커피'는 그러한 취지하에 지난
2002년 처음 시작된 이래 2006년 그 첫 상품으로 '히말라야의 선물'이
란 공정무역 커피를 소비자들에게 선보였고 이어 '안데스의 선물', '킬
리만자로의 선물'이란 이름의 커피들도 잇달아 선보였다.

그와 같은 활동을 통해 얻게 된 수익금은 공정무역관계에 있는 저개
발국 생산자들의 자녀 교육비와 그들의 학교 시설비로 쓰여지고 있다.

오늘날 공정무역 운동에는 아시아, 라틴아메리카, 아프리카 그리고
열세 개 유럽국가 등 총 253개에 달하는 생산자 집단이 관련되어 있다.
그들에 의해 생산되는 공정무역 제품들은 커피를 시작으로 차, 꿀, 초
콜릿, 바나나, 의류, 과일주스 같은 대표적 상품들 외에도 수공예품 등
이 포함되어 있다.[25]

이와 같은 공정무역의 배경에는 개발, 산업화, 경제 발전이라는 미
명하에 저개발 국가와 개발도상국의 자연환경과 전통문화가 파괴되
고, 싼 임금에 착취 받는 저개발 생산자와 어린이 노동력을 보호하고
바꿔보려는 의도와 노력에서 시작되었다. 선진국 혹은 수입자에게 일
방적으로 유리한 방식으로 이루어지는 불공정 거래와 수입자 중심의
경제방식은 결국 무역이익이 생산자, 수입자, 유통자, 소비자에게 골
고루 나누어 돌아가지 못하게 하는 것은 물론, 무역량의 꾸준한 증가
와 상관없이 제3세계 생산자들이 계속적으로 빈곤할 수밖에 없는 악순

24 아름다운 커피 홈페이지 소개 내용에서 발췌 인용.
25 프란스 판 데어 호프 · 니코 로전, 김영중 옮김, 『희망을 키우는 착한 소비』, 서해문
   집, 2008, 299쪽.

환을 일으키고 있다. 이러한 위기 의식과 더불어 하루에 몇백 원이 없어 굶주리고 구걸로 살아가야만 하는 이들에게 필요한 것은 일회적 도움이 아닌 일정한 임금이 보장되는 안정적 일거리라는 각성과 필요하에 제3세계의 어려운 사람들이 스스로 경제적 자립을 할 수 있도록 하는 데 목표를 두는 새로운 방식의 무역이 바로 공정무역이다.[26]

공정무역과 관련된 현지 보도는 그들이 생산하는 커피가 단순히 소비자에게 판매되는 상품만은 아닐 수 있음을 보여준다.

> 당신은 저개발국 지원의 실질적인 방법은 무엇이라고 생각하는가? 종자공급? 비료지원? 대출금지원? 만약 당신이 이 3가지만 생각한다면 그것은 틀렸다. 왜냐하면 이제 이곳 네팔 굴미 지역 커피재배 3천여 농민들은 공정한 커피 거래를 통해 그들의 자녀들에게 배움의 기회를 제공하고 더 나은 미래를 꿈꿀 수 있기 때문이다.[27]

공정무역 생산자들에게 있어 커피는 단순한 생산물이 아니라 자녀들의 배움의 기회이자, 그들 자신의 더 나은 미래를 위한 희망이기도 한 것이다.

투박한 포장의 이름처럼 '정직한 초콜릿' 역시 이 사이트에서 판매하는 공정무역 상품 중의 하나이다.

예전부터 대표적 착취산물로 인식되어온 초콜릿의 원료인 카카오는 어린 아동들의 노동이 특히 심했던 품목이기도 하였다. 지금도 여전히 어린 아동들의 손을 빌려야 하는 카카오 생산은 그러나 과거와는 달리, 공정무역을 통해 중간 상인의 개입 없이 생산자와의 직거래 방식

---

26 프랑스 판 데어 호프 · 니코 로전, 앞의 책, 328~329쪽 내용.
27 아름다운 커피 홈페이지 내용 인용. http://www.beautifulcoffee.com/(2012.02.05)

으로 공정한 가격을 받을 수 있도록 애쓰고 있다. 또한 협의에 따라 아동 인력을 포함한 생산자들은 노동 조건의 개선을 약속받을 수 있다. 정직한 초콜릿을 판매한 수익에 따른 이익의 일부 역시 커피와 마찬가지로 생산자 지역의 학교 및 병원을 세우는 데 사용된다.

공정무역은 나와 다른 타인들이 함께 상생하며 더불어 잘 살아가기 위한 노력이자 하나의 대안이며, 그에 따른 소비활동은 타인의 어려움이나 고통을 함께 나누고자 하는 소통과 공감의 또 다른 표현이다.

그런 점에서 거래량을 1%만 올려도 가난한 사람들을 극심한 빈곤에서 벗어날 수 있게 할 수 있다는 초콜릿, 또 다른 이들에게 희망이자 자녀 교육의 기회이기도 한 커피는 더 이상 상품이 아닌 우리가 함께 살아가고 공존하기 위한 더 큰 선을 향한 의미이자 노력, 소통거리가 된다.

2.2.2. 더 큰 선을 향한 상생의 길

공정무역의 상품을 사는 행위란 단지 필요한 상품을 소비하는 행위로만 끝나는 것이 아니라 더 큰 선을 향한 공통의 노력, 나눔으로서의 삶이라고 할 수 있다.

공감이란 타인의 곤경과 고통을 온전히 이해하고 받아들일 수 있을 때 비로소 생겨날 수 있는 감정이다. 타인의 고통에 공감한다는 것은 삶을 위해 살아가고 투쟁하는 다른 사람의 존재를 인식하고 그 경험을 깊이 나누는 것이다. 공감은 함께 더불어 상생하며 살아가고자 하는 새로운 시대의 공통된 취약성을 보호하고 세계화 의식을 갖기 위한 기본이자 인간과 인간 사이에 나타날 수 있는 소통의 궁극적 표현이다.[28]

---

28 제러미 리프킨, 앞의 책, 350쪽 내용 참조.

엠마누엘 레비나스는 고통은 다른 이의 얼굴에서 드러나며, 고통받는 타인의 얼굴을 통해 우리의 윤리가 생겨난다고 하였다. 그는 "얼굴의 벌거벗음은 추워하고 벌거벗음을 부끄러워하는 몸의 벌거벗음 가운데 연장된다. 그 자체(kath'auto)의 존재는 세계 안에서 하나의 비참이다."[29]라고 말한다. 추위와 부끄러움에 벌거벗은 타인은 낯선 이방인으로서의 아무런 보호자나 기득권 없는 나그네, 과부나 고아의 모습으로서의 타인이다. 그와 같은 아무런 힘도 없고 약한 존재로의 타인이 나에게 간청하고 호소할 때, 그 호소로 인해 나의 자유가 문제가 될 때 이때 비로소 윤리적 관계가 등장한다. 타인의 얼굴, 타인이 처한 괴로움을 마주칠 때 내가 누리는 자유, 편함이 당연한 것으로서가 아니라 부당할 수 있다는 깨달음, 그러한 불편한 마주침이 내 것을 내려놓고 타인이 처한 상황에 응답하고 동참하도록 만든다.

그러한 동참이 가능하도록 하는 사회적 접착제가 바로 공감임을 제러미 리프킨은 강조한다. 실리적 이성이 재산권을 기초로 한 내 것과 네 것의 세계로 이끌었다면 '우리'라는 새로운 세계로 이끌 수 있는 것은 공감이라고 얘기한다.[30]

'타인의 고통이 곧 나의 고통'이라고 한 프레모 레비 또한 1년 반 동안의 아우슈비츠에서의 지옥 같은 생활을 경험하고도 그의 시(詩) 작품과 생애를 통해 자신이 속했던 세계와 스스로를 극복하기 위해 끊임없이 노력했으며 세상과 인간에 대한 희망과 긍정성을 잃지 않으려 애썼다.

> 내가 나를 위해 살지 않는다면
> 과연 누가 나를 위해 대신 살아줄 것인가?

---

29 강영안, 『레비나스의 철학 타인의 얼굴』, 문학과지성사, 2005, 181쪽.
30 제러미 리프킨, 앞의 책, 351쪽.

<그림3> 아름다운 커피 홈페이지   <그림4> 커피는 그냥
                                      상품이 아니다

내가 또한 나 자신만을 위해 산다면
과연 나의 존재의미는 무엇이란 말인가?
이 길이 아니면 어쩌란 말인가?
지금이 아니면 언제란 말인가?[31]

우리 사회의 '사각 지대'는 타인의 고통을 발견하는 사람이 있을 때 그때 없어질 수 있다고 반 퍼슨은 말한다. 또한 고통을 발견할 때 그에 필요한 행동이 나올 수 있고 행동을 통해 상황이 뒤바뀔 수 있다고 하였다.[32] 우리는 타인의 불행과 고통을 묵인하거나 불러와서는 안 되며, 그 행위가 비록 작고 소소한 것일지라도 지금 있는 곳에서 더 나은 미래와 세상을 위해 책임 있는 행동을 실천할 수 있어야 한다.

---

31 프리모 레비, 이산하 옮김, 「게달레 대장」(9절 이하 후렴구), 『살아남은 자의 아픔』, 노마드북스, 2011.
32 반 퍼슨, 앞의 책, 278~280쪽 발췌 인용.

우리 누구나가 자신의 삶이 행복하기를 원하며 우리 누구도 불행해지거나 고통받기를 원치 않는다. 그런 만큼 타인 또한 나와 다르지 않다고 인식할 때, 어려움과 고통을 공감하고 함께 해결책을 모색하고 풀어가려고 할 때, 우리 삶과 문화 또한 더불어 풍요로워질 수 있고 지금보다 더 건강하고 나은 미래도 기대할 수 있을 것이다.

2.3. 소통을 향한 전통의 재해석: 숙명가야금연주단

문화가 소통이라 했을 때, 소통은 같은 시대를 살고 있는 수평적 의미로서의 소통만이 아니라 세대와 시대, 역사를 아우르는 수직적 의미로서의 소통 또한 필요하다. 씨줄과 날줄이 엮이듯 하나의 문화란 바로 그러한 수평적, 수직적 소통과 바탕 위에서 이루어질 것이기 때문이다. 그런 점에서 과거 역사적 전통 또한 전통을 전통으로서 기억하고 보존하는 차원을 넘어 오늘날 우리 시대에 어우러질 수 있는 전통문화의 재해석과 의미부여를 통한 새로운 소통거리로서의 노력이 필요하다고 할 것이다. 그에 따라 이미 대다수 일반인들에게도 널리 알려지고 익숙해진 숙명가야금연주단의 활동은 전통의 재해석을 통해 현재와의 소통에 성공한 대표적 문화콘텐츠 사례라고 할 수 있을 것이다.

2.3.1. 다른 어울림, 숙명가야금연주단

지금 시대 문화콘텐츠의 기획, 제작, 유통에서의 핵심은 소통이다. 그것이 무엇이든 문화다양성의 시대에 하나의 기준에 따른 획일화, 규범화는 피해야 할 것들이다.

앞서 언급했듯이 문화가 끊임없이 진행되는 동사형이라고 한다면 문화적 가치와 기준 역시 시대와 환경에 따라 변하기 마련이다. 또한 그런 점에서 문화전통 역시 원형으로서의 그 보존가치와 더불어 시대에 맞는 새로운 해석과 의미부여는 필연적일 수밖에 없을 것이다.

일본에서 활동 중인 칠예가 전용복은 이와 관련하여 한 방송국의 다큐 프로그램33)을 통해, "예전의 것을 오늘날 그대로 복원하는 것이 전통이 아니다."라고 말한다. 그에 따르면 "오늘날 예전의 것을 그대로 복원하는 것은 정말로 중요한 일이다. 그러나 그것은 '재현' 내지는 '답습'이라는 표현을 쓸 수도 있을 것"이라며 "전통이라면 사회와 함께 더불어 변모해갈 수 있어야 하는 것"이라고 말한다. 그렇기에 전통이란 지금 우리가 살고 있는 시대의 문화와 생활에 얼마나 적합할 수 있는지, 함께 누리고 즐길 수 있는지가 중요하다고 말한다.

의복, 건축, 공연 등 오늘날 우리 전통문화의 여러 분야에서 볼 수 있는 전통의 재해석, 현재와의 접전모색, 다른 장르 간의 통섭 등은 그러한 노력의 일환이라고 할 것이다.

그중 전통음악으로만 알고 있던 가야금 연주를 새롭게 재해석하여 대중들에게 가까이 다가가 소개하고 알린 숙명가야금연주단의 활동은 그 대표적 사례의 하나라고 볼 수 있다.

숙명가야금연주단은 1999년, 한국 최초의 가야금오케스트라로 창단한 이후, '세계를 품은 가야금의 미래'를 열어가기 위해 가야금연주곡의 범주를 넓히고, 다양한 이웃 장르와의 통섭을 통해 현대 가야금 음악의 새로운 길을 열어가고 있다.34)

이들은 지금까지 11회의 정기 연주회, 〈러블리 가야금〉, 〈가야금과 비보이의 세계음악여행〉, 〈조선왕실 태교콘서트-달콤한 하품〉 등 다

33 KBS 스페셜 다큐멘터리 〈문화 강국의 조건, 국가 이미지를 디자인하다〉 9, 2006.10.19.
34 숙명가야금연주단 홈페이지 소개글 인용.www.smgo.co.kr/index.asp

<그림 5> 비보이와 함께 공연하는 숙명 연주 모습

양한 형태의 콘서트를 기획하여 대중들과 함께 즐길 수 있는 소통의 자리를 만들었다. 특히 2006년 광고로 제작된 〈캐논퍼포먼스-All for One〉으로 광고와 인터넷을 통해 전 세계 천만 명 이상의 청중들에게 우리의 음악인 가야금 연주를 알리고, 이를 계기로 '가야금과 비보이'라는 새로운 장르의 공연문화를 탄생시키기도 하였다.[35]

이들의 다양한 활동은 자칫 기억 속의 먼지와 함께 전통유산으로서만 기억하고 인식될 수 있었던 가야금이란 악기를 우리 삶 가까이로 이끌어내었을 뿐만 아니라 전통악기로도 충분히 지금의 세대에 친숙한 현대음악, 클래식 연주 등이 가능할 수 있음을 보여 주었다. 또한 이들은 연주회뿐만 아니라 다양한 공연 및 타 장르와의 접점 가능성을 통해 대중들과의 소통에 성공하고 얼마든지 즐길 수 있는 또 다른 문화거리로서 자리매김하기도 했다.

---

35 앞 홈페이지 내용 참조.

오늘날 문화는 더이상 지리적 여건에 구속되지 않고 국경을 초월해 세계화되고 있다. 문화가 즐기고 향유하는 사람들의 것이라고 할 때, 대중들과 얼마든지 소통할 수 있는 전통문화라면 우리만의 것이 아닌 세계로까지 나아가 우리를 알리고 함께 즐길 수 있는 문화거리로 거듭날 수 있다. 주영국 한국문화원의 초청으로 지난 9월, 세계적인 예술축제인 '템즈페스티벌' 36)에 이들이 참가하게 된 것도 그렇기에 가능한 일이라고 할 것이다.

2.3.2. 더 큰 유대를 위한 열림, 이해

문화가 인간의 삶과 함께 끊임없이 변화되어야 하는 동사형이라면 전통 역시 세대와 시간을 가로질러 새롭게 재해석되고 계속해서 만들어져야 하는 그 무엇이 되어야 할 것이다.

그러기 위해서는 새로움과 변화, 다름을 향한 열려있음이 필요하며, 한편으로는 이를 받아들일 수 있는 이해와 배려, 관용 또한 필요하다고 할 것이다. 이러한 노력들이 세대와 세대, 나아가 인종과 인종, 문화와 문화 간의 단절을 막고 더 큰 유대와 원활한 소통을 이끌어낼 수 있을 것이기 때문이다.

정통을 고수하고자 하는 일부 학계나 분야에서의 평가와 논란이 어떠하든 새로운 규칙을 만들고 시도하는 것이 예술인의 창의성이라고 한다면, 또 그런 목적이 단지 자기만족이 아닌 사람들과의 소통과 즐김이라고 한다면 새로운 시도와 그에 따른 노력들은 문화로서의 자리매김과 가치부여가 이루어져야 할 것이다.

---

36 템즈페스티벌은 각 국가와 문화를 대표하는 음악, 댄스, 거리예술팀들이 2일간 템즈 강변에서 공연을 펼치는 영국 런던의 가장 큰 야외 예술 페스티벌이다.

문화다원성과 문화다양성이 풍요로운 삶의 전제가 되듯, 전통문화를 포함한 문화적 다양성은 누리고 즐기는 이의 행복지수로서 평가되어야 하는 것이기 때문이다.

그런 점에서 이들의 연주나 공연은 사이존재로서의 그들이 가진 예술적 표현을 통해 대중들과 소통하고 또 다른 문화적 향유와 즐길거리, 감동을 주는 성공한 문화콘텐츠, 의미 있는 문화콘텐츠라고 할 수 있다.

2.4. 시사점

이상으로 문화적 가치로서의 문화콘텐츠 사례에 접근하여 그러한 사례를 분석했다.

1번 사례에서는 문화적 가치로서의 소통과 조화라는 관점에서 훈데르트 바서의 삶과 예술 세계를 분석했다. 오늘날 지구촌 시대, 지구촌의 모든 인간이 운명공동체임을 재확인하고 생태계 파괴라는 위험 앞에 이를 위한 노력이 모든 이의 공동의 과제임을 인식하여 자연과 인간의 조화가 중요한 것임을 보았다. 또한 인간 역시 자연을 삶의 터로 삼고 살아가는 다양한 생명종과 더불어 공존해야 한다는 것과 이를 위한 노력이 더 나은 미래를 위한 준비일 수 있음을 보았다.

2번 사례에서는 소통, 공감, 더불어 살리고 사는 공생과 상생으로의 사회적 연대가 문화세기가 요구하는 또 다른 세계 비전이자 문화콘텐츠가 나아가야 할 모습으로 보고 공정상품인 커피와 초콜릿과 그에 따른 활동을 문화콘텐츠의 사례로 분석했다. 이는 기존 콘텐츠 개념에서의 의미 확장과 문화에 비중을 두고 최근에 이루어지고 있는 문화콘텐츠에서의 새로운 정의에 따른 문화콘텐츠 사례 제시 및 분석시도라고 할 수 있다. 타인의 고통에 동참하려는 공동의 노력과 활동이 곧 상생이라는 문화적 가치를 이끌어내는 것이며 이를 가능하게 하는 것이 무엇보다 타인에 대한 공감에서 출발하는 것임을 사례분석을 통해 보았다.

3번 사례에서는 문화다양성의 시대, 타자에게 문을 열면서도 본연의 나 자신으로 남는 것이 소통에서의 가장 중요한 과제라고 하는 볼통의 관점을 문화콘텐츠 사례에 적용하여 전통의 새로운 길 모색과 소통이라는 측면에서 숙명가야금연주단의 사례를 분석했다. 전통이 가진 본모습을 잃지 않으면서도 새로운 모색과 시도를 통해 현재와의 소통에 성공하고 이러한 노력이 지리적 여건을 넘어 얼마든지 지구촌 차원에서의 문화거리, 문화콘텐츠로 거듭날 수 있다는 것을 보았다. 또한 이를 위한 열림과 이해, 관용이라고 하는 문화적 가치들이 포함되어야 한다는 것을 보았다.

그러나 이 사례들은 문화가치적 측면에서 선택된 사례이다 보니 하나의 틀 안에서 분석해내기에는 한계가 있다. 그럼에도 불구하고 문화적 가치의 측면에서 문화콘텐츠를 분석 시도했다는 점에서 새로운 문화콘텐츠의 기획 및 방향제시에 의의가 있다고 본다.

3. 결론

인간의 나고 죽기까지의 모든 것이 문화 아닌 것이 없으며 문화에 의해 포장되고 훈련되지 않은 것이 없는 만큼 인간에게 있어 문화는 인간 활동의 모든 것, 그 결과의 총체물이다.

또한 그 안에서 이루어지는 모든 거리, 문화콘텐츠는 문화적 존재로서의 인간의 소통행위라고 할 수 있다. 소통은 나누고 공감하는 것이다.

그런 점에서 본고는 소통, 공감, 나눔으로서의 문화콘텐츠 사례를 통해 우리 시대에 요구되고 필요로 하는 것이 무엇인지, 그 가치와 의미에 대해 살펴보고자 하였다.

첫 번째 사례인 훈데르트 바서의 예술 및 건축철학을 통해 그러한 작품들뿐만 아니라 그의 삶 전체가 소통과 조화, 공존의 가치를 품은 하나의 문화콘텐츠임을 알 수 있었다. 그에 따라 인간 역시 모든 생명체와 다름없는 우주적 존재로서 자연과 조화를 이루고 살아가야 하는 것이란 점과 또한 유한한 존재로서 자신의 색과 모습으로 살아가되 서로 다름을 인정하고 어울려 살아야 함이 더불어 나은 삶, 상생의 삶임을 보여주는 것임을 알 수 있었다. 두 번째 사례인 아름다운 커피와 정직한 초콜릿을 통해 '더 큰 선'이란 공통의 의미가 보태어질 때 상품은 단순한 상품으로서의 성격을 넘어 또 다른 문화콘텐츠가 될 수 있음을 알아 보았다. 이를 통해 그러한 의미 부여와 가치를 품은 문화콘텐츠가 곧 이 시대의 화두이자 필요이기도 한 '공감'의 한 가지 모습일 수 있음도 아울러 알 수 있었다. 타인의 고통과 어려움이 곧 지구공동체로서 함께 살아가야 하는 존재로서 우리 자신의 고통이자 어려움이라는 것과 그러한 공감을 바탕으로 나눔으로서 행동을 실천할 때 우리 자신의 삶 또한 풍요로워질 수 있음을 알아보았다. 나아가 그와 같은 사소한 시작들이 우리가 함께 살아가고 상생하기 위한 노력이자 우리 자신의 미래를 위한 노력일 수 있음도 알 수 있었다.

그리고 마지막으로 숙명가야금연주단의 사례에서 전통의 재해석을 통한 대중과의 소통이 문화다양성의 시대에 걸맞은 또 다른 즐길거리이자 문화콘텐츠임을 알아보았다. 이를 통해 살아있는 어떤 것도 그대로 머물러 있는 것이 아니며 그와 더불어 문화와 전통 역시 인간의 삶과 함께 변화해가는 것인 만큼 새로움, 다름으로의 열려 있음이 필요하다는 점을 알 수 있었다. 또한 해당 예술인들의 노력뿐 아니라 이를 받아들일 수 있는 포용과 이해, 배려가 무엇보다 요구되며 이러한 노력들이 세대는 물론, 인종과 문화를 넘어 더 큰 유대와 소통을 이끌어 낼 수 있는 것임을 알 수 있었다.

인간이란 늘상 의미를 묻는 존재이고 있는 자리에서 넘어서고자 하는, 즉 초월을 지향하는 존재이다.

또한 우리가 소통하고자 함은 우리 스스로가 유한한 삶을 가진 고독한 존재임을 알기 때문이기도 할 것이다.

그렇기에 소통은 나를 넘어 타자의 존재와 상호인정을 통해 의미를 가질 수 있다. 사회 및 문화적 가치 또한 이와 다르지 않다. 타인 역시 나와 같은 유한한 삶을 가진 고독한 존재임을 이해할 때 공감과 나눔, 유대가 생겨날 수 있으며 더불어 잘 살고자 하는 상생의 길로의 모색도 이루어질 수 있다. 그리고 그러한 노력들이 진정성과 신뢰를 얻을 수 있을 때 우리 안의 이기나 위험을 사라지게 하고 더 건강한 문화 더 나은 인류 미래 비전도 기대할 수 있다. 인간과 인간, 인간과 자연, 과거와 현재, 미래가 원활하게 소통하고 서로 나누고 자유로이 왕래하고 참여하며, 함께 공존하고 유대하며 상생할 수 있는 세상, 그것이 문화의 세기에 문화적 가치들에 거는 기대이며 시대에 답하는 문화콘텐츠가 있어야 할 자리라고 할 것이다.

참고문헌

1. 단행본

강영안, 『레비나스의 철학 타인의 얼굴』, 문학과지성사, 2005.

정창권, 『문화콘텐츠학 강의』, 커뮤니케이션북스, 2007.

최연구, 『문화콘텐츠란 무엇인가』, 살림, 2006.

최혜실, 『문화콘텐츠, 스토리텔링을 만나다』, 삼성경제연구소, 2008.

엄정식 · 이기상 · 김성곤 · 윤경로 · 이원복 · 손동현 지음 , 『문화는 소통이다』,
　　　철학과 현실사, 2012.

도미니크 볼통, 채종대 · 김주노 · 원용옥 옮김, 『불통의 시대 소통을 읽다』, 살
　　　림, 2011.

반 퍼슨, 강영안 옮김, 『급변하는 세계 속의 문화』, 서광사, 1994.

바바라 슈티프, 김경연 옮김, 『훈데르트바써』, 현암사, 2008.

빌렘 플루서, 김성재 옮김, 『코뮤니콜로기』, 커뮤니케이션북스, 2006.

에드워드 홀, 『침묵의 언어』, 한길사, 2000.

엘리자베스 클레망 외, 이정우 옮김, 『철학사전, 인물들과 개념들』, 동녘, 2001.

제러미 리프킨, 이원기 옮김, 『유러피안 드림』, 민음사, 2005.

프란스 판 데어 호프 외, 김영중 옮김, 『희망을 키우는 착한 소비』, 서해문집,
　　　2008.

프리모레비, 이산하 옮김, 『살아남은 자의 아픔』, 노마드북스, 2011.

『Hundertwnsasser(훈데르트 바서)』, 마로니에 북스, 2006.

2. 논문

이기상, 「문화콘텐츠학의 이념과 방향 : 소통과 공감의 학」, 『인문콘텐츠』 제23
　　　호, 2011.

3. 사이트 및 방송

훈데르트 바서 한국전시회 http://www.hundertwasserkorea.kr/ (2012.02.05)

아름다운 커피 홈페이지 http://www.beautifulcoffee.com/ (2012.02.05)

지식e 〈이상한 창문〉 http://home.ebs.co.kr/jisike/main.jsp (2012.02.06)

숙명가야금연주단 홈페이지 www.smgo.co.kr/ index.asp (2012.02.05)

4. 방송

KBS 스페셜 다큐멘터리 〈문화 강국의 조건, 국가 이미지를 디자인하다 9〉, 2006.
10. 19 방영

• 핵심어 : 문화, 문화콘텐츠, 소통, 공감, 나눔, 조화, 상생

문화콘텐츠의 현장

• Abstract

Values and vision of cultural contents

Cho, EunJu

When stating the present as a global era, this means that people in various cultures organize a group sharing a common destiny having to live together in 'one' earth. In such point, today the role of culture and the responsibility of human being to decide the foregoing are important. Worrying about the culture and the phenomenon of contemporary era is otherwise to worry about human being which is the subject. Also, the question to the responsibility of human being is to ask how do we live for.

This paper tries to suggest cases for and to analyze cultural strategy and culture contents in a viewpoint of communication, sympathy, and sharing based on the understanding that 'culture is a communication' as an alternative to the above worrying and question.

With this, when culture contents contain such value, we suggest how to make the value to be located within us and further which futuristic vision it may bring.

• Key Words: Culture, Culture Contents, Communication, Sympathy, Sharing, Harmony, Live-together

세계국립극장페스티벌 운영 활성화 방안 연구

이 주 영

국립중앙극장 기획위원

세계국립극장페스티벌 운영 활성화 방안 연구

이 주 영

• 국문초록

인류의 가치적 소산이자, 시대의 보고(寶庫)가 문화이다. 문화의 다양한 측면들이 있지만, 이를 총체적으로 결집시킬 수 있는 것은 축제이다. 축제의 유형 중 단시간에 가장 심미적이면서도 효과의 정도가 높은 것이 공연예술축제이다. 그중에서도 현대사회에서 국제공연예술축제를 통해 국가 간의 상호 이해 증진, 경제의 활성화, 국가 이미지 제고 등 여러 효과를 증진 시키고 있다.

본 연구는 한국의 공연예술을 대표하는 국립극장이라는 상징성을 바탕으로 극장의 프로그래밍 차원에서 2007년부터 특별기획 되어 현재까지 시행되어 오고 있는 세계국립극장페스티벌의 운영실태를 토대로 운영결과를 체계적으로 분석하고, 활성화 방안을 도출하기 위해 시행되었다.

본 연구에서 도출한 세계국립극장페스티벌 운영 활성화 방안을 요약하여 보면 다음과 같다.

첫째, 세계국립극장페스티벌에서 초기 설정한 방향성 유지이다. 이는 페스티벌의 정체성이자 고유성으로 직결된다. 수요자 중심 측면에서 볼 때 페스티벌의 방향성이 명징하게 포지셔닝 되는 것은 물론 프로그래밍 확정 및 총괄 운영 전반에 영향을 미치는 중요한 요소로서 정부 차원에서도 적극적인 지원과 협력이 요구된다.

둘째, 조직재편 및 인력 운영 측면에서는 우선 세계국립극장페스티벌 사무국의 정규인원이 부족한 바, 전문성 획득과 연속성 확보 차원에서 극장 내에 페스티벌(축제)팀을 신설, 운영함이 요구된다. 인력 운용 매뉴얼을 설정하여 자원봉사자들을 비롯한 시민 축제 요원들에 대한 적극 발굴과 활용도를 높여야 한다.

셋째, 운영자문위원회의 역할 강화이다. 위촉기간을 만 2년으로 둠으로써 사무국과 더불어 실질적 프로그래밍 업무에 함께 하도록 창구를 확장해야 할 것이다. 해당년도의 프로그램을 감안하여 자문위원의 구성원 보강을 통해 실질적인 조직위가 구성되는 체계를 구축함이 중요하다.

넷째, 페스티벌 방향에 부합되는 프로그램 조기 확정이다. 이는 극장기획공연으로서의 프로그래밍 측면과 국제공연예술축제로서의 측면 모두에서 중요한 부분이다. 질적인 고양과 실질적 검증을 위해 가급적 현장을 통한 작품 선정, 면밀한 필터링을 통한 초청작, 우수작에 대한 엄격한 선별과정이 필요하다. 결국은 충분한 시간과 재원 확보, 전문성이 근간이므로 조직 차원에서 이를 충족시켜야할 것이다.

다섯째, 홍보 및 마케팅 측면에서는 기본적인 툴 외에 지속적인 홍보 소스 개발 및 마케팅 실행 전략 수립을 기해야 한다. 기관 및 단체들과의 공동(연계) 홍보, 마케팅은 지속적인 발굴과 실행이 요구된다.

해당년도의 프로그램에 맞는 선택과 집중을 통한 통합 마케팅이 필요하다. 극장 및 페스티벌의 인지도 확산 프로그램 운영을 시작으로 페스티벌 콘텐츠 정보가 전략 홍보에 연동되어져, 마케팅의 결과물로 이어지는 단계별 운영 소스 개발이 필요하다. 국제교류 관점에서 참가국들의 기업, 기관과 파트너 마케팅의 추진은 적실성이 높다 하겠다.

본 연구는 세계국립극장페스티벌의 운영실태를 토대로 문제점 도출 및 운영결과를 분석함으로써 그 활성화 방안을 제시하고 있다. 이 연구결과는 대한민국 공연예술의 중심이자 대표 공연장인 국립극장이 세계 공연예술문화의 중심으로 성장하며 해외 우수 공연예술단체들과의 교류 확대를 진작시켜 차별화된 국제공연예술축제의 장이 활성화되는 데 기여할 것이다.

1. 서론

문화는 인류의 가치적 소산이자, 시대의 보고(寶庫)이다. 문화의 다양한 측면들이 있지만, 이를 총체적으로 결집시킬 수 있는 것은 축제이다. 특히, 축제의 유형 중 단시간에 가장 심미적이면서도 효과의 정도가 높은 것이 공연예술축제이다. 그중에서도 지구촌이 하나가 된 지 오래된 현대사회에서 국제공연예술축제를 빼 놓을 수 없다. 현재 세계 각국은 다양한 국제공연예술축제를 시행하고 있다. 이를 통해 예술의 국제교류를 통한 상호 이해 증진은 물론, 지역 경제의 활성화, 국가 이미지 제고라는 효과를 증진시키고 있다. 여기에서 주목하지 않을 수 없는 것이 국가브랜드이다. 많은 국가들이 국가의 경쟁력을 높이고자 사회적·문화적 차원에서 국가브랜드 개념을 도입하고, 국가 이미지를 높이기 위한 연구를 활발하게 진행하고 있다. '국가브랜드'란 특정

국가의 자연환경, 국민, 역사, 문화, 전통과 정치체계, 경제수준, 사회
안정 등에 관한 유형 또는 무형의 정보와 경험을 통해 내외 국민들에
게 의도적으로 심어주고자 기획된 상징체계[1]이다. 중장기적인 측면에
서 문화예술에 관심을 가져야 하는 반증이라 할 수 있다.

연중 전국 곳곳에서 많은 공연예술축제들이 열리고 있다. 특히 서울
에서는 대규모 국제공연예술축제들이 동시다발적으로 9~10월을 중심
으로 이루어진다. 이들의 기본 취지는 우수한 공연예술작품을 소개하
고, 교류를 바탕으로 한다. 서울국제공연예술제(Seoul Performing Arts
Festival), 서울세계무용축제(Seoul International Dance Festival), 국립극장이
주최하는 세계국립극장페스티벌(The World Festival of National Theaters)
이 대표적인 국제공연예술축제이다. 국내에서는 1997년 세계연극제부
터 국제공연예술축제가 본격적으로 시작된 이후, 규모가 놀라울 정도
로 팽창해오고 있다. 반면에 규모의 성장 등에 비추어 축제의 차별화
된 정체성과 특성화, 운영의 질적 도모라는 면에서는 문제 의식을 가
질 수밖에 없다.

본 연구에서는 한국의 공연예술을 대표하는 국립극장이라는 상징성
을 바탕으로 극장의 프로그래밍 차원에서 2007년부터 특별기획되어져
현재까지 시행되어 오고 있는 세계국립극장페스티벌을 통해 국제공연
예술축제라는 측면에서 어떠한 좌표를 설정할 수 있을 것인지에 주목
하고 있다. 연구의 목적은 국가기관이자 공공극장이라는 크레딧(credit)
이 최대 강점인 이 페스티벌에 대한 운영실태를 바탕으로 그 효과 및
문제점을 도출하고, 이에 대한 운영 활성화 방안을 제시함을 그 목적
으로 한다.

---

1 문화관광부, 「문화를 통한 국가브랜드가치 재고전략 보고서」, 2003, 2쪽.

2. 이론적 논의

2.1. 공연예술축제의 이해

2.1.1. 공연예술축제의 개념

축제의 유형을 프로그램 구성형식에 따라 분류하면 전통문화축제, 예술축제, 종합축제, 기타 축제로 구분할 수 있다. 공연예술축제의 개념을 살펴보기 전에 공연예술과 공연예술축제를 포함하는 예술축제를 살펴봐야 할 것이다. '공연예술'이란 무대에서 공연되는 모든 형태의 예술이다. 특정 장소의 특정한 시간에 어떠한 예술적 형태를 발생시킴과 동시에 소멸된다. 이는 공연예술의 특질로서 현장성과 일회성을 의미한다. 이러한 특성을 가진 공연예술은 정치, 경제, 사회 등과 밀접한 관계를 맺고 있다. '예술축제'는 한마디로 특정 예술 장르가 축제의 소재가 되는 축제이다. 이 축제의 주된 목적으로는 예술작품의 소개 및 유통, 예술 창조, 도시예술의 활성화, 지역경제 활성화, 예술가의 육성과 예술의 보급 등을 들 수 있다.

공연예술과 예술축제의 개념을 바탕으로 '공연예술축제'는 다음과 같이 정의할 수 있다. 공연예술 창작 작품을 주된 축제의 소재로 삼아, 공연 형식을 갖추어 무대에 올리는 예술축제이다. 다른 예술축제와 달리 공연예술축제는 현장성과 일회성, 공공성, 대중성, 확산성을 가짐으로써 당 시대의 사회상을 담아내고, 문화예술의 흐름을 형성, 파급하는 역할을 하는 사회적 기제이다.

2.1.2. 공연예술축제의 의의와 분류

① 공연예술축제의 의의

공연예술축제는 무대 위에서 상연을 그 목적으로 한다. 음악, 무용, 연극, 오페라, 뮤지컬, 서커스, 마임 등이 그 중심에 있다. 운영 목적 및 성격에 따라 단일 장르가 될 수도 있고, 복합 장르가 될 수도 있다. 공연예술기획의 발전된 형태가 공연예술축제라고 할 수도 있다. 이는 일회성으로 끝나는 일반 공연과는 달리 여러 날 동안 다수의 공연물이 상연되어 관객들에게는 심미적 욕구를 충족시키고, 당대 예술의 흐름을 조망해 볼 수 있는 계기를 제공하는 기능을 한다. 아울러 창작에 대한 정보를 서로 교환하고, 예술인들 간의 만남의 장 형성을 도모할 뿐만 아니라 기획자와 프로모터들에게는 공연상품의 시장을 형성시키는 아트마켓(art market)을 창출하는 기능을 가지고 있다.

② 공연예술축제의 분류

공연예술축제는 예술 장르의 특성에 따라 다음과 같이 분류할 수 있다. 연극축제, 마임축제, 인형극축제, 거리극축제, 음악축제, 대중음악축제, 오페라축제, 뮤지컬축제, 무용축제, 복합예술축제 등이다. 한편, 공연예술축제는 축제기획의도와 목적이 무엇인가에 따라 다음 표와 같이 구분할 수 있다.

구　　분	국내 사례
새로운 예술창조 및 현대예술 조류 소개	서울국제공연예술제, 국제현대무용제, 의정부국제음악극축제, 서울국제무용제, 통영국제음악제
지역 및 도시 활성화	대관령국제음악제, 과천한마당축제, 서울스프링실내악축제, 자라섬재즈페스티벌, 안산거리극축제, 수원화성국제연극제, 춘천마임축제, 통영국제음악제
신진 예술가 등용 및 예술보급	통영국제음악제, 대관령국제음악제, 서울스프링실내악축제

〈표 1〉 개최목적에 따른 공연예술축제 분류[2]

2.2. 국제공연예술축제의 이해

2.2.1. 국제공연예술축제의 의미

연중 전국 곳곳에서 크고 작은 공연예술축제들이 열리고 있다. 그중 국제공연예술축제는 1997년 세계연극제 이후 지난 10여 년간 공연예술축제의 규모가 팽창해오고 있다. 이는 공연예술축제의 화두인 '국제화'를 단적으로 증명해주고 있다. 운영 주체 및 목적에 따라 차이가 있겠지만, 국제공연예술축제는 다음과 같이 그 의미를 정리할 수 있다. 국제공연예술축제는 공연예술축제를 근간으로 페스티벌의 목적에 맞게끔 복합 국가들의 예술작품들로 구성되어져 국제적 교류 및 합작, 창작 및 유통, 순회공연 등이 일정 기간 동안 시행됨을 의미한다.

---

2 서경화, 「서울을 대표하는 공연예술축제 육성방안연구」, 추계예술대 석사논문, 2004 재구성.

2.2.2. 국제공연예술축제의 유형과 범주

1991년부터 4년간 일본 닛세이연구소에서 이루어진 국제공연예술축제에 관한 실태 조사를 근거로 하자면 현대의 공연예술축제는 축제의 기획의도 및 내용에 따라 다음 세 가지로 구분된다. 첫째가 예술작품을 중심으로 한 공연예술축제, 둘째는 지역의 발전을 목적으로 하는 지역문화축제, 마지막이 예술가의 육성과 예술의 보급을 목적으로 하는 축제 등이다. 한편 1996년 한국문화예술진흥원(현 한국문화예술위원회)의 실태조사에서는 다섯 가지로 분류하고 있다. 첫째가 예술작품의 소개, 둘째는 예술 창조, 셋째는 도시(예술) 활성화, 넷째는 지역 진흥, 마지막이 예술가의 육성과 보급이다. 이 분류를 토대로 유형과 범주를 세 가지로 종합하면 다음과 같다.

첫째, 예술작품을 중심으로 하는 국제공연예술축제이다. 이는 수준 높은 예술작품을 소개하거나 현대 공연예술의 새로운 경향을 보여주는 것을 그 목적으로 하고 있다. 여기에는 에든버러국제페스티벌, 베를린페스티벌, 짤츠부르크페스티벌, 뉴욕국제예술제 등이 대표적이다. 이들은 작품 소개형 페스티벌로서 예술의 'Market'으로서의 중요한 역할을 가진다. 둘째, 지역의 발전을 목적으로 하는 국제공연예술축제이다. 먼저 예술 활동 전반과 도시의 관계를 중시하는 축제가 있다. 이는 지역 내 문화 예술적 기반을 토대로 예술 활동의 활성화를 목적으로 하거나 관광 수입의 증대를 통한 지역의 경제적 활성화에 기여하는 것이다. 이 축제에는 파리가을페스티벌, 런던국제연극제, LA페스티벌이 대표적이다. 셋째, 예술가의 육성과 보급을 목적으로 하는 국제공연예술축제이다. 육성이란 측면에서는 유럽의 사본리나오페라페스티벌이 대표적이다. 이는 교육 보급적인 성격이 있고, 교육기관의 병설과 콩쿠르 개최 등과 연관이 있다. 보급이란 측면에서는 스트라포

드페스티벌, 국제누벨댄스페스티벌 등이 좋은 예이다. 이들은 워크숍이나, 심포지엄, 어린이를 위한 프로그램 등이 구성되어져 예술축제가 가져야 할 사회적 기능을 충분히 보여주고 있다 하겠다. 상기 내용을 표로 요약하면 다음과 같다.

목 적	국제공연예술축제
예술작품의 소개	에든버러국제페스티벌, 베를린페스티벌, 짤츠부르크페스티벌, 뉴욕국제예술제
지역의 발전	파리가을페스티벌, 런던국제연극제, LA페스티벌
예술가의 육성과 보급	유럽의 사본리나오페라페스티벌, 스트라포드페스티벌, 국제누벨댄스페스티벌

〈표 2〉 국제공연예술축제 분류

2.2.3. 국제공연예술축제의 사례

① 국내 사례

㉠ 과천한마당축제

과천한마당축제는 경기도 과천에서 해마다 9월에 열리는 야외극을 중심으로 하는 국제공연예술축제이다. 과천시가 주최하고, 과천한마당축제 조직위원회가 주관한다. 97경기-과천세계마당극축제라는 이름으로 시작되어 2003년부터 현재까지 과천한마당축제라는 이름을 사용하고 있다. 목적은 동·서양의 마당극·거리극·야외극 등을 적극 수용하여 국제적인 문화교류를 도모하고, 독창적인 문화예술 도시의 이미지를 제고하며, 시민에게 높은 수준의 문화예술 경험을 향유하게 하기 위함이다. 프로그램은 크게 기본행사, 공연행사, 기획행사, 부대행사로 구분되어진다. 2004년 1월 1일 재단법인 한마당축제 사무처가 구성되었다. 예술감독 밑에 기획실장과 경영관리실장을 두고, 해당 팀들이 업무를 맡아 진행하고 있다.

㉡ 안산국제거리극축제

2005년 안산문화예술의전당이 야심차게 추진한 축제이다. 이 축제는 연극, 음악, 마임, 무용, 인형극 등 다양한 장르를 망라하며, 우수한 국내작품들과 유명 해외작품들을 선보였다. 뿐만 아니라, 실력 있는 신진 예술가들에게는 한층 도약할 수 있는 기회를, 예술을 사랑하는 시민들에게는 참여의 기회를 제공하고 있다. 안산문화예술의전당과 안산국제거리극축제 사무국이 업무를 함께 진행하는 것이 특징이다. 프로그램은 크게 기본행사, 공연행사, 기획행사, 부대행사, 연계행사, 특별기획프로그램 등으로 구분할 수 있다.

㉢ 서울공연예술제

2002 한일 월드컵을 기념하고, 서울의 도시 마케팅적인 측면에서 태동된 것이 서울공연예술제이다. 이는 문화도시로서의 '서울'의 이미지를 전 세계에 알릴 수 있는 기회로 활용하기 위해 개최되었다. 현재는 한국공연예술센터기 주최가 되고, 문화체육관광부가 후원하며 연극, 무용, 복합 장르 등 다양한 공연예술을 선보이고 있다. 한국을 대표하는 동시대 공연예술축제로서 지난 10년 간 성장해왔다.

② 해외 사례

㉠ 홍콩아트페스티벌

이 축제는 1972년에 제안되고 1973년에 시작한 아시아를 대표하는 축제이다. 홍콩의 문화생활을 풍요롭게 해주고 많은 이들이 예술에 더 많은 관심을 갖도록 중간자의 역할을 하며 장르를 넘나드는 문화의 윤택함을 촉진시킬 수 있는 최고의 예술적 기준을 제시할 수 있는 예술작품을 소개함이 그 목적이다. 집행위원회가 선임한 행정감독이 축제를 총괄하며, 축제의 목적을 이루기 위해 우선적으로 가장 최근의 예술적 경향을 소개한다. 아울러 혁신적이고 지역예술과 융화력이 있으며, 축제의 명성에 걸맞는 각국의 공연들을 유치한다. 끝으로 신작 및 축제를 위해 기획, 제작된 작품, 홍콩의 문화적 환경을 돋보이게 하는 작품 등이 프로그램의 선정 원칙이다. 국제적인 도시국가로서의 홍콩은 여행객 등 예술 안목이 높은 각국의 많은 이들이 모여 있고, 관객 데이터를 십분 활용함으로써 관객들의 욕구를 충족시킬 수 있었다. 이 축제는 공공재원, 티켓 수입 외에 재원 마련에 심혈을 기울임으로써 재원조성에 신경써야 할 단체나 행사에서는 적극 참고할 모범 사례이다.

　ⓛ 아비뇽페스티벌

　아비뇽페스티벌은 "예술창조"를 지향하는 축제로, 1947년 국민적 신망을 받던 연출가 장 빌라르(Jean Vilard)에 의해 창설되었다. 이 축제의 정신은 첫째, 가능한 한 많은 대중이 다양하며 수준 높은 작품들을 쉽게, 그리고 자주 접하도록 하여 그들의 미적 경험을 고양시키고 예술적 수용능력과 비판능력을 확대 시킨다. 둘째, 예술적 능력을 발휘하지 못한 미래의 예술가들에게 기회를 제공하는 장을 마련한다. 셋째, 문화의 탈중심화를 이룬다. 넷째, 예술작품과 대중과의 창조적인 교류의 장 역할을 한다는 것이다. 1980년 축제 조직을 법인화하여 사적인 조직의 유연성과 공적인 조직의 정치, 예술가의 지원, 공급조달 능력을 발휘할 수 있도록 아비뇽 시장이 이사회의 이사장을 맡는다. 즉 예술감독과 행정국장의 체제 분리를 통해 업무를 효과적으로 처리하는 것이다.

세계 최고 수준의 연극축제인 아비뇽페스티벌은 주최 측의 엄격한 심사 과정을 거쳐 공식 선정된 '인(in)'과 자유참가작인 '오프(off)'로 나누어져 있다. 이를 통해 작품으로 풍요로움을 더하고, 도전과 실험의 장을 형성함으로써 세계인들의 관심을 집중시키고 있다.

ⓒ 에든버러페스티벌

1947년 "예술작품의 소개"라는 성격 규정에서 보여주듯 다양하고 새로운 작품이 해마다 상연되고 있다. 그러나 이는 단순한 소개에서 그치는 것이 아니라 도시 활성화 및 지역진흥에 기여하고, 예술가의 등용문으로서도 그 위치를 공고히 하고 있다. 이 축제의 공연작품은 공식 초청작과 프린지(Fringe, 비공식초청작)로 나누어진다. 공식 초청작보다 새로운 실험의 장이자 아트마켓의 역할을 톡톡히 하고 있는 프린지가 더 많은 주목을 받고 있다.

ⓓ 만하임국립극장의 쉴러페스티벌

독일의 극작가 프리드리히 쉴러(Friedrich Shiller) 서거 200주년 기점에 열린 제13회 국립극단의 〈떼도적〉이 공식 초청된 적이 있는 쉴러페스티벌은 격년제로 열리고 있다. 1777년에 세워진 만하임극장은 독일 최대의 4개의 전속단체를 두고 있다. 한 극장에서 오페라, 연극, 발레, 어린이·청소년 연극이 모두 선보이고 있다. 만하임 쉴러페스티벌의 주된 목표는 쉴러에 대한 가장 다양한 접근법들을 소개하면서 외국작품들을 초청하는 것이다. 주최 측은 단순한 초청으로 끝나지 않게 하기 위해 젊은 관객들을 극장으로 이끌 수 있는 프로그램을 만들고 축제를 통해 이들의 만남과 교류, 교육의 장을 병행하고 있다. 아울러 세미나, 워크숍, 관객과의 대화 등을 통해 페스티벌의 활력을 불어넣고 있다.

요컨대, 세계국립극장페스티벌은 상기의 국제공연예술축제의 의미, 유형과 범주 등을 종합하여 볼 때 새로운 예술창조 및 현대예술의 조류를 소개하는 축제이다. 여기에 민간 차원의 공연예술 교류와 차별되는 국가 차원의 공연예술문화교류축제이자 국가브랜드 축제로서의 특수성을 가지고 있다 하겠다. 이는 민간 차원의 페스티벌과 비교하여 볼 때, 상대적으로 기동성과 현장성이 관점에 따라 떨어질 수 있지만, 공공 분야 측면에서 국제공연예술축제로서 어떻게 활용하고, 접목시키느냐에 따라 그 폭과 깊이가 더해질 것이라고 본다. 이것은 본질적으로 예술경영에서 시장(Market)의 선점과 맞물리는 부분으로서 차별화된 프로그램 구성, 국립기관이 운영하는 공공극장으로서의 사회적, 예술적, 교육적, 경제적, 정치적 기제까지 아우를 수 있는 중요한 대목임을 간과해서는 안 될 것이다.

3. 세계국립극장페스티벌 운영 실태

3.1. 세계국립극장페스티벌 개요

3.1.1. 의미

세계국립극장페스티벌은 대한민국 공연예술의 중심이자, 대표 공연장인 국립극장이 세계 공연예술문화의 중심으로 성장하며 해외 우수 공연예술단체들과의 교류확대를 목적으로 기획한 국립극장 최초의 대규모 국제공연예술축제이다. 국내공연의 산실인 국립극장을 중심으로 독창적이고 범세계적인 축제의 장을 만들고자 2007년부터 시작되어 현재까지 매해 진행되어 오고 있는 민간 차원의 공연예술 교류와 차별되는 국가 차원의 공연예술문화 교류이다.

주요한 사업 내용으로는 각국을 대표하는 세계 여러 나라의 국·공립극장 및 국립공연예술단체들의 대표작들과 국립극장 전속단체들의 대표작품, 공연예술 관련 세미나, 전시회, 아트마켓 등의 부대행사 등으로 구성되는 대한민국 최대의 국제공연예술축제이다.

3.1.2. 추진배경

2005년 12월 31일, 국립극장장으로 임명받은 신임 신선희 극장장은 국립극장의 역할과 정체성에 대해 많은 고민을 하였다. 대한민국의 유일한 국립극장이 문화예술 분야에서 국민들에게 좀 더 많은 역할을 하기를 기대하고 있었다. 특히, 국민들에게 21세기 글로벌 시대에 발맞추어 세계 여러 나라들의 문화예술을 국립극장에서 공연을 통해 선보임과 동시에 국립극장이 대한민국에서 국제 공연예술 교류의 중심이 되기를 원했다.

이러한 바탕 위에 새롭고 차별화된 국제문화행사를 구상하게 되었고, 다음과 같은 몇 가지 원칙을 정했다. 먼저 민간단체들이 주최하는 국제공연예술축제와는 확실한 차별화가 가능한 예술축제이어야 한다. 그래야만 민간단체들의 항의와 견제를 벗어날 수 있다는 점을 고려하였다. 둘째, 국립극장만이 할 수 있는 국제문화행사이어야 한다. 셋째, 국립극장이 가진 인프라와 콘텐츠를 기반으로 해야 한다. 이러한 요소들을 축으로 신임 극장장은 기존에 국립극장에서 추진했던 해외 국립극장들과의 교류공연과 양해각서(MOU) 체결, 셰익스피어 난장 등을 검토한 결과, 국립극장 전속단체들이 참여하고, 국립극장과 양해각서(MOU)를 체결한 해외의 국립극장(국립단체 포함)을 초청하고, 공연 장르를 연극, 무용, 발레 등으로 확장하여 세계국립극장페스티벌을 개최할 것을 최종적으로 결정하게 된 것이다.

3.1.3. 목표 및 방향

세계국립극장페스티벌의 기획의도이자 목표는 다음과 같다. 첫째, 민간 차원의 문화 교류와 구별되는 국가 차원의 공연예술문화 교류의 장을 형성한다. 이는 정부에서 운영하는 국립 문화예술기관인 국립극장이라는 기관 특성에 그 연원을 두고 있다 하겠다. 둘째, 각국의 전통과 정통성을 살리는 대표적인 공연단체들의 해외작품을 국내에 소개한다. 이를 통해 국민들은 양질의 작품을 관람할 수 있는 기회를 제공받게 된다. 셋째, 페스티벌 개최를 통한 각국의 대사관 및 문화원과의 네트워크 구축 및 교류관계를 확대할 수 있다. 넷째, 세계적인 국제공연예술축제를 통해 국립극장의 위상을 확립하고, 세계적인 아트마켓(Arts Market)의 기반을 구축함을 그 목적으로 한다.

상기의 제반 사업목표를 토대로 볼 때, 세계국립극장페스티벌의 사업방향은 다음과 같이 제시할 수 있다. 첫째, 세계국립극장페스티벌에 참여하는 다양한 국가들과의 인적 교류, 순회공연 추진 등으로 국제교류망 확대 및 협력관계 구축을 한다. 여기에는 각국의 대사관, 문화원 등 정부 차원의 지원과 협력이라는 든든한 후원자가 함께 함으로써 대한민국을 대표하는 축제로 자리매김하는 동력원이 되고 있다. 둘째, 국가 간 수교기념행사를 문화예술 교류행사로 확대한다. 셋째, 동기간에 펼쳐지는 국제공연예술축제 및 유관기관과의 협력 체제를 유지한다. 축제로서는 서울국제공연예술제, 서울세계무용축제(SIDance) 등이 대표적인 경우이고, 협력기관으로서는 국립극장과 3년간 양해각서(MOU)를 체결하여, 서울아트마켓(PAMS) 행사를 공동주관하고 있는 재단법인 예술경영지원센터가 대표적이다. 마지막으로 페스티벌 운영을 위한 자원봉사자 커뮤니티인 '글로벌 프랜즈(Global Friends)'를 선발하여 시민이 자발적으로 참여할 수 있는 기회를 제공한다.

3.1.4. 주요연혁

세계국립극장페스티벌 4년간(2007년~2010년)의 주요 연혁은 다음과 같다.

- 2007년 9월 8일 ~ 10월 27일
  국내외 총 15개 공연, 개·폐막식 및 부대행사(국립극장 문화동반자 공연, 특별전시 및 세미나)
- 2008년 9월 5일 ~ 10월 30일
  국내외 총 20개 공연, 개·폐막식 및 부대행사(특별 전시 및 세미나)
- 2009년 9월 4일 ~ 11월 4일
  국내외 총 26개 공연, 개·폐막식 및 부대행사(특별 전시, 셰익스피어학회원어연극제, 서울아트마켓)
- 2010년 9월 1일 ~ 10월 30일
  국내외 총 32개 공연, 개·폐막식 및 부대행사(셰익스피어학회 원어연극제, 서울아트마켓)

3.2. 세계국립극장페스티벌 운영 실태

3.2.1. 2007 세계국립극장페스티벌

국립극장이 주최·주관한 2007 세계국립극장페스티벌은 2007년 9월 8일부터 10월 27일까지 국립극장에서 개최되었다. 국내외 총 15개 작품이 공연되었고, 개막식, 전시회, 세미나 등이 부대행사로 선보였다. 총 예산규모는 442,198,000원이었다. 페스티벌 사무국은 기획을 담당한 정규인원 3명(책임PD 1명, 기획·홍보 2명)과 인턴사원 1명을 중심으로 행사운영 및 업무진행, 자원봉사 관리, 공연단 의전을 담당할 보조일일사역 2명으로 구성되었다.

페스티벌의 공연사업 실적과 공연별 객석 점유율은 아래의 표와 같
다.3)

<표 3> 2007년 페스티벌 공연사업 실적

(단위 : 원)

구분	공연명 (국가, 단체명)	공연장	공연기간	공연횟수	총 관객 (유료/무료)	세입금 (공동주최 분담금)
기획공연	국가브랜드 〈태〉 (한국, 국립극단)	달	9/11(화) ~23(수)	14	3,827 (2,131/1,696)	32,926,000
	국가브랜드 〈청〉 (한국, 국립창극단)	해	10/19(금) ~20(토)	2	2,795 (1,499/1,296)	28,331,000
	국가브랜드 〈춤, 춘향〉 (한국, 국립무용단)	해	9/8(토) ~12(수)	4	5,174 (2,885/2,289)	62,832,000
	국가브랜드 〈네 줄기 강물이 바다로 흐르네〉 (한국, 국립국악관현악단)	해	10/13(토) ~14(일)	2	1,862 (1,121/741)	22,598,000
	〈엘렉트라〉 (그리스, 국립극장)	해	9/21(금) ~22(토)	3	2,025 (1,569/456)	38,766,000
	〈백사전〉 (중국, 국립경극원)	해	9/28(목) ~29(금)	2	2,038 (1,155/883)	26,060,000
	〈살로메〉 (터키, 국립극장)	해	10/10(수) ~11(목)	2	1,712 (1,245/467)	28,398,000
	〈마야〉 (인도, 소파남 공연예술원)	달	10/4(목) ~5(금)	2	348 (104/244)	2,355,000
	〈사랑의 헛수고〉 (영국, 셰익스피어글로브극장)	해	10/25(목) ~27(토)	4	4,230 (3,244/986)	93,696,000
소계				35	24,011 (14,953/9,058)	335,962,000
공동	〈델리리움(미친 밤)〉 (스위스, 플라즈마극단)	달	9/27(목) ~29(토)	3	772 (467/305)	2,425,445

---

3 「2007년 세계국립극장페스티벌 결과보고서」, 6쪽 재구성.

구분	작품명		날짜	회수	관객수	예산(대관료)
주최	〈바흐예찬〉, 〈로시니카드〉 (이탈리아, 아떼르발레또)	해	10/3(수)	1	1,121 (1,121/0)	–
			10/4(목)	1	1,102 (510/592)	10,000,000
	〈뷰티풀 몽골리아〉 (몽골, 국립민속관현악단)	해	10/6(토)	2	1,964 (40/1,924)	–
	〈홍동지놀이〉 (한국, 우투리)	달	10/11(목) ~14(일)	5	1,119 (499/620)	4,263,000 (대관료)
			10/16(화) ~19(금)	4	990 (428/562)	
소계				16	7,068 (3,065/4,003)	12,425,445 (4,263,000)
특별 공연	2007 문화동반자 특별콘서트 〈실크로드〉	달	10/7(일)	1	342	–
	셰익스피어 학회 원어연극	달	10/20(토) ~21(일)	2	960	–
소계				3	1,320 (0/1,320)	
합계	15작품			54	32,399 (18,018/14,381)	348,387,445 (4,263,000)

3.2.2. 2008 세계국립극장페스티벌

국립극장이 주최·주관한 2008 세계국립극장페스티벌은 2008년 9월 5일부터 10월 30일까지 국립극장에서 개최되었다. 국내외 총 20개 공연과 개막식, 특별전시 및 세미나, 전통복식전 등이 부대행사로 선보였다. 총 예산규모는 89,895,562원이었다. 페스티벌 사무국은 기획을 담당한 정규인원 4명(책임PD 1명, 기획·홍보 3명)과 행사운영 및 업무진행, 자원봉사 관리, 공연단 의전을 담당할 보조일일사역 1명으로 구성되었다.

2008년 페스티벌의 공연사업 실적은 아래와 같다.[4]

〈표 4〉 2008년 페스티벌 공연사업 실적

(단위 : 원)

구분	공연명 (국가, 단체명)	공연장	공연횟수	총관객 (유료/무료)	객석점유율(%)	세입금
해외공식초청작품	〈패왕가행〉 (중국/ 국가화극원)	달	3	805 (181/624)	63	4,212,000
	〈세 자매〉 (러시아/ 모스크바말리극장)	해	3	2,541 (1,246/1,295)	55	36,614,000
	〈한·태 미래를 향한 동반자의 길〉 (태국/ 방콕심포니오케스트라)	해	1	1,028	66	0
	〈소녀, 악마, 그리고 풍차/생 명수〉 (프랑스/오데옹국립극장)	달	3	865 (484/381)	68	11,300,000
	〈몰도바 전통민속공연〉 (몰도바/ 국립민속무용단)	해	2	1,153 (78/1,075)	37	2,222,000
	〈페르귄트〉 (노르웨이/페르귄트페스티벌A/S)	해	4	2,605 (1,100/1,505)	42	41,432,000
	〈홍등〉 (중국/ 국립중앙발레단)	해	2	2,790 (1,995/795)	90	132,895,000
소계			18	11,787 (5,084/6,703)	60	228,675,000
특별초청공연	〈시메트리 내한연주회〉 (독일/시메트리 앙상블)	해	1	1,144	74	0
	〈마두금합주단 특별공연〉 (몽골/ 마두금합주단)	KB	1	379	60	0
소계			2	1,523	67	0

---

4 「2008년 세계국립극장페스티벌 결과보고서」, 13~14쪽 재구성.

전속단체공연	〈네 줄기 강물이 바다로 흐르네〉 (국립국악관현악단)	해	2	1,531 (276/1,255)	49	5,510,000
	〈춤, 춘향〉 (국립무용단)	해	4	3,527 (842/2,685)	57	20,652,000
	〈테러리스트 햄릿〉 (국립극단)	달	9	2,744 (1,618/1,126)	72	42,048,000
	〈청〉 (국립창극단)	해	3	3,237 (1,122/2,115)	70	32,811,000
소계			18	11,039 (3,858/7,181)	62	101,021,000
프린지공연	〈아름다운 살인자! 보이첵〉 (창작공동체 아르케)	별	8	456 (256/200)	77	727,000
	〈낙원을 꿈꾸다〉 (루멘판토마임댄스시어터)	하늘	6	1,907 (176/1,731)	50	–
	〈가을 그리고 사랑〉 (서울발레시어터)	해	2	1,086 (157/929)	35	–
	〈10월의 초콜릿〉 (현악앙상블 초콜릿)	달	1	110 (85/25)	26	474,000
	〈천무〉 (국수호 디딤무용단)	KB	4	3,432 (892/2,540)	55	–
	〈카르마〉 (더패트론컴퍼니)	달	10	3,768 (1,107/2,661)	74	3,482,000
소계			31	10,759 (2,673/8,086)	53	4,683,000
특별공연	2008 국립극장 문화동반자 콘서트 (국립극장 문화동반자)	KB	1	620	98	0
소계			1	620	98	0
합계	총 20작품		70	35,728 (11,615/24,113)	68	334,379,000

3.2.3. 2009 세계국립극장페스티벌

국립극장이 주최·주관한 2009 세계국립극장페스티벌은 2009년 9월 4일부터 11월 4일까지 국립극장과 명동예술극장에서 개최되었다. 국내외 총 26개 공연과 개·폐막식, 세미나, 특별전시, 아트마켓 등이 선보였다. 특히 국립극장과 예술경영지원센터가 함께한 아트마켓 개최로 페스티벌의 순기능을 높이는 좋은 기회가 되었다. 총 예산규모는 전속단체 집행예산을 제외한 794,595,058원이었다. 페스티벌 사무국은 기획 및 운영을 담당한 정규인원 3명(책임PD 1명, 기획·홍보 2명)과 행사운영 및 업무진행, 자원봉사 관리, 공연단 의전을 담당할 인턴 4명으로 구성되었다.

2009년 페스티벌의 공연사업 실적은 아래와 같다.[5]

<표 5> 2009년 페스티벌 공연사업 실적

(단위 : 원)

구분	공연명 (국가, 단체명)	공연장	공연횟수	총관객 (유료/무료)	유료/전체 객석점유율 (%)	세입금
해외 공식 초청 작품	〈태풍〉 (대만, 당대전기극장)	해	3	2,169 (1,019/1,150)	22/47	68,695,000
	〈라 까뇨뜨〉 (프랑스, 스트라스부르국립극장)	해	4	1,451 (673/778)	32/62	20,075,000
	〈올르론〉 (벨기에, 담 드 픽)	달	2	538 (301/237)	41/64	7,675,000
	〈투란토트〉 (이탈리아, 나폴리 산 카를로국립극장)	해	1	1,045 (663/382)	-/67	10,000,000
	〈2009 태국 대 축제〉 (태국, 분딧파타나실파연구소)	하늘	2	880	-/69	-
	〈레인보우〉 (필리핀, 필리핀 컬처럴 센터)	해	2	2,197	-/91	-

문화콘텐츠의 현장

---

5 「2009년 세계국립극장페스티벌 결과보고서」, 39~41쪽 재구성.

구분	공연명(단체)	극장	공연 횟수	관객수 (유료/무료)	객석점유율	매출액
	〈에스메랄다〉 (러시아, 크레믈린 발레단)	해	3	2,789 (1,840/949)	43/62	89,594,000
	〈심포니오케스트라 내한공연〉 (브라질, 클라우디오 산토로 국립극장)	해	2	1,657 (573/1,084)	24/68	9,700,000
	〈드림〉 (노르웨이, 그라파)	달	1	334 (251/83)	70/84	4,885,000
소계			20	13,060 (5,320/7,740)	39/68	210,624,000
전속 단체 공연	〈세 자매〉 (국립극단)	명 동	13	5,534 (3,789/1,745)	수치 제외	64,654,000
	춤극 〈가야〉 (국립무용단)	해	4	5,097 (3,745/1,352)		105,040,000
	창극 〈적벽〉 (국립창극단)	해	5	4,722 (2,469/2,253)		69,113,000
	〈가을사색〉 (국립국악관현악단)	해	1	1,170 (1,110/59)		31,225,000
소계			23	16,523 (11,114/5,409)		270,032,000
국 내 우 수 작	〈수업〉 (극단 노을)	별	13	512 (278/234)	27/51	320,220
	〈유쾌한 타악의 세계〉 (잼스틱)	하 늘	7	434 (31/403)	2/27	178,215
	〈처용의 노래〉 (공연예술제작소 비상)	별	6	383 (184/199)	42/89	330,475
	〈진달래 꿈 봄잔치〉 (하이스토리)	달	5	1,250 (35/1,215)	2/62	111,536
	〈블랙 쉐도우-이클립스〉 (무빙이미지그룹 반달)	별	5	278 (21/257)	6/77	55,522
	〈용호상박〉 (목화레퍼터리컴퍼니)	하 늘	12	2,063 (734/1,329)	17/46	1,943,490
	〈컬러 오브 댄스 – 골드〉 (세계무용센터)	달	1	282 (176/106)	44/70	859,140
	〈맥베드〉 (극단 죽죽)	별	14	1,213 (950/263)	95/120	2,594,544

	〈미소놀다 미롱〉 (극단 시선)	별	6	282 (75/207)	17/65	158,322
	〈태권무무–달하〉 (경기도립무용단)	해	3	2,739 (2,206/533)	50/61	15,000,000
	〈지금, 이별할 때〉 (연극하는 사람들 '무대지기')	별	7	167 (87/80)	17/32	153,020
	〈내가 죽어 누워있을 때〉 (극단 동)	달	7	1,434 (520/914)	18/51	1,496,540
소계			86	11,037 (5,297/5,740)	28/63	23,201,024
합계			129	40,620 (21,731/18,889)	36/66	503,857,024

3.2.4. 2010 세계국립극장페스티벌

국립극장이 주최 · 주관한 2010 세계국립극장페스티벌은 2010년 9월 1일부터 10월 30일까지 국립극장에서 개최되었다. 국내외 총 32개 공연과 개 · 폐막식, 특별공연, 아트마켓 등이 선보였다. 국립극장 창립 60주년을 맞이하여 이전 국립극장 전속단체들이 함께하여 더욱 의미가 깊었다. 총 예산규모는 560,288,339원이었다. 페스티벌 사무국은 기획 및 운영을 담당한 정규인원 8명(책임PD 1명, 기획 · 홍보 1명, 기술감독 1명, 계약직 5명)을 중심으로 조직되었다.

2010년 페스티벌의 공연사업 실적은 아래와 같다.

〈표 6〉 2010년 페스티벌 공연사업 실적

(단위 : 원)

구분	공연명 (국가, 단체명)	공연장	공연횟수	총 관람인원 (유료/무료)	유료/ 전체객석 점유율(%)	세입금
전속 단체 공연	〈Soul 해바라기〉 (국립무용단)	해	1	629 (594/35)	44/46	11,762,000
	〈어부사시사〉 (국립국악관현악단)	해	1	1,039 (1,039/0)	86/86	29,120,000
	〈춘향2010〉 (국립창극단)	해	4	2,789 (2,149/640)	45/59	59,170,000
소계			6	4,457 (3,782/675)	58/64	100,052,000
해외공식초청작품	〈트래디셔널 교겐〉 (일본, 세타가야 퍼블릭씨어터)	달	2	782 (746/36)	87/92	19,220,000
	〈그랜드 이집트 앤 아이다〉 (이집트, 카이로심포니오케스트라)	해	1	847 (675/172)	52/66	11,566,000
	〈크라프의 마지막 테이프〉 (미국, 체인지퍼포밍아츠)	해	3	3,021 (2,896/125)	88/92	39,319,000
	〈한여름 밤의 꿈〉 (독일, 칼스루에 국립발레단)	해	2	1,670 (1,333/337)	52/66	40,123,000
	〈오델로〉 (헝가리, 빅신하즈 국립극장)	해	3	2,654 (2,043/611)	55/73	43,119,000
	〈탱고〉 (슬로바키아, 마틴챔버극장)	달	3	1,011 (821/190)	57/72	13,207,000
	〈자이언트 인 더 썬〉 (나이지리아)	하늘	1	467 (340/127)	61/86	905,000
소계			15	10,452 (8,854/1,598)	65/78	167,459,000
국내	〈왕자호동〉 (국립발레단)	해	2	1,773 (1728/45)	97/71	9,154,140
	〈한국합창 명곡〉 (국립합창단)	해	1	718 (295/425)	41/58	726,820

문화콘텐츠의 현장

초청작	〈천년의 춤_신명〉 (울산시립무용단)	해	1	908 (41/767)	4/73	458,770
	〈벚꽃 동산〉 (순천시립극단)	달	3	398 (329/69)	83/32	1,797,030
	〈아랑〉 (국립오페라단)	하늘	3	710 (709/1)	99/57	831,060
	〈천년의 안산〉 (안산시립국악단)	해	1	490 (0/490)	0/39	0
소계			11	4,997 (3,202/1,795)	54/55	12,967,820
국내우수작	〈아트 엔더 시티〉 (키네틱국악그룹 옌)	달	1	205 (175/30)	42/49	470,410
	〈사람은 사람에게 늑대〉 (그린피그)	별	10	241 (196/45)	29/36	244,160
	〈숲귀신〉 (애플씨어터)	달	6	789 (523/266)	21/32	1,758,340
	〈싱크로나이즈〉 (하땅세)	별	7	352 (166/186)	32/68	97,800
	〈세 번째 전환〉 (트러스트 무용단)	달	2	257 (22/235)	3/31	76,680
	〈삼일 밤 삼일 낮〉 (나우무용단)	달	2	331 (48/283)	6/40	124,070
	〈하녀들〉 (극단 Art-3 Theatre)	별	9	269 (140/129)	21/40	322,980
	〈아리랑〉 (김명수 댄스아트)	달	3	117 (90/27)	7/9	705,150
	〈퍼펫환타지아〉 (마네트 상사화)	하늘	3	103 (54/49)	4/8	139,590
	〈오늘,오늘이〉 (국악뮤지컬집단 타루)	하늘	4	415 (46/369)	3/25	65,010
	〈새음스토리〉 (새음실내악단)	달	2	211 (24/187)	3/25	134,370
	〈더 백〉 (댄스시어터 4P)	하늘	3	493 (246/247)	30/60	141,670

	〈르 두〉 (SORO 퍼포먼스유닛)	별	3	191 (44/147)	20/86	75,640
	〈업경대〉 (섶무용단)	해	3	1,359 (117/1,242)	3/38	503,740
	〈독〉 (보이스씨어터 몸소리)	별	4	168 (80/88)	27/57	172,480
	〈시집가는 날〉 (극단 마고)	달	4	1,518 (465/1,053)	28/91	1,702,650
소계			66	7,019 (2,436/4,583)	17/43	6,734,740
합계			98	26,925 (18,274/8,651)	49/60	287,213,560

4. 세계국립극장페스티벌 운영결과 분석

4.1. 세계국립극장페스티벌 일반운영 분석

4.1.1. 조직 분석

세계국립극장페스티벌의 사무국의 정규인력은 기본적으로 극장 내부 직원이다. 총괄자인 책임PD가 기획담당과 함께 기획, 운영을 한다. 여기에 페스티벌 시즌에 계약직(인턴)들이 함께하여 해당 업무를 수행하고 있다. 극장 조직개편 등 직제상의 변화가 생기면 담당자도 연도에 따라 변화를 보였다. 극장 내의 주 담당부서는 연도에 따라 공연사업팀, 공연기획팀, 예술단기획팀 등에 소속되어 업무를 맡았다. 민간의 페스티벌 사무국과 비교하여 볼 때, 극장 내부 직원이 주요 인적 자원으로 활용된다. 전 장의 운영실태에서도 언급하였듯이 국립극장 조직상의 기타 직원들의 협력과 지원은 가장 큰 자산이다. 전속단체 기획자, 홍보 및 마케팅팀, 무대팀, 재무팀 등 관리부서의 지원과 협력하에 극장 프로그래밍 차원에서 인력이 운용되고 있다. 연도별 페스티벌 사무국 인력 현황은 다음과 같다.

항 목	'07년	'08년	'09년	'10년
정규	3	4	3	2
계약(인턴)	1	–	4	6
일일사역	2	1	–	–
자원봉사자	12	14	20	32
계	18	19	27	40

〈표 7〉 연도별 페스티벌 사무국 인력 현황

4.1.2. 총괄운영 분석

연도별 페스티벌의 총괄운영 분석을 위해 페스티벌 운영실태와 극장 내부 및 자문위원회 및 글로벌프랜즈 합평회 등 총평을 그 기초로 삼았다. 숙박은 연도별 세계국립극장페스티벌 공식 지정 호텔을 선정하여 해외초청공연단에게 최상의 숙박 및 편의시설을 제공하였다. 또한 옥외광고물 게재, 홍보전단 비치, 호텔연계 패키지 상품 운영 등을 통해 활발한 공동마케팅을 펼쳤다. 리셉션은 개막 리셉션 등 전체 리셉션과 개별 공연단별의 리셉션이 병행 실시되었다. 국립극장을 중심으로 하고, 각 해당국의 대사관 및 문화원 등이 주관하기도 하였다. 모든 해외공연은 한글과 영어자막을 제공하였다. 공연담당자(기획인력) 및 영상담당자(무대팀)가 공연동안 자막운용자 옆에 착석하였다. 모든 해외공연팀의 입국일과 출국일에 공항과 숙소 간 운송수단(45인승 버스)을 제공하였다. 입국 및 출국 시 공연담당자(기획인원)와 통역이 대동하여, 입·출국에 무리가 없도록 하였다. 기타 항목별 세부 내용은 아래 표와 같다.

항목	페스티벌 운영분석 내용
운영 효율성	국립극장의 강점인 국립기관의 시스템을 최대한 활용하여 초청단체와 각국 대사관들의 긴밀한 협력체제 가동으로 저비용, 고효율을 획득함
이미지 구축	신설 페스티벌의 신선한 이미지와 국립극장이라는 공공기관이 운영하는 차별성, 세계의 주요 국립예술단체(기관)와의 시너지 창출은 브랜드 포지셔닝의 확대로 이어져 페스티벌의 이미지 강화를 구축함
마케팅	패키지 프로그램 마케팅의 주효를 이루고, 공식 지정 호텔과의 공동마케팅을 통해 관객개발에 기여함
주요 개선 사항	−해외관람객 유치 방안 개발 및 언론에 보다 심층적인 자료 제공이 요구됨[6] −주제가 있는 축제와 관객들에 대한 더 많은 정보 제공이 필요함[7] −페스티벌 관련 자료를 영상으로 제작하여 관련기관에 보내어 차기 프로그램에 선정에 효과를 유도함[8] −예술감독 고정체제 방안이 요구됨[9] −사무국 인력 해결이 요구됨 −다작보다 페스티벌의 취지에 맞는 선별된 작품의 구성이 요구됨[10] −페스티벌 기간의 축소가 요구됨[11] −영문 광고 사전 준비를 통한 광고 효과의 증진이 요구됨

<표 8> 항목별 페스티벌 운영 분석

4.2. 세계국립극장페스티벌 사업 운영 분석

4.2.1. 페스티벌 사업 분석

페스티벌 작품 수는 해가 거듭될수록 증가세를 보인다. 마찬가지로 공연 횟수도 증가세를 보이고, 다른 해와 비교해 볼 때 2009년에 상대

---

6 「2007년 세계국립극장페스티벌 결과보고서」, 21쪽 재구성.
7 「2007년 세계국립극장페스티벌 결과보고서」, 21쪽 재구성.
8 「2008년 세계국립극장페스티벌 결과보고서」, 24쪽 재구성.
9 「2008년 세계국립극장페스티벌 결과보고서」, 24쪽 재구성.
10 「2009년 세계국립극장페스티벌 결과보고서」, 25~27쪽 재구성.
11 「2009년 세계국립극장페스티벌 결과보고서」, 25~27쪽 재구성.

적으로 많은 횟수를 나타낸다. 4개년의 평균 관람인원은 27,745명이고, 객석 점유율은 평균 64%이다. 소요예산은 극장이 가지고 있는 공연장 및 장비, 인력 등 기본비용이 제외되고, 주최국과 해외초청국 간의 수교 등 상호교류 차원에서 절감되는 비용 등을 감안하면 적은 예산으로 국내 최대 국제공연예술축제를 운영하고 있음을 여실히 알 수 있다. 연도별 공연사업 결과내역은 아래와 같다.

항 목	'07년	'08년	'09년	'10년
작품 수	15	20	26	32
공연 횟수	54	70	129	98
관람인원	32,399	11,039	40,620	26,925
객석점유율	69	62	66	60
소요예산	442,198,000	89,895,562	794,595,058	560,288,339
수입금	348,387,445	101,021,000	503,857,024	287,213,560

<표 9> 연도별 공연사업 결과내역

4.2.2. 페스티벌 설문 분석

페스티벌을 주최하는 국립극장에 대한 이미지, 특히 대한민국 대표 극장이라는 이미지가 52.5%로서 다른 이미지보다 우세함으로써 2008년의 페스티벌 인지도에서 보여주는 것처럼 상호 시너지를 나타내고 있음을 알 수 있다. 공연을 접하게 된 경위로 매해마다 동일하게 높은 순위를 나타내는 것이 홈페이지 등 인터넷 매체와 주변의 권유 등 추천에 의한 정보 습득 및 공연 관람 기회를 마련하고 있다. 고객 친절도는 80%를 상회하는 바, 국립극장이 지속적으로 대고객 만족도를 높여가야 할 것이다. 관람객 중 국립극장 비회원이 상당수가 되는 바, 이는 잠재관객 개발이라는 순기능적인 측면과 충성고객이 상대적으로 적다는 약점이 공존하고 있음을 보여준다. 향후 회원가입 확대 및 고객관계관리(CRM)를 적극적이고, 기술적으로 추진함이 필요함을 보여주고 있다. 또한 공연 추천 및 재관람 의사가 평균 54%를 차지함으로써 공연만족도인 51.56%와 비슷한 수치를 보이고 있다.

5. 세계국립극장페스티벌 운영 활성화 방안

5.1. 조직구성 및 운영체계상의 활성화 방안

5.1.1. 조직구성의 재편

세계국립극장페스티벌 사무국의 정규인원이 4개년 평균 3명, 계약(인턴)이 3.5명임은 운영분석을 통해 알 수 있다. 매해 거듭되는 인력의 부족, 과다한 업무량, 조직개편 등에 따른 업무의 연속성 저해 등을 감안하여 볼 때, 전문성 획득과 연속성이라는 명제를 해결함이 중요하다. 이에 극장 공연기획부 내에 페스티벌(축제)팀을 신설하여 극장기획 프로그램의 주축인 공연사업을 중점 추진할 수 있는 조직구성이 요구된다. 정규인력 및 조직을 근간으로 분야별 운영자문위원회의 실질적 역할을 강화시키고, 자원봉사자들을 적극 발굴, 활용함은 성공적인 페스티벌 운영의 열쇠라 할 수 있다.

5.1.2. 체계적 운영의 확립

세계국립극장페스티벌 사무국의 조직 정립 이후, 중요한 점들을 다음과 같이 정리할 수 있다.

첫째, 세계국립극장페스티벌 초기의 지속적이고, 굳건한 방향성 유지이다. 민간 차원의 문화 교류와 구별되는 국가 차원의 공연예술문화

교류의 장을 형성하고, 각국의 전통과 정통성을 살리는 대표적인 공연 단체들의 해외작품을 국내에 소개하는 기본 목적과 방향에는 흔들림이 없어야 할 것이다. 페스티벌 태동 배경을 바탕으로 세계 속의 공연예술 교류의 장이 구축되어져 생생하게 살아 움직이도록 해야 한다. 이를 위해 국제공연예술축제 및 기관 등에 적극적인 홍보를 기하고, 정부 차원에서 국가브랜드 이미지 제고라는 순기능을 적극적으로 반영함으로써 대내외적인 강화되어야 한다. 내적으로만 이루어지는 행사가 되어서는 자축행사일 수밖에 없기 때문이다.

둘째, 운영자문위원회의 역할 강화이다. 자문위원의 역할은 현재 레퍼토리 관련 자문 및 개발, 심의 및 평가를 하고 있다. 현재는 해당년도 4월부터 12월까지를 위촉기간으로 하고 있는 바, 그 시기를 페스티벌 전년도 1월부터 해당년도 12월까지 만 2년을 둠으로써 사무국과 더불어 실질적 프로그래밍을 할 수 있도록 함이 좋겠다. 아울러 자문위원의 구성원으로는 공연예술 분야 사계 전문가는 기본이고, 외교부 및 국제교류 관련 전문가, 각국 주재공관의 문화예술관계자들도 해당년도의 프로그램을 감안하여 필요시 합류시킴으로써 탄탄한 자문 역할을 할 수 있게 해야 할 것이다.

셋째, 최고의 작품을 선정하여 관객들에게 보여줘야 한다. 그러기 위해서는 단순 추천 및 자문만으로 그치는 것이 아니라 국제공연예술축제에의 참여 등을 통한 검증된 작품을 선정하는 것이 중요하다. 이것의 담당은 사무국 직원 및 자문위원 등이 프로그래머로서 함께 함이 좋겠다. 최고의 프로그램 구성은 페스티벌 성공의 가장 중요한 자산이기 때문이다. 아울러 페스티벌 참가작들의 전체적인 공연의 질을 높이기 위해 국내단체 작품의 수를 과감히 줄이고, 조건에 맞는 우수한 작품만 소수로 엄선해야 한다. 가령 지방단체의 특색 있는 공연을 선택하여 추진하는 방안도 있다.

넷째, 페스티벌의 방향과 목적에 부합되는 프로그램의 조기 확정이 요구된다. 그래야만이 운영분석에 나타나듯이 계약 지체로 인한 홍보, 마케팅의 어려움 등을 경감시킬 수 있고, 양질의 작품으로 서비스 할 수 있을 것이다. 양적인 성장이 문제가 아니라 질적인 부분을 동시에 고려하며, 민간 차원과 다른 국가 차원의 교류 프로그램의 차별성이 강점인 세계국립극장페스티벌의 고유성을 이어나갈 수 있다고 본다.

5.2. 프로그램의 강화

5.2.1. 극장 프로그래밍 측면

국립극장은 정부가 운영하는 책임운영기관으로 공공극장이다. 하드웨어적인 면에서는 복합문화공간으로서의 기능을 가지고, 소프트웨어 면에서는 전통예술의 현대적 재창조와 세계적인 공연예술 교류의 장을 형성, 교류해야 하는 극장의 사명을 가지고 있다. 국립극장의 공연사업은 크게 전속단체 공연과 극장기획공연, 공동주최 공연, 대관공연 네 가지로 구분된다. 이 중 세계국립극장페스티벌은 전속단체 공연사업과 더불어 기획공연사업으로 극장 프로그래밍의 중심에 있다. 예술가들의 창작 기량을 높일 수 있는 기회제공, 문화예술 향수 진흥 및 기회제공과 더불어 예술 커뮤니티를 넘어 지역과 국가 등 공간 확장 역할 또한 하여야 할 것이다. '국제 교류', '상호 교류'라는 기본 정신에 입각한 페스티벌은 세계의 유수한 국립극장 및 공연예술단체들과의 지속적인 교류를 통해 일회성의 행사로 마감되는 것이 아니라, 상호간 프로그래밍의 동반자이자 21세기 공연예술 파트너로서 역할이 있다.

5.2.2. 국제공연예술축제 측면

세계국립극장페스티벌은 그 이름이 의미하는 대로 각국을 상징하는 예술기관인 국립극장과 그와 유사한 기능을 담당하고 있는 국립예술단체의 특색 있는 작품들을 선보이며, 국내외 관객들의 심미안을 만족시키는 국제공연예술축제이다. 그만큼 역할과 보람, 책임감이 크다 할 것이다. 다양한 공연문화가 녹용되어 서로 교류하는 세계적인 문화 교류의 장을 위해서는 국제적 관점에서 조명해봄이 필요하다.

국제교류라는 관점에서 볼 때, 국가차원의 국제문화 교류활동을 성숙되게 할 수 있는 물적, 인적, 제도적 인프라 구축이 요구된다. 아울러 네트워크의 형성 및 운영이 미흡하다. 공연예술시장이라는 관점에서 볼 때, 제작과 유통은 불가분의 관계이다. 이 점에서 예술경영지원센터와 국립극장이 3년간 업무협약을 체결하고, 페스티벌 기간 내에 서울아트마켓을 운영하는 것은 최고의 연합이라고 할 수 있다. 국내에서 국제공연예술축제의 양적 성장이 가속화되는 상황에서 세계국립극장페스티벌만이 가지는 의미가 무엇인지를 자문하고, 반문함이 필요하다. 그 답은 '소통과 교류'이다. 극장의 프로그래밍 차원에서도 역설하였듯이 국제공연예술축제 면에서도 차별화된 아이덴티티 형성에 채찍을 가해야 할 것이다. 고이지 않아야 할 것이며, 질 좋은 콘텐츠 확보에 총력을 기울여 국제 교류 허브로서 그 기능을 함이 중요하다. 여러 축제들의 협력을 통해 상호간의 시너지를 높이게 되면 그 결과는 관객들의 만족으로 고스란히 돌아가게 됨은 자명하다.

5.3. 홍보·마케팅의 강화

5.3.1. 홍보 전략수립 및 효율적 운영

운영분석에 보여주듯 축제에서 아쉬웠던 점은 짧은 축제준비기간으로 인해 사전홍보가 활발히 이루어지지 않았다는 점이다. 충분한 기간 확보를 위해서는 앞에서 언급했듯 조기 프로그램 확정이 선결과제이다. 설문분석 결과에서 보여주듯 홍보 유인책을 대상층에 맞게 감각적으로 홍보 전략을 구사해야 한다. 인쇄물, 영상, 광고(지면, 옥외, 스폿광고)등도 획일적인 구사가 아니라 해당년도의 프로그램에 맞는 선택과 집중을 통한 활용도를 높이면 그 효과 또한 비례가 될 것이다. 관객(충성고객~잠재고객)들에게 시의 적절한 홍보 아이템을 발굴하고, 현재 주목받고 있는 SNS(소셜네트워크서비스)를 적극 활용하여 마케팅과 더불어 홍보 기제로서 적극 활용, 촉진함이 중요하다. 극장의 웹 사이트를 더욱 정밀하게 리뉴얼화하여 매력적인 인터넷 홍보가 되어야 할 것이다. 정보, 지식, 재미, 소통 등 다양한 기능을 가져야 만이 현재의 관객들의 입맛에 맞는 필요충분조건이 되리라 본다.

5.3.2. 마케팅 전략수립 및 효율적 운영

현재의 마케팅은 통합 마케팅이다. 극장 및 페스티벌의 인지도 확산 프로그램 운영을 시작으로 페스티벌콘텐츠 정보가 전략 홍보에 연동되어져, 마케팅의 결과물로 이어지는 소스 개발이 요구된다. 양질의 프로그램이라는 기본 메뉴가 전제되고, 효율적 운영이라는 옷이 입혀지면서 살아 움직이는 마케팅 전략이 시행될 때 소기의 목적이 달성되는 것이다.

판매 촉진 측면에서는 패키지 티켓과 유료 멤버십 '페스티벌 人(in)'

의 지속적인 운영이 필요하다. 프로모션 차원에서는 카드사, 출판사, 항공사, 음식점 등 다양한 기관(업체)과의 협업을 통한 연계 마케팅이 공격적으로 이루어져야 할 것이다. 내국인뿐만 아니라 외국인(거주자 및 관광객)들에 대한 타켓 마케팅의 실시는 성과로 직결된다. 가령 국립창극단이 국가브랜드 공연 〈청〉에서 기업에서 받은 협찬을 통해 주한미군을 초청대상으로 삼아 공연한 것은 좋은 선례이다. 상설공연장에서 이루어지고 있는 여행사들과 관광객들과의 연계 마케팅도 도입하여 추진하면 실효가 있을 것이다. 티켓 예매처 등에서의 온라인 프로모션, 공익적인 문화(예술)나눔 프로젝트, 소셜 커머스를 활용한 마케팅도 일익을 담당할 것이다. 중요한 점은 기존의 마케팅 툴도 페스티벌이 어떠한 포지셔닝을 가지느냐에 따라 달라지기 때문에 생산적인 활용이 요구된다. 국제교류 측면에서 참가국들의 기업, 기관과 함께 파트너 마케팅의 추진은 주효하리라 본다.

6. 결론

본 연구는 한국의 공연예술을 대표하는 국립극장이라는 상징성을 바탕으로 극장의 프로그래밍 차원에서 2007년부터 특별기획 되어져 현재까지 시행되어 오고 있는 세계국립극장페스티벌의 운영실태를 토대로 운영결과를 체계적으로 분석하고, 활성화 방안을 도출하기 위해 진행되었다.

2007년부터 2010년도까지의 총괄운영 분석을 통해 본 문제점을 몇 가지로 정리해 보면 다음과 같다. 첫째, 세계국립극장페스티벌의 방향성이다. 민간 차원의 문화 교류와 구별되는 국가 차원의 공연예술문화 교류의 장을 형성하고, 각국의 전통과 정통성을 살리는 대표적인 공연

단체들의 해외작품을 국내에 소개하며, 페스티벌 개최를 통한 각국의
대사관 및 문화원과의 네트워크 구축 및 교류관계를 확대함으로써 국
립극장의 위상 확립과 세계적인 아트마켓(Arts Market)의 기반을 구축
함이 그 기본 목적과 방향이다. 분석 결과를 볼 때 해외초청작의 경우
각국의 전통과 정통성을 살리는 공연단체와 우수한 작품의 소개라는
측면에서는 방향과 완전히 일치된다고 볼 수는 없다. 또한 프로그래밍
에 있어서 국내우수(초청)작에 대한 선정 및 검증에 대한 부분도 간과
할 수 없는 부분으로 남는다. 둘째, 조직의 재편이 요구된다. 극장 내
인적 자원을 기본 구성으로 하는 바, 인력의 편제 및 활용도를 높이는
방안은 페스티벌 운영의 활성화와 직결되는 부분이기 때문이다. 인력
의 부족, 과다한 업무량, 조직개편 등에 따른 업무의 연속성 저해가 중
요한 문제점으로 남았다. 셋째, 자문위원의 역할에 대한 한계점이다.
위촉 기간이 짧고, 역할과 기능에 대한 밀도를 높일 필요성이 대두된
다. 전문성 강화와 효율적 운영이라는 측면에서 위원의 수 증대 및 역
할에 대한 수행 미션을 세밀하게 할 필요가 있다. 넷째, 페스티벌 방향
에 부합되는 프로그램 조기 확정이다. 이는 극장기획공연으로서의 프
로그래밍 측면과 국제공연예술축제로서의 의미를 찾는 양면에서 볼
때도 가장 중요한 점이다. 마지막으로 홍보 및 마케팅 측면에서는 짧
은 축제준비기간으로 인한 사전홍보의 미비라는 약점이 대두된 바, 이
에 대한 해결이 요구된다. 기본적인 홍보 및 마케팅 툴 외에 세계국립
극장페스티벌 만의 고유한 색깔을 입힌 전략수립 및 운영은 성공적인
축제를 여는 요인임에 틀림없다.

　위의 문제점들을 고려하여, 세계국립극장페스티벌의 운영 활성화
방안을 다음과 같이 제시해 볼 수 있다. 첫째, 세계국립극장페스티벌
의 초기의 방향성 유지이다. 이는 페스티벌의 정체성이자 고유성으로

직결되기 때문이다. 관객들과 국민인 수요자 중심 측면에서 볼 때, 이들에게 페스티벌의 방향성이 명징하게 포지셔닝 되어야 한다는 것이다. 국가기관이 운영하는 국립극장의 운영특성을 반영하여 정부 차원에서도 적극적인 지원과 협력이 요구된다. 문화체육관광부, 국가브랜드위원회, 외교통상부, 한국관광공사, 국회 등 유관기관과의 진일보된 연계적 전략 실행이 필요하다. 둘째, 조직재편 및 인력운영 측면에서는 우선 세계국립극장페스티벌 사무국의 정규인원이 4개년 평균 3명, 계약(인턴)이 3.5명임은 운영분석을 통해 알 수 있듯 전문성 획득과 연속성 확보차원에서 극장 공연기획부 내에 페스티벌(축제)팀을 신설, 운영함이 요구된다. 아울러 자원봉사자들을 비롯한 시민 축제 요원들에 대한 적극 발굴과 활용도를 높이는 방안을 주제로 한 연구용역 시행과 확정 매뉴얼을 토대로 차기 페스티벌에서는 이를 적극 반영하면 될 것이다. 셋째, 운영자문위원회의 역할 강화이다. 현재 해당년도 4월부터 12월까지를 위촉기간으로 하고 있는 바, 그 시기를 페스티벌 전년도 1월부터 해당년도 12월까지 만 2년을 둠으로써 사무국과 더불어 실질적 프로그래밍 업무에 함께 하도록 창구를 확장함이 좋겠다. 또한 자문위원의 구성원으로는 공연예술 분야 사계 전문가는 기본이고, 외교부 및 국제교류 관련 전문가, 각국 주재공관의 문화예술 관계자들도 해당년도의 프로그램을 감안하여 필요시 합류시킴으로써 탄탄한 자문위원회의 구성이 중요하다. 넷째, 페스티벌 방향에 부합되는 프로그램 조기 확정이다. 극장기획공연으로서의 프로그래밍 측면과 국제공연예술축제로서의 측면 모두에서 중요한 부분이다. 양적인 성장에 못지않게 질적인 고양을 위해서는 이 부분은 실질적 검증을 위해 가급적 현장을 통한 작품 선정, 면밀한 필터링을 통한 초청작, 우수작에 대한 엄격한 선별과정이 필요하다. 결국은 충분한 시간과 재원확보, 전문성이 근간이므로 조직 차원에서 이를 충족시켜야 할 것이다. 특히 페스티벌 예산은 규모 대비 부족한 상황이다. 이를 위해 국가예산의 증대와 아울러 후원사들의 협찬 및 지원이 필요하다. KB국민은행이 국립극장 청소년공연예술제 및 토요문화광장의 후원을 하듯, 페스티벌에도 새로운 민간 재원의 영입으로 양질의 공연축제가 이루어지면 더할 나위 없을 것이다. 다섯째, 홍보 및 마케팅 측면에서는 기본적인 툴 외에 지속적인 홍보 소스 개발 및 마케팅 실행 전략 수립을 기해야 한다. 기관 및 단체들과의 공동(연계) 홍보, 마케팅은 지속적인 발굴과 실행이 요구되는 대목이다. 유인책을 대상 층별로 세분화하여 해당년도의 프로그램에 맞는 선택과 집중을 통한 통합 마케팅이 필요하다. 극장 및 페스티벌의 인지도 확산 프로그램 운영을 시작으로 페스티벌 콘텐츠 정보가 전략 홍보에 연동되어져, 마케팅의 결과물로 이어지는 단계별 운영 소스 개발이 요구된다. 국제교류 관점에서 참가국들의 기업, 기관과 파트너 마케팅의 추진은 주효하리라 본다.

1. 단행본

김주호·용호성, 『예술경영』, 김영사, 2002.

문화체육부, 『한국의 지역축제』, 1996.

스티븐 랭글리·데이비드 M. 콘트 지음, 임연철 외 옮김, 『극장경영-공연예술의 제작과 유통』, 커뮤니케이션북스, 2011.

이승엽, 『극장경영과 공연제작』, 2002.

이승종 외, 『축제와 문화(문화연구 01)』, 연세대학교 출판부, 2003.

2. 논문(학술 및 학위논문)

김명곤, 「극장의 대고객 커뮤니케이션 활성화에 관한 연구」, 동국대 석사학위논문, 2004.

김순영, 「공립예술단체 운영 개선방안 연구」, 한남대 석사학위논문, 2003.

김영아, 「무용공연예술 활성화 방안」, 동덕여대 석사학위논문, 2003.

류혜인, 「세종문화회관의 운영활성화 방안에 관한 연구」, 경희대 석사학위논문, 2011.

박성범, 「국립국악원 활성화 방안 연구」, 단국대 석사학위논문, 2003.

배병수, 「서울대표축제의 현황분석 및 발전방안에 관한 연구」, 중앙대 석사학위논문, 2007.

서경화, 「서울을 대표하는 공연예술축제 육성방안연구」, 추계예술대 석사학위논문, 2004.

심상민, 「국제문화교류 활성화를 통한 한류비즈니스 강화전략」, 『인문콘텐츠』 제13호, 인문콘텐츠학회, 2008.

오주연, 「공연예술 브랜드 커뮤니케이션에 관한 연구」, 한동대 석사학위논문, 2009.

유필조, 「대전문화예술의전당의 효과적인 운영방안에 관한 연구」, 중앙대 석사학위논문, 2006.

우상철,「시립교향악단의 운영활성화 방안 연구」, 추계예대 석사학위논문, 2005.

육정학,「지역문화축제 활성화 방안 : 부산·전주 국제영화제를 중심으로」,『한
　　국콘텐츠학회』제10호, 한국콘텐츠학회, 2009.

윤성진,「국내 공연예술축제의 부대프로그램 현황과 개선방안 연구」, 성균관대
　　석사학위논문, 2009.

이선아,「지역 공연예술축제 활성화를 위한 합리적 운영체계와 개선 방안 연
　　구」, 단국대 석사학위논문, 2010.

이승희,「경기도문화의전당 운영형태에 관한 연구」, 한세대 석사학위논문, 2010.

장　나,「과천·안산 공연예술축제의 운영 활성화 방안 연구」, 동국대 석사학위
　　논문, 2010.

정광호,「국립오페라단 운영현황과 발전방안에 관한 연구」, 단국대 석사학위논
　　문, 2008.

조매정,「공연예술축제 현황분석 및 발전방안 연구」, 단국대 석사학위논문, 2011.

조혜원,「축제 유형화 및 활성화 전략」, 이화여대 석사학위논문, 2008.

최민성,「축제의 하이콘셉트와 하이인터페이스」,『인문콘텐츠』제19호, 인문콘
　　텐츠학회, 2010.

최지희,「우리나라의 대표적인 극장의 운영형태 비교 연구」, 단국대 석사학위논
　　문, 2009.

한승연,「공연예술축제의 활성화를 위한 방안」, 단국대 석사학위논문 2010.

3. 연구보고서

문화관광부,「문화를 통한 국가브랜드가지 재고전략 보고서」, 2003.

류정아,「지역축제 평가 및 지원체계 연구」, 한국문화관광연구원, 2007.

한국문화정책개발원,「국립중앙극장 중장기 발전방안 연구」, 한국문화정책개발
　　원, 2000.

Dawson, D, A Critical Analysis of Ethnic and Multi cultural Festival, Journal of Applied
　　Recreation Research, 1991.

Schuster, J, M, Two Urban Festivals: La Merce and first Night, Planning Practice and
　　Research, 1995.

4. 웹 사이트

국립극장(www.ntok.go.kr).
문화체육관광부(www.mcst.go.kr).
서울국제공연예술축제(www.spaf.or.kr).
서울세계무용축제(www.sidance.org).
예술경영지원센터(www.gokams.or.kr).

5. 기타

2007년~2010년 국립극장 공연실적 통계.
2007년~2010년 국립극장 연보.
2007년~2010년 국립극장 월간 『미르』.
2007년~2010년 국립극장 운영실적보고서.
2007년~2010년 세계국립극장페스티벌 결과보고서(총괄 및 작품별).
2010년 세계국립극장페스티벌 연보.
월간 『한국연극』, 한국연극협회.

• 핵심어 : 세계국립극장페스티벌, 국립극장, 국제공연예술축제

A Study on the Operating Activation of The World Festival of National Theaters

Lee, JooYoung

Culture is one of the most valuable legacies of human beings and their treasure chest of times. Among many aspects of culture, festivals can unify most cultural activities the best. Performing arts festivals are the most aesthetic and effective as concentrated culture among others in short times. International performing arts festivals have been boosting up mutual understanding, economic growth, and global images between nations in contemporary societies.

The National Theatre of Korea(NTOK hereinafter) is symbolic for performing arts of Korea. This study has been done into systematic analysis and revitalization measures of management for 〈The World Festival of National Theatres〉 (TWFNT hereinafter), specially programed, managed, and hosted by NTOK since 2007.

The summary of the study is as follows;

First, TWFNT needs to keep its direction as early planned. This leads to identity and uniqueness of the festival. From audience's point of views, pellucid positioning of festivals direction is an extremely significant and critical element for confirmation and general management of the programs. An active support and cooperations from government are needed.

Second, lacking regular employees, TWFNT office needs to organize and run (a) festival team(s) for professionalism and continuity of the work. By setting up its own human resource management manual, it can maximize employing and using civil festival staff and volunteers.

Third, TWFNT needs to strengthen the role of the management council. It should expand the period of appointment for the council members for two years so that the council can cooperate with TWFNT office for actual programming work. Considering programs of the year, TWFNT should increase the number of the council members and build the system for practical unition between TWFNT and the council.

Fourth, TWFNT needs to fix programs matching with the direction of the festival in earlier stage. This is very critical for programming as theatre's planned performances and as an international performing arts festival. For quality elevation and thorough checking on the spot, the programs should be chosen after being watched, invitations be posted after a close filtering, and the best ones must be taken strict standards for selection. These are for the organization to obtain enough time, secure finances, and professionalism.

Fifth, TWFNT needs to develop advertisement resources continuously and set up executive marketing strategies except for the basic tools in terms of advertisement and marketing. Co-advertisement and co-marketing plans allied with related organs must be set and done in a long run. Integrated marketing plans must be built through proper choices of the programs and concentration on the chosen programs of the year. Development of progressive management resources is effective for festival contents information to be connected to strategical advertisement and finally to get successful marketing outcomes, such as wider public awareness plans for the theatre and festivals. Marketing partnerships with corporations and institutions from participant countries to the festival are highly precise and efficient in terms of international exchanges.

Based on the management of 〈The World Festival of National Theatres〉, this study shows what TWFNT lacks for better management and programs, analyzes the results of the festival, and suggests revitalization methods of it. The result of the study will contribute for the National Theatre of Korea as the capital of performing arts and as the representative theatre in Korea to grow as the international pivot in performing arts culture, to expand its global exchange with excellent performing arts theatres and organizations in the world and to activate the differentiated performing arts festival internationally.

• Key words : The World Festival of National Theatres, National Theater of Korea, International performing arts festival

세계국립극장페스티벌 운영 활성화 방안 연구 이주영

:: 필자소개

황경선

연세대학교 영어영문학과를 졸업하고, 연세대학교 영상대학원에서 영상디자인으로 석사학위를 취득했다. 1986년부터 광고회사의 국제 기획 파트에서 일했으며, 유니레버, P&G, EMI 등 국제적인 기업들의 한국 내 마케팅과 광고기획을 담당하였다. 2003년 개봉한 애니메이션 영화 〈원더풀 데이즈〉에 프로듀서로 참여하였고, 현재 프랑스 작가 베르나르 베르베르의 〈개미〉를 극장용 디지털 영화로 기획 제작 중이다. 코래드, 서울 DMB&B, 워너브러더스 코리아, 틴하우스, 오리콘 CNS 등에서 광고와 영화 일을 했으며, 대표작품으로는 〈원더풀 데이즈〉(프로듀서), 〈…ing〉(기획, 공동제작)가 있다. 현재 (주)애니마 하우스 대표로 재직 중이다.

김헌선

현재 경기대학교 인문대학 국문학과 교수로 재직 중이다. 주된 관심은 한국 문화예술 전반에 있다. 그 가운데 주력하고 있는 분야는 현재 굿과 농악이다. 굿에 관한 작업을 하면서 농악의 일반 이론 수립에도 힘을 기울이고 있다. 저서로는 『한국의 창세신화』『설화연구방법의 통일성과 다양성』 등이 있다.

조은하

고려대학교에서 문학석사 및 박사학위를 받았으며, 만화, 게임, 영화, 애니메이션 등 다양한 분야에서 창작 활동을 하면서 현재 강원대학교 문화예술대학 교수로 재직 중이다. 저서로는 『시나리오작법』『디지털 리터러시』『애니메이션 시나리오쓰기』『게임 시나리오쓰기』『스토리텔링』(공저) 『애니메이션 스토리텔링』(공저) 『디지털 스토리텔링』(공저) 등이 있다.

박상우

연세대학교 경제학과를 졸업하고, 고려대학교에서 경제학 석사학위를 받았으며, 같은 대학원에서 영상문화학 박사과정을 수료했다. 〈동아일보〉, 〈디지털타임즈〉에서 게임과 IT산업에 관한 칼럼을 연재했으며, 삼성, 웹젠 등 유수 게임회사의 자문을 거쳐, 현재 텍스트랩 대표로 있다. 저서로는 『미셸 푸꼬와 과학적 이성의 고고학』(공역) 『게임, 세계를 혁명하는 힘』『게임기획론』(공저) 『알고 누리는 영상문화』(공저) 『게임이 말을 걸어올 때』『컴퓨터 게임의 일반문법』 등이 있다.

유현주

아주대학교 불어불문학과를 졸업하고, 고려대학교 대학원에서 문화콘텐츠학을 전공, 석사학위를 취득하고 같은 대학원에서 박사과정을 수료하였다. 현재 지역 콘텐츠 개발과 활용에 대한 연구와 활동을 하고 있다. 『농어촌 체험지도사 표준교재』(2009) 집필에 참여하였다.

김공숙

이화여자대학교 사회사업학과를 졸업하고, MBC, KBS 등에서 20년 넘게 구성작가로써 방송콘텐츠를 만들어 오고 있다. 수많은 프로그램과 대규모 이벤트 등을 통해 현장 전문가에게 필요한 지식이 인문학임을 절감하고, 현재 고려대학교 대학원에서 문화콘텐츠학을 공부 중이다. 현재 중부대학교 엔터테인먼트학과에 출강 중이다. 대표 프로그램은 MBC 〈스타다큐〉〈퀴즈가 좋다〉〈어린이에게 새 생명을〉, KBS 〈아침마당〉〈여성공감〉 등이 있으며, 강원민방의 다큐멘터리 〈방파제, 백사장을 삼키다〉〈21세기 블루칩, 마그네슘〉 등으로 방송대상과 전국민영방송대상을 수상했다.

박상언

중앙대학교 예술대학(문학)과 예술대학원(예술경영학), 방송대학교 대학원(행정학)을 졸업하고, 고려대학교 대학원 박사과정(문화콘텐츠학)을 수료하였다. 한국문화예술위원회에서 아르코미술관장, 아르코예술인력개발원장, 정책기획실장, 경영전략본부장 등을 역임하였으며, 한국지역문화지원협의회 사무국장 직을 거쳐 현재는 (재)대전문화재단 대표이사로 재직 중이다. 「경기문학 활성화를 위한 지역문학관 정책 연구」(2006), 「공공문화재단의 설립 의의와 운영 전략」(2011) 등 문화정책, 예술행정, 문화예술기관 경영과 관련한 30여 편의 논문을 발표하였으며, 「숫자로 풀어보는 문화 이야기」(2006~2010) 집필 연재, 〈박상언의 문화 사랑방〉(국악방송, 2006~2007) 진행 등 다양한 매체 활동을 한 바 있다.

조은주

서울여자대학교 경제학과를 졸업하고 어린이 논픽션물 작가로 활동했다. 동국대학교 출판학과 석사과정을 마쳤으며 현재 서울외국어대학교 글로벌문화콘텐츠학과 박사과정에 재학 중이다.

이주영

경상대학교 행정학과를 졸업하고, 경희대학교 경영대학원에서 예술경영학 석사를 취득하였다. 거창국제연극제 기획팀을 시작으로 (사)조승미발레단 기획홍보실장, (재)세종문화회관 서울시청소년교향악단 사무국 및 서울시무용단 기획실장, 국제교류 전문 기획사인 IAM 대표 등을 역임하였다. 현재 국립중앙극장의 기획위원으로 재직 중이다. 월간 『문학저널』 신인문학상 수상으로 등단하여 시인으로도 활동하고 있으며, 동인 시집 『꽃을 피우다』(2010)가 있다. 무용학을 수료하는 등 전문성을 바탕으로 월간 『YOUNG』, 통신사 〈뉴시스〉, 공연전문 인터넷신문 〈뉴스테이지〉, 월간 『문학저널』, 월간 『SEHEN』 등의 매체에 공연평 및 칼럼 등을 기고한 바 있고, 여타 언론매체에서도 문화예술콘텐츠의 현장을 담아내고 있다.